D1747655

Bernd Tenbergen

Westfalen im Wandel

Von der Mammutsteppe zur Agrarlandschaft

Veränderungen der Tier- und Pflanzenwelt
unter dem Einfluss des Menschen

Alfred Hendricks (Hrsg.)

Siegbert Linnemann Verlag, Gütersloh

Der vorliegende Band begleitet die gleichnamige Dauerausstellung **Westfalen im Wandel** im Westfälischen Museum für Naturkunde in Münster, die am 7.11.2002 eröffnet wurde

Westfälisches Museum für Naturkunde
Landesmuseum und Planetarium
Landschaftsverband Westfalen-Lippe
Sentruper Str. 285
48161 Münster

Siegbert Linnemann Verlag Gütersloh
ISBN 3-89523-630-6

Westfalen im Wandel – Von der Mammutsteppe zur Agrarlandschaft
Veränderungen der Tier- und Pflanzenwelt unter dem Einfluss des Menschen

Zusammengestellt und bearbeitet
von Dr. Bernd Tenbergen

Herausgegeben von Dr. Alfred Hendricks, Westfälisches Museum für Naturkunde Münster
Redaktionelle Gesamtleitung: Dr. Bernd Tenbergen
Gesamtgestaltung, Design: Dr. Bernd Tenbergen, Ernst Schleithoff
Satz und Litho: F&S Satz und Montage GmbH, Rielasingen
Druck: Druckerei Himmer GmbH & Co.KG, Augsburg
Printed in Germany

1. Auflage November 2002

© 2002 Landschaftsverband Westfalen-Lippe,
Westfälisches Museum für Naturkunde Münster
Siegbert Linnemann Verlag, Gütersloh – www.Linnemann-Verlag.com

Das Titelbild zeigt die Landschaft nördlich und südlich des Wiehengebirges im Kreis Minden-Lübbecke (Foto: Westfälisches Landesmedienzentrum, Bildarchiv, LWL)

*Landschaften im Wandel:
Von der nacheiszeitlichen Naturlandschaft (oben)
zur heutigen Kulturlandschaft (unten)*

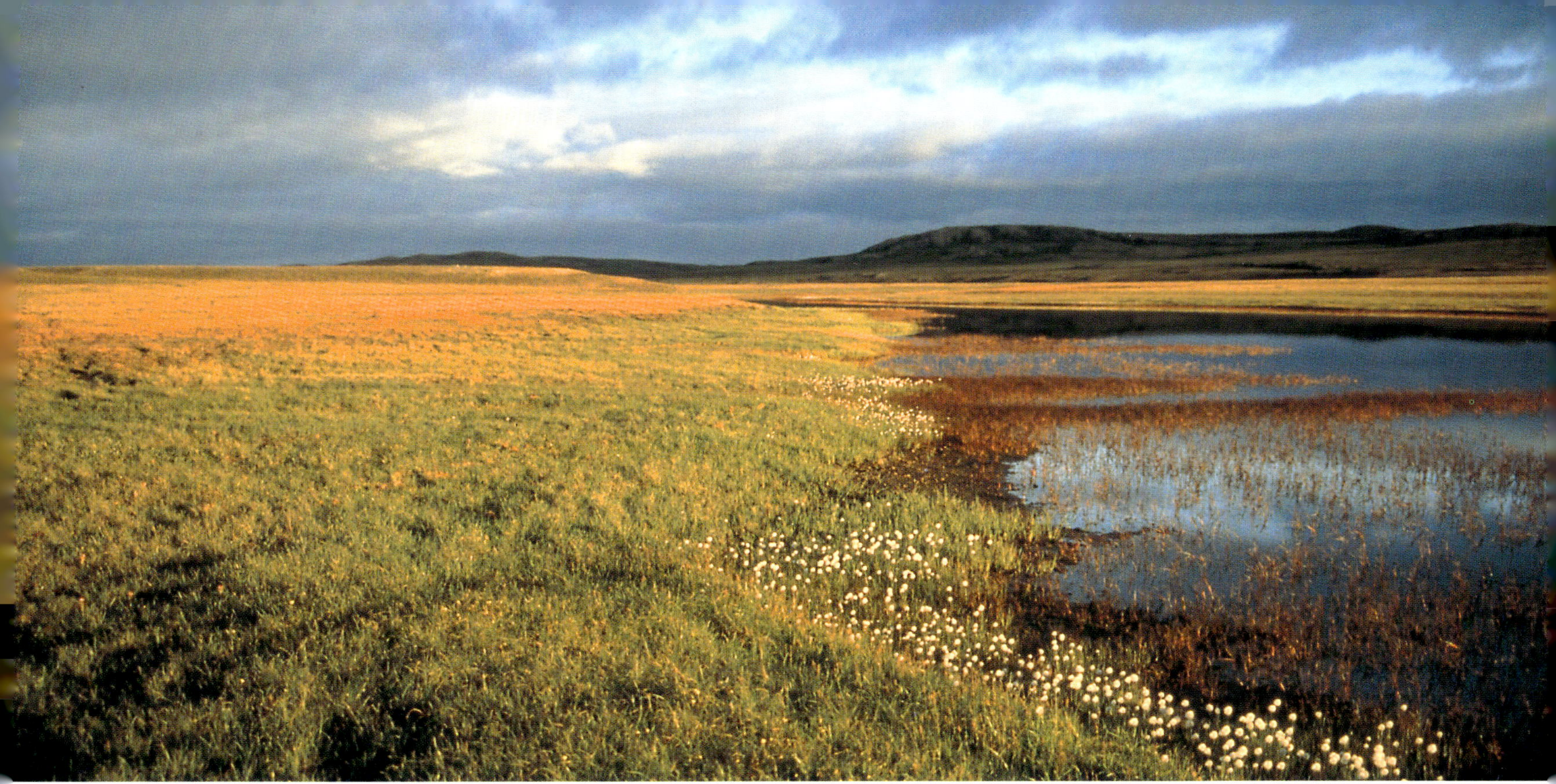

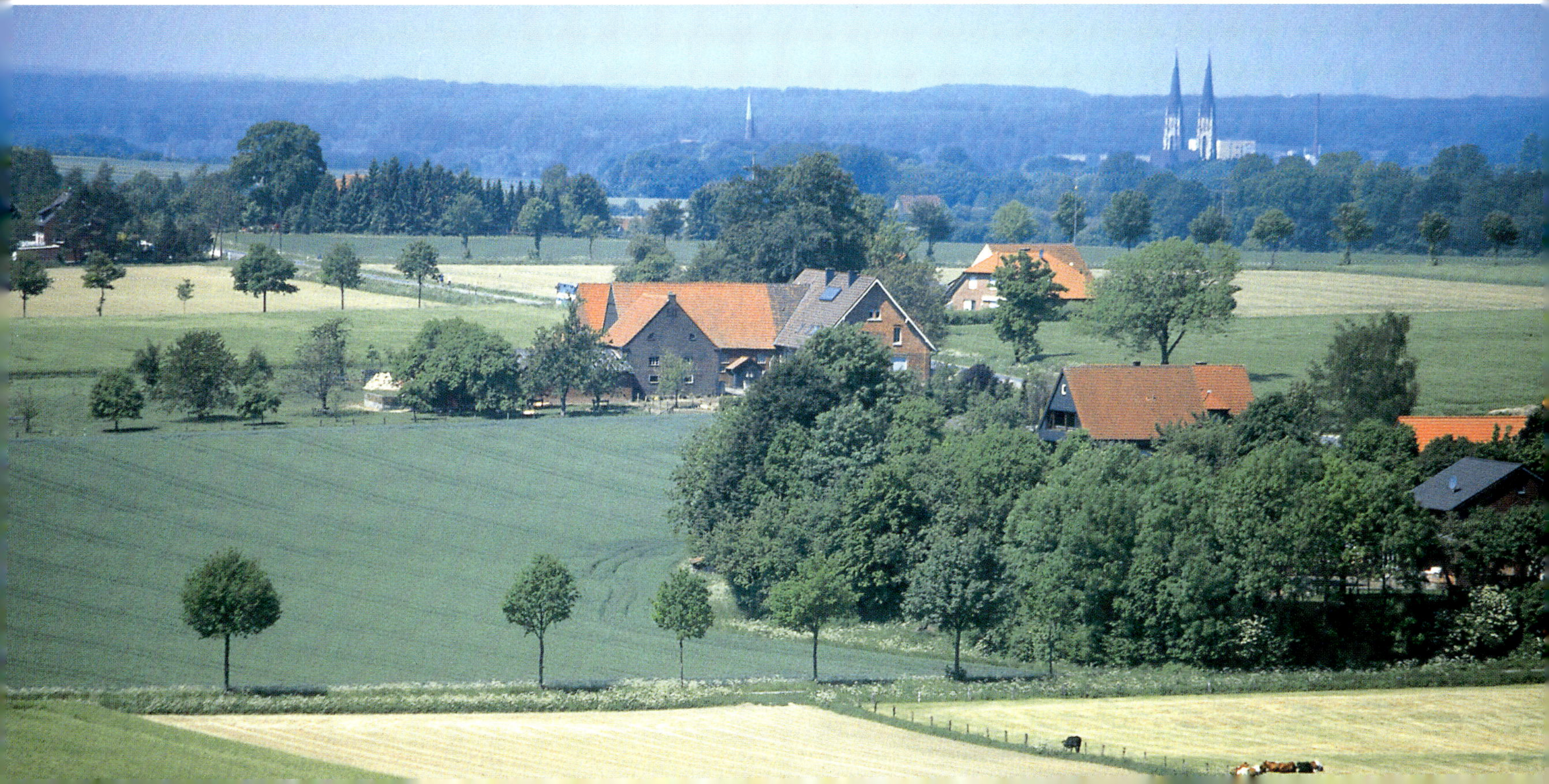

Inhaltsverzeichnis

Vorwort und Dank 9

**Westfalen im Wandel –
Von der Natur- zur Kulturlandschaft** 10

Das Leben mit der Kälte

Ein kurzer Blick in die Erdgeschichte –
   Kalt- und Warmzeiten in Westfalen 16

Riesen des Eiszeitalters –
   Mammuts 18

Vom Stein zur Bronze –
   Menschliches Leben im Steinzeitalter 20

Eiszeitliche Ernährung und Jagd –
   Das Leben der Jäger und Sammler 22

Von Mammuts und Waldelefanten –
   Eiszeitliche Säugetiere und ihre Verwandten 24

Sechsmal neue Zähne – Ernährung und
   Lebensgewohnheiten der Mammuts 26

Zeichnungen und Wandmalereien – Bildliche Belege
   für das Aussehen der Tiere im Eiszeitalter 30

Das „Ahlener Mammut" –
   So bekannt als lebe es noch heute 32

Was kam nach der Mammutsteppe? –
   Landschaftswandel nach der letzten Eiszeit 34

Warum nur einige Bauern wurden –
   Jäger- und Sammler-Völker in moderner Zeit 36

„Gute alte Zeit?" 38

Landschaft und Landwirtschaft in Westfalen
   im frühen 19. Jahrhundert –
   Beobachtungen des Johann Nepomuk von Schwerz 40

Der Wolf –
   Jagd auf die letzten ihrer Art in Westfalen 42

Professor Landois und die Schilderung der Jagd
   nach dem letzten Wolf in Westfalen 44

Luchs –
   Der Konkurrent des Jägers? 46

Vom Stör zum Karpfen –
   Ein Beispiel für die Veränderung der Fischfauna 48

Bettfedern und Kaffeeersatz –
   Nutzpflanzen am Rande der Gewässer 52

Die Hausapotheke des Bauern –
   Holunder und Weißdorn 54

Regionale Küche –
   Der Speisezettel einer Landschaft 58

Dörrobst und Pökelfleisch –
   Vorratshaltung im 19. Jahrhundert 60

Als Otter und Biber noch Fische waren –
   Ungewöhnlich Rezepte der heimischen Küche 62

Das Heimchen am Herd –
   und andere kleine Mitesser und Störenfriede 64

Kartoffelkäfer, Hausratte und Co. –
   Schädlinge im Gefolge des Menschen 66

Vogelfang in alter Zeit –
　Krammetsvogelfänger im Münsterland 68

Die Wacholderdrossel –
　Der Krammetsvogel und andere heimische Drosselarten . 72

Krammetskirschen –
　Oder was Kaugummi und die Vogelbeere
　gemeinsam haben 74

Die Heide –
　Relikt einer vergangenen Wirtschaftsform 76

Böden –
　Zeugen der Landschaftsgeschichte
　und historischen Ackerbaukultur 78

Eng verflochten –
　Die Nieheimer Flechtheckenlandschaft 80

**Kulturfolger –
Tiere im Gefolge des Menschen** 82

Dauermieter in Scheunen –
　Die Schleiereule 84

Lautstarke Einzelgänger –
　Igel 86

Heimlicher Untermieter –
　Steinmarder 88

Der König der Wälder –
　Rothirsche 90

Eine echte Sauerei –
　Wildschweine 92

Richtig ausgefuchst –
　Füchse 94

Der ortstreue Baumeister –
　Dachs 94

(K)ein Schäferstündchen –
　Mufflons 96

Immer auf dem Sprung –
　Rehe als Gewinner in der Kulturlandschaft 96

Warum kommen die Ostereier vom Osterhasen? –
　Feldhasen 98

**Einwanderer aus Jahrtausenden –
Wie (fremde) Pflanzen- und Tierarten nach Westfalen kamen**

Neophyten –
　geliebte und ungeliebte Neuankömmlinge
　aus fernen Ländern 100

Der Bisam –
　Wie aus einem willkommenen Neubürger
　ein gehasster Schädling wurde 102

Nutria, Mink und Marderhund –
　Heimisch gewordene Neubürger 102

Amerikaner in Westfalen –
　Waschbären 104

Durchstarter –
　Fasane in der Agrarlandschaft 106

Die Dänen kommen! –
　Das Dänische Löffelkraut wandert entlang
　der Autobahnen nach Süden 108

Inhaltsverzeichnis

Landschaft im Wandel

Typisch westfälisch! – Landschaftselemente mit
   hoher ökologischer und ortsgeschichtlicher Bedeutung . . 110

Von Weidewäldern und Wirtschaftswiesen 112

Auf dem Holzweg? –
   Die emotionale Bindung der Menschen an den Wald . . 114

Lebender Stacheldraht –
   Wallhecken im Münsterland 116

Mais –
   Fluch oder Segen? 118

Grünland für den Naturschutz –
   Feuchtwiesen im Münsterland 120

Die Spitznamen der Äcker –
   Flurnamen sind das mündlich überlieferte
   Geschichtsbuch der Landschaft 122

Die Ems –
   Eine Flusslandschaft im Wandel 124

Für immer aus Westfalen verschwunden? –
   Fischotter 126

Amphibien und Reptilien –
   Bioindikatoren für die Veränderungen der Umweltqualität 128

Rückkehr der Störche? –
   Weiß- und Schwarzstörche fliegen wieder in Westfalen . 130

Kulturlandschaft – Quo vadis? –
   Von unseren Vorfahren geerbt, von unseren Kindern
   geliehen 132

Schätze im Verborgenen

Die wissenschaftlichen Sammlungen im Westfälischen Museum
   für Naturkunde 134

Eine Perle in Westfalen –
   Das Naturschutzgebiet „Heiliges Meer" 136

Dokumente und Quellen –
   Beiträge zur Geschichte des Naturschutzes
   und der Landschaftserforschung in Westfalen 138

Literaturverzeichnis 140

Bildnachweis 144

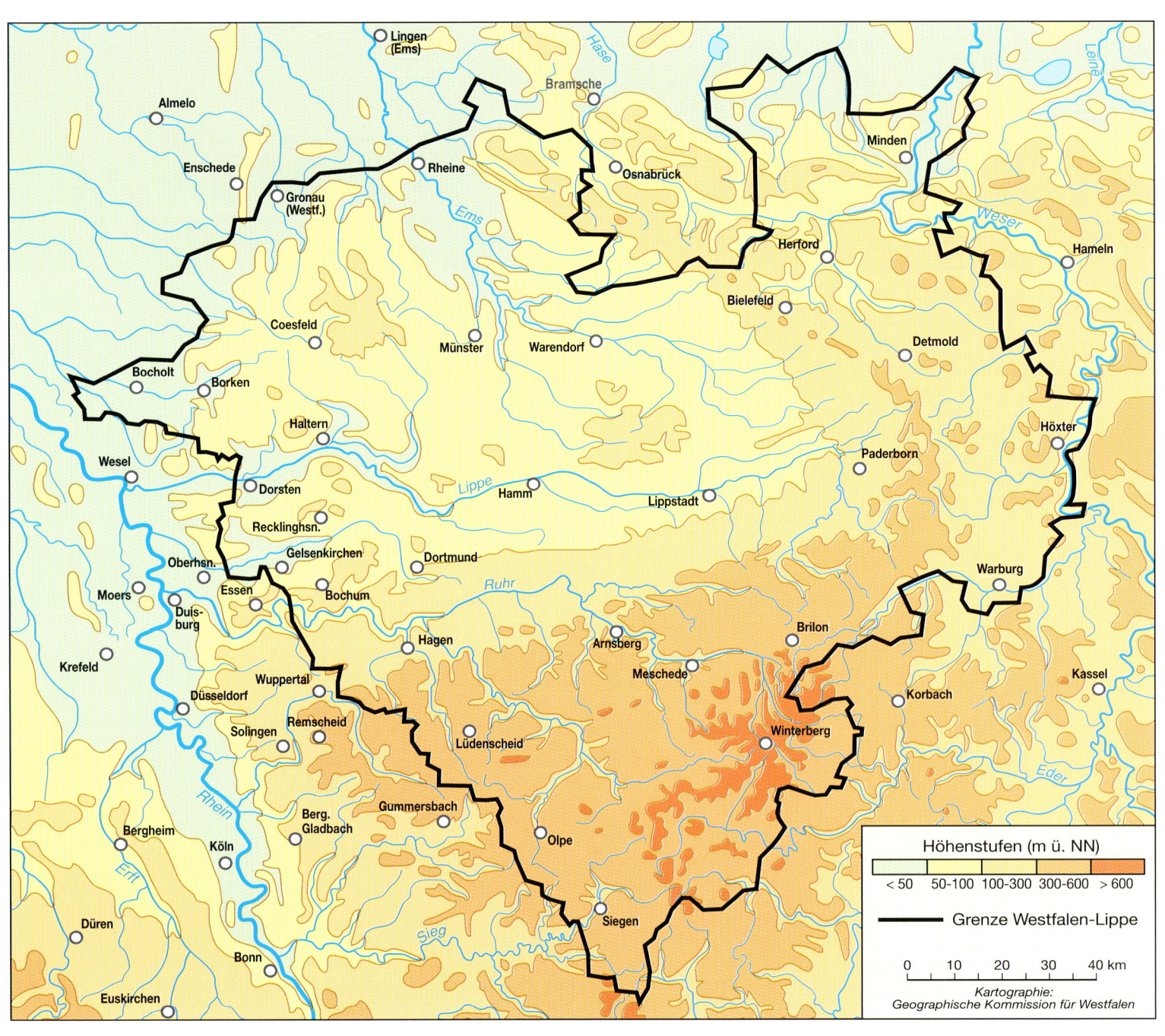

Vorwort und Dank

Überall in der westfälischen Landschaft sind heute Dinge, Phänomene und „Biotope" zu entdecken, die nur vor dem Hintergrund vorheriger Aktivitäten des Menschen zu verstehen sind. Reste wilder unberührter Natur finden wir dagegen im heutigen Westfalen so gut wie gar nicht mehr. Überall hat der Mensch gestaltend in die Natur eingegriffen und so Landschaften geschaffen, die nach seinen Bedürfnissen geprägt sind.

Beginnend mit der Sesshaftwerdung haben Menschen immer versucht, die Natur mehr oder weniger ihren Anforderungen anzupassen. Die Domestikation wilder Tiere und Pflanzen, die Entwicklung der Landwirtschaft aber auch eine Klimaveränderung führten – nicht nur in Mitteleuropa – zu einer massiven Zunahme der Bevölkerung. Dies brachte die Entstehung von Städten, handwerklichen Spezialisierungen und ausgedehnten Handelsnetzen mit sich und führte letztlich zusammen mit der Industrialisierung zu Kulturlandschaften, wie wir sie heute kennen. All dies hatte auch große Auswirkungen auf die heimische Tier- und Pflanzenwelt, die sich seit Jahrhunderten in einem ständigen Wandel befindet.

Mit der Ausstellung „Westfalen im Wandel – Von der Mammutsteppe zur Agrarlandschaft" sollen beispielhaft Aspekte der Veränderung der heimischen Tier- und Pflanzenwelt unter dem Einfluss des Menschen aufgezeigt werden. Zeitlich reicht die Ausstellung in eine Periode zurück, als in Westfalen noch Mammuts und Rentiere lebten und Menschen versuchten, diese Tiere zu jagen. Nach Einblicken in die angeblich so „gute alte Zeit" befasst sich die neue Dauerausstellung auch mit den noch heute in der Landschaft zu findenden Relikten der historischen Kulturlandschaft, ihrer typischen Tier- und Pflanzenwelt sowie Aspekten der modernen Agrarlandschaft.

Mein Dank gilt all denen, die uns bei der Zusammenstellung der Ausstellung und des Begleitbuches unterstützt haben. Danken möchte ich auch unserer ehemaligen Mitarbeiterin Britta Horstmann, die in der Entstehungsphase wesentliche Ideen zu dieser Ausstellung beigesteuert hat. Besonderer Dank gilt Dr. Bernd Tenbergen, der mit großem Engagement und reicher Kreativität die vielfältige Thematik spannend aufbereitet hat.

Dr. Alfred Hendricks
Direktor

Westfalen im Wandel –
Von der Natur- zur Kulturlandschaft

Einleitung

Für viele von uns ist es kaum noch vorstellbar, dass einst auch im heutigen Westfalen in einer weiten gräser- und krautreichen, gleichzeitig aber auch gehölzarmen Landschaft Rentiere, Bären, Wisente, Elche und sogar Mammuts gelebt haben, die der Mensch mit Hilfe seiner einfachen Werkzeuge „überlisten" und damit erbeuten konnte. Tiere, wie das Mammut, sind schon seit einigen tausend Jahren bei uns ausgestorben. Bei anderen, wie dem Wolf oder dem Luchs, die man lange als „Störenfriede" des Menschen betrachtete, hat man eine systematische Ausrottung betrieben, die erst eine vergleichsweise kurze Zeit zurück liegt. Demgegenüber ist ein großer Teil der Arten, die heute die heimische Pflanzenwelt bereichern, erst durch die Tätigkeit des Menschen beabsichtigt oder unbeabsichtigt nach Mitteleuropa gebracht worden.

Der jahrtausendelange Umgang des Menschen mit „seiner" Landschaft ist auch ein Spiegelbild von Technologien und gesellschaftlichen Verhältnissen in einzelnen Regionen. Beispielsweise wurden in jüngerer Zeit Hecken, die ursprünglich als lebende Zäune angelegt und benötigt wurden, wieder zu einem Bewirtschaftungshindernis und damit beseitigt. Der Sumpf oder das Moor wurde zu Acker oder Grünland, der Wald – nachdem er Jahrhunderte lang ausgebeutet wurde – zur Holzplantage. Auch ist so mancher Fluss und Bach begradigt worden, um Land zu gewinnen oder um vor den Launen der Natur sicher zu sein. Während einige der Tier- und Pflanzenarten der ursprünglichen Naturlandschaft inzwischen ausgestorben sind, haben sich zahlreiche Arten im Laufe der Zeit an die traditionelle Kulturlandschaft und deren Bewirtschaftungsweisen anpassen können, wenngleich sie es heute trotz eines aktiv betriebenen Naturschutzes in der intensiv genutzten Agrarlandschaft schwerer haben als noch vor einigen Jahrzehnten. Dennoch, Veränderungen in einer Landschaft waren und sind etwas ganz normales. Zu allen Zeiten hat es diese Dynamik gegeben, doch so „gründlich" und raumgreifend wie in den letzten 100 Jahren war dieser Wandel vermutlich noch nie.

Die ersten Menschen

Vor etwa 100.000 Jahren tauchte erstmals unser Vorfahr, der Homo sapiens sapiens, auf. Die Menschen lebten als Jäger und Sammler. Noch vor etwa 12.000 Jahren war die menschliche Vielfalt, wie wir sie heute kennen, nur sehr eingeschränkt gegeben. Von wenigen Ausnahmen abgesehen gab es keine Dörfer oder Siedlungen.

Heute wissen wir, dass der Übergang zur Sesshaftwerdung und der Entwicklung einer Landwirtschaft, die auf der Nutzung domestizierter Tiere und kultivierter Pflanzen beruhte, an mehreren Stellen der Welt unabhängig voneinander erfolgte. Man siedelte in Dörfern, entwickelte neue Technologien, wie z. B. die Umwandlung von Materie durch Feuer zu Keramik und später die Verarbeitung von Metallen, entwickelte neue Glaubensformen und unterschiedliche Sozialstrukturen.

Trotz dieser „Neolithischen Revolution" entspricht der heutige Mensch in genetischer Hinsicht seinen Vorfahren, die vor 30.000 bis 40.000 Jahren gelebt haben. Geändert haben sich vor allem die kulturellen Voraussetzungen, die uns von unseren Eltern und Mitmenschen überliefert wurden. Es sind u. a. die Sprachen und Glaubensvorstellungen, die wir nicht nur von Geburt an mitbekommen, sondern auch durch Erziehung übernommen haben.

Heute finden wir überall auf der Welt ganz unterschiedliche Lebensräume, die menschliche Gemeinschaften in besonderer Weise für sich zu nutzen gelernt haben. Aber es hat auch immer bis in die moderne Zeit Jäger- und Sammler-Völker gegeben, die, wenngleich auch unter extremen Umweltbedingungen, es verstanden haben, auf dieser Welt zu überleben. Eskimos zählen hier ebenso dazu wie die Pygmäen und Buschmänner in Afrika oder die australischen Aborigines.

Nacheiszeitliche Frau vor Fellhütte und nacheiszeitlicher Jäger mit Speerschleuder in der Ausstellung

11

Westfalen im Wandel –
Von der Natur- zur Kulturlandschaft

Ohne die Landwirtschaft hätte es keine so große Bevölkerungszunahme und damit auch eine Entwicklung städtischer Zentren, handwerklicher Spezialisierungen, ausgedehnter Handelsnetze, sozialer Schichtungen und andere Anzeichen der „Zivilisation" gegeben. Diese damit verbundenen landschaftlichen Veränderungen haben bis in die jüngere Geschichte des öfteren neue Lebensräume und damit Chancen für die Tier- und Pflanzenwelt geboten als auch einen hohen Tribut gefordert, der mit dem Aussterben von Arten verbunden war.

Die ersten Anzeichen menschlichen Lebens in unserer Region stammen aus der frühgeschichtlichen Epoche der Altsteinzeit, dem sog. Paläolithikum. Es war die Zeit nach der letzten großen Vereisung, der sog. Saale-Eiszeit, in deren Verlauf nordische Eismassen bis an die Ruhr vorgedrungen waren. Aus der Übergangszeit vom sog. Mittelpleistozän zum Jungpleistozän ist bekannt, dass sich Menschen erstmals z.B. im Münsterland aufgehalten haben. Zu dieser Zeit lebten die „Neandertaler", Menschen, die nach ersten Knochenfunden im Neandertal bei Düsseldorf im Jahr 1856 benannt sind. Es waren Jäger und Sammler, die Großsäugern, wie dem Mammut, nachjagten und wildwachsende Pflanzen und Früchte sammelten. Meist lebten sie in kleinen Gruppen. Sogenannte Freilandfundplätze, an denen beispielsweise Feuersteinfaustkeile und andere Werkzeuge gefunden wurden, zeugen von dieser aus unserer heutigen Sicht scheinbar sehr einfachen Lebensweise. Aus der zwischen den beiden letzten Eiszeiten liegenden Eem-Warmzeit ist wenig von der menschlichen Besiedlung bekannt. Auch aus der Zeit der Weichsel-Kaltzeit, die etwa vor 10.000 Jahren zu Ende ging, und in der das Eis nicht mehr bis nach Westfalen vordrang, fehlen bisher Spuren menschlichen Lebens. Erst gegen Ende der Weichsel-Kaltzeit wanderten wieder Menschen, wahrscheinlich von Südwesten her, in das Münsterland ein. Inzwischen waren mit dem veränderten Klima Großsäuger wie das Mammut ausgestorben. Kleines und schnellflüchtendes Wild erforderte neue Jagdmethoden, wie z.B. die Verwendung von Bögen und mit Steinspitzen versehene Pfeile. Interessante Fundplätze aus dieser Zeit liegen beispielsweise bei Westerkappeln oder in unmittelbarer Nähe des Zwillbrocker Venns, das zu dieser Zeit, dem sog. Alleröd-Interstadial, wohl noch weitgehend eine offene Wasserfläche war.

Landschaftsprägender Prozess der Sesshaftwerdung und ackerbaulichen Selbstversorgung

In Mitteleuropa setzte vor ca. 7.000 Jahren der anthropogene Prozess gruppenweiser Sesshaftigkeit ein, der durch ackerbauliche Selbstversorgung und erste gewerblich orientierte Differenzierungen geprägt war und im Laufe der Zeit eine zunehmende landschaftsbestimmende Dynamik entwickelt hat. Seit dieser Zeit veränderte sich das bis dahin ausschließlich von der Tier- und Pflanzenwelt abhängige Verhalten der Menschen. Man ging zu einem aktiven Verändern und Gestalten der „physischen Umwelt" über. Geprägt wurde dieses Verhalten von den jeweiligen gesellschaftlichen, religiös-kultischen, ökonomischen, kulturellen und künstlerischen Vorstellungen. Die Landschaft und damit auch die Tier- und Pflanzenwelt wandelte sich und es entstand bis zum Ende des 19. Jahrhunderts eine aus heutiger Sicht artenreiche Kulturlandschaft.

Die expandierende Industrialisierung im Verlauf des 20. Jahrhunderts hat mit ihrer Vernetzung der Infrastrukturen, dem Ausbau der Verkehrswege, einer zunehmenden Immissionsbelastung, einer Intensivierung der Land- und Forstwirtschaft, der Versiegelung von Böden und anderen Faktoren zu einer gravierenden Artenverarmung geführt. Einher ging dies auch mit einer Reduzierung von Elementen der historischer Kulturlandschaft und der ästhetischen Verarmung vieler Landschaften.

Mögliche Zusammenhänge zwischen dem Anstieg der Sommertemperaturen nach der letzten Eiszeit, dem Anstieg des Meeresspiegels, der Ausbreitung von Kiefer und Buche sowie der Ausbreitung des Ackerbaus in Mitteleuropa.
(nach Küster (2000))

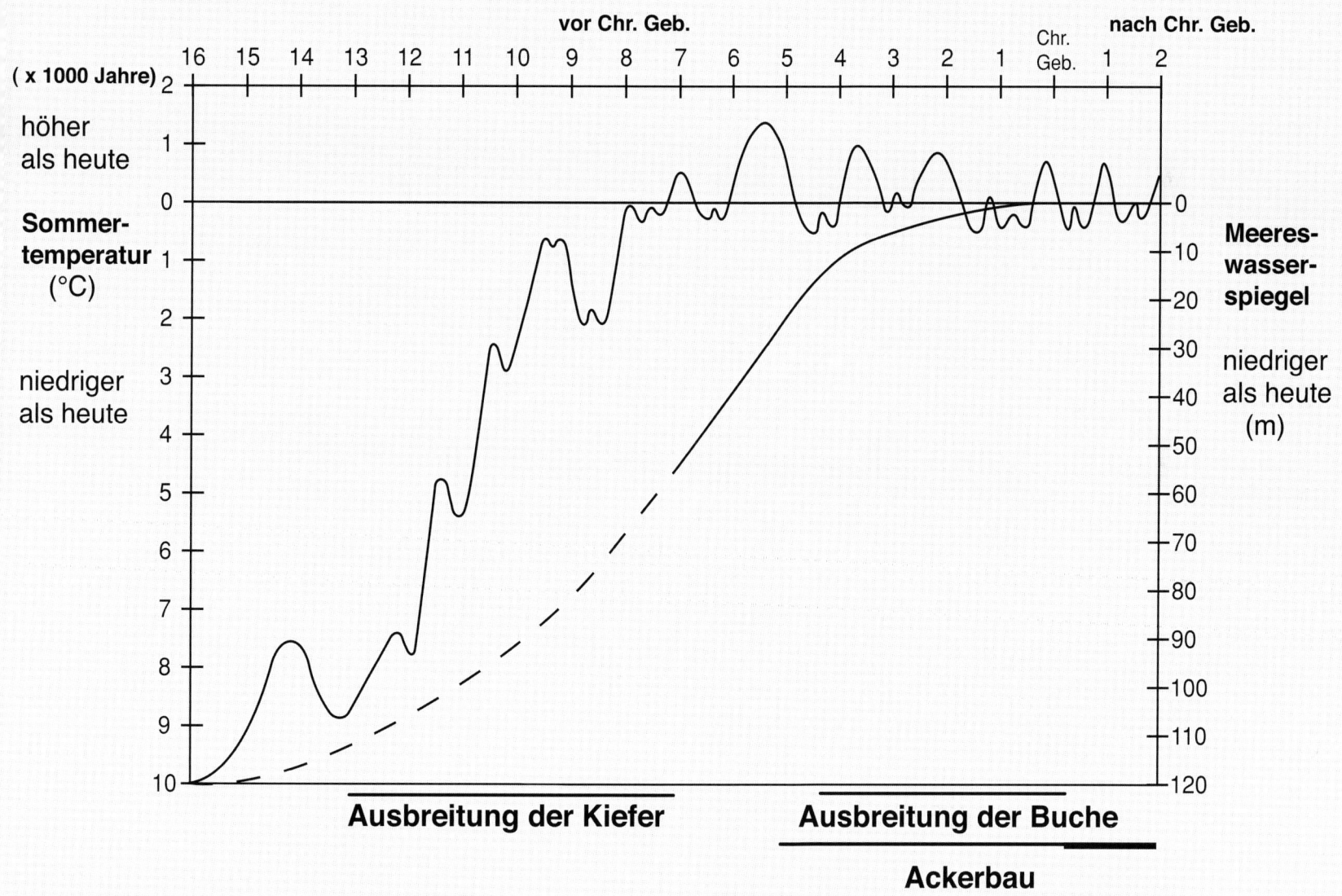

Westfalen im Wandel –
Von der Natur- zur Kulturlandschaft

Tier- und Pflanzenwelt in Westfalen

Die Tier- und Pflanzenwelt in Mitteleuropa ist verglichen mit anderen gemäßigten Breiten sehr artenarm, obwohl von geologischer und klimatischer Seite her alle Voraussetzungen für eine größere Artenvielfalt gegeben wären. Dieser besondere Charakter der Flora und Fauna hat sich aufgrund der Klimaschwankungen des Eiszeitalters und der Hochgebirgsriegel, wie z. B. der Alpen, ausbilden können. Tieren und Pflanzen waren in den Kaltzeiten die Wanderwege in wärme Rückzugsräume weitgehend versperrt.

Ein großer Teil der Pflanzenarten, aber auch viele Tierarten, die heute zur heimischen Flora und Fauna Westfalens gezählt werden, sind daher erst durch die Tätigkeit des Menschen unbeabsichtigt oder beabsichtigt nach Westfalen gebracht worden. Dies geschah bereits seit prähistorischer Zeit und hat sich im Mittelalter und der Neuzeit weiter fortgesetzt. Besonders in den letzten Jahrzehnten hat sich das Phänomen der Ausbreitung von gebietsfremden Pflanzen- und Tierarten verstärkt. Bedingt durch die Intensivierung weltweiter Handelsbeziehungen, das scheinbare „Zusammenrücken der Kontinente" durch den Aufbau immer effektiverer Verkehrsbeziehungen, das Interesse des Menschen an neuen Nutz- und Zierpflanzen, aber auch durch die Aufgabe traditioneller Landbewirtschaftungsformen haben dieses Phänomen u.a. in das Interesse von Wissenschaft und Öffentlichkeit rücken lassen.

Kulturlandschaftswandel

Veränderungen, die durch menschliches Verhalten und Wirken zu einer Neugestaltung, Ergänzung, Umformung, Zerstörung, einem Ersatz oder Schutz von Landschaft geführt haben, werden als Kulturlandschaftswandel bezeichnet. Durch Kartenvergleiche lassen sich solche Entwicklungen für Westfalen aufzeigen. Aus der Zeit 1810/1840 liegen erstmals für unsere Region flächendeckend historische Kartenwerke vor, die eine vergleichende Darstellung ermöglichen. In der Abbildung wurde noch eine Karte der vorterritorialen, grundherrschaftlich geprägten bäuerlichen Kulturlandschaft um 900 hinzugestellt, die deutlich macht, dass sich die am intensivst genutzten Teile der dichtbevölkerten Räume bereits um 900 n. Chr. in Form von gerodeten Ackerbau- und Siedlungsflächen herausgebildet haben.

Entwicklung der Kulturlandschaft in Westfalen

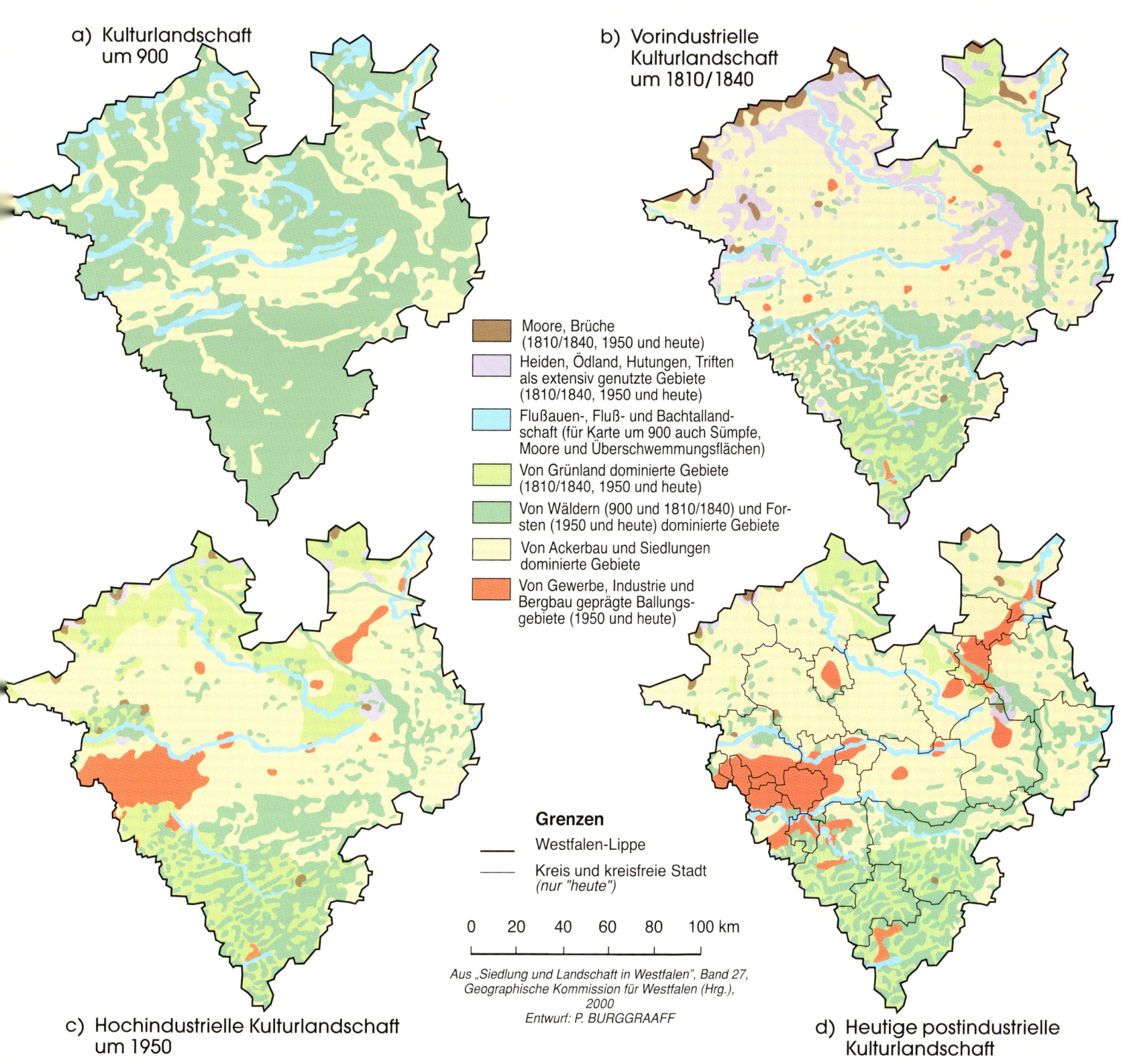

Ein kurzer Blick in die Erdgeschichte –
Kalt- und Warmzeiten in Westfalen

Weite Teile Westfalens erhielten ihre heutige Gestalt etwa seit der Oberkreide-Zeit, als bedingt durch die Alpenfaltung der Münsterländer Raum sank und vom Meer überflutet wurde. Gegen Ende der Kreidezeit vor etwa 65 Millionen Jahren richteten sich die Gesteinsschichten des Teutoburger Waldes auf und das Bergisch-Sauerländische Gebirge als Teil des Rheinischen Schiefergebirges hob sich allmählich stärker gegenüber seinem Vorland heraus. Das Münsterland wurde nach einem weitgehenden Meeresrückzug wieder zu einem Festland.

In der anschließenden Zeit des Tertiärs herrschte zunächst ein subtropisches, teilweise semiarides Klima. Im Pliozän verschlechterte sich das Klima und es begann vor etwa 2,4 Mio. Jahren das Eiszeitalter mit den drei Kaltzeiten (Elster-, Saale- und Weichsel-Kaltzeit) mit dazwischen geschalteten Warmzeiten, d. h. Perioden mit warmgemäßigtem Klima.

Während der Saale-Kaltzeit vor ca. 200.000 – 250.000 Jahren drangen die nordischen Eismassen (im sog. Drenthe-Stadium) bis über den Rhein und die Ruhr vor. Die heute an der Erdoberfläche verbreiteten Eis-, Schmelzwasser-, Fluss- und Windablagerungen stammen alle aus diesem Eiszeitalter (Pleistozän) und haben die heutigen Bodenverhältnisse in ihrer unterschiedlichen Verbreitung und Ausbildung weitgehend bestimmt. So haben wir beispielsweise meist sandige Böden im West- und Ostmünsterland, überwiegend mergelige Böden im Kernmünsterland und Lößböden in den Hellwegbörden. Damit einher gehen die unterschiedlichen Nutzungseignungen des Bodens und die damit eng in Verbindung stehende Besiedlungsgeschichte der Region.

Durch die Vereisung wurden schrittweise die Laub- und Nadelwälder zurückgedrängt und von einer Strauch- und Moos-Tundra-Vegetation ersetzt. Als die Eismasse in der Zeit der Saalevereisung weiter nach Süden vordrang, überfuhr sie in weiten Teilen des heutigen Westfalens auch diese neue Vegetation.

In der Tierwelt tauchten am Rande des Inlandeises neue, der Kälte widerstehende Arten wie z. B. Mammut, Wollnashorn und Rentier auf.

Die bisher letzte Eiszeit hatte ihren Höhepunkt vor etwa 25.000 Jahren. Westfalen wurde zwar nicht mehr vom Eis erreicht, doch auch hier waren die Auswirkungen noch deutlich zu spüren. So lagen die mittleren Sommertemperaturen, mehr jedoch die Wintertemperaturen, im Durchschnitt deutlich, d.h. etwa 6 bis 13 °C, tiefer als heute. Vor etwa 10.000 Jahren erwärmte sich das Klima, nach einer Zeit ständigen Klimawechsels, plötzlich und langanhaltend. Es begann die Nacheiszeit (Holozän) mit einem vergleichsweise stabilen Klima und der Ausbildung relativ einförmiger Landschaftszonen, die die Mosaikvegetation des Pleistozän ablöste.

Die Abbildung zeigt die Vorstöße von Inlandeis während der Saale-Kaltzeit im Münsterland. Ausgehend von Skandinavien stieß das ca. 300 – 400 m mächtige Inlandeis in drei kurz aufeinander folgenden Vorstößen über das Norddeutsche Tiefland in das Münsterland vor. Innerhalb des Münsterlandes beeinflussten Aufragungen der Kreide-Höhen (z. B. Beckumer Berge, Altenberger Höhenrücken, Baumberge die Geschwindigkeit und die Richtung der Eisvorstöße. Die Gletscher kamen schnell voran und legten 100 bis 400 m pro Jahr zurück

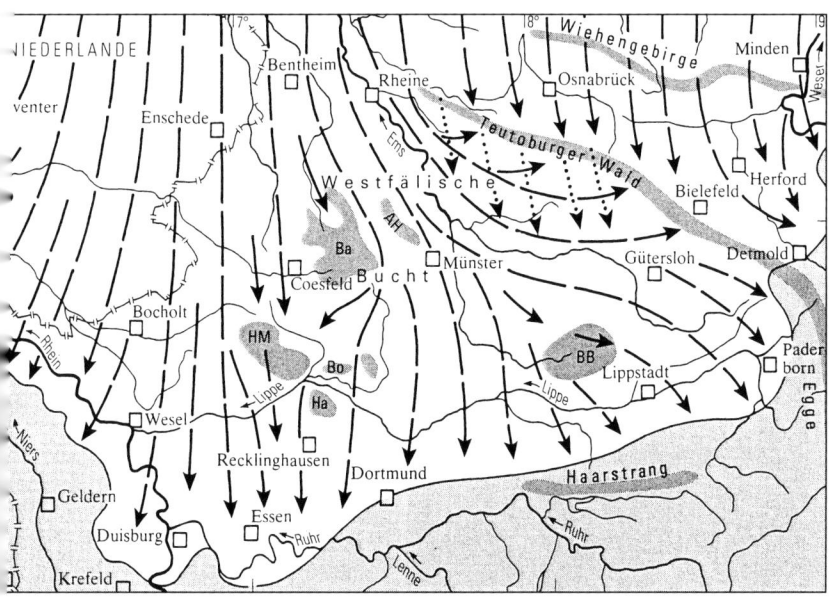
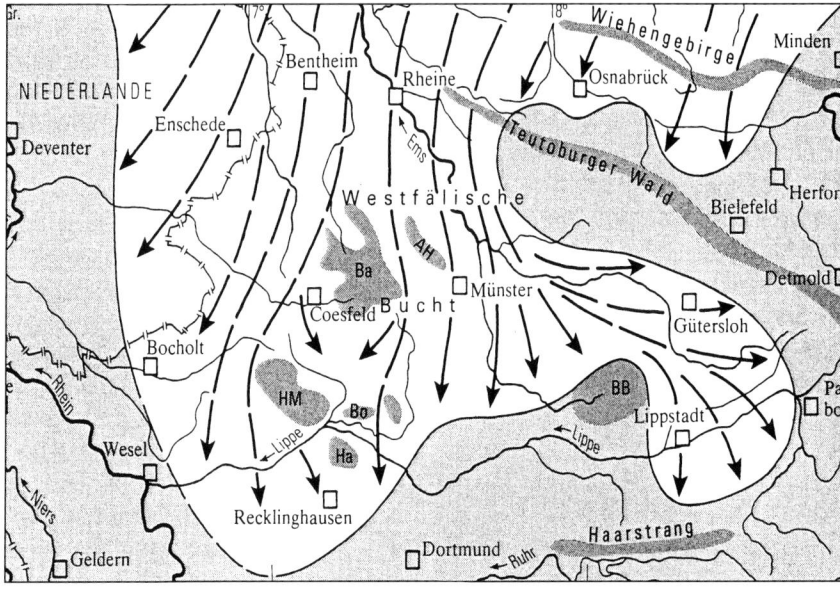
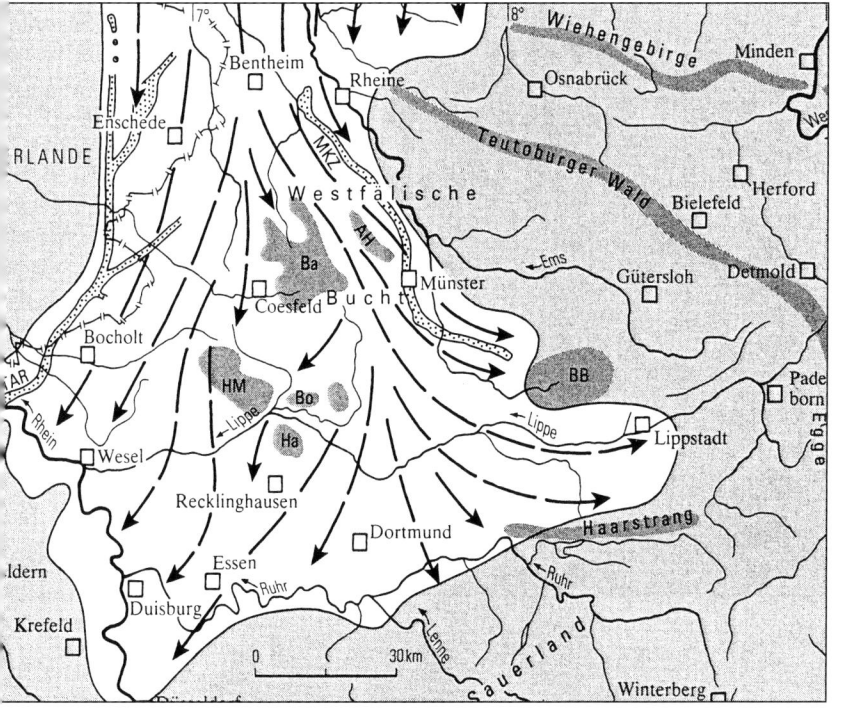

Die saalezeitlichen Hauptvorstöße von Inlandeis

→ Haupteisbewegung

⋯▶ später Vorstoß über den Teutoburger Wald

▒ eisfreies Gebiet

TAR Twente-Achterhoek-Rinne
MKZ Rinne des Münsterländer Kiessandzuges
AH   Altenberger Höhen
Ba   Baumberge
HM   Hohe Mark
Ha   Die Haard
BB   Beckumer Berge
Bo   Borkenberge

(Aus: Geologie im Münsterland, S. 17, vervielfältigt mit Genehmigung des Geologischen Dienstes NRW vom 25.09.2002)

Riesen des Eiszeitalters –
Mammuts

Mammuts gelten als die „Riesen der Eiszeit" und in der Vorstellungswelt der Menschen haben sie nicht nur für unsere Vorfahren eine reale wie mystische Bedeutung erlangt, sondern faszinieren uns auch heute noch. Die letzten Mammuts hat es vermutlich im heutigen Westfalen vor etwa 12.000 Jahren gegeben. Auf der Erde sind sie dagegen erst vor etwa 3.700 Jahren endgültig ausgestorben. Als die Phantasie anregende und in ihrer Lebensweise interessante Geschöpfe lohnt es sich in besonderer Weise, die Mammuts und ihren ursprünglichen Lebensraum sowie ihre Lebensbedingungen genauer zu betrachten. Aber auch ihr Verschwinden hat im Zusammenhang mit einem klimatisch und anthropogen bedingten Landschaftswandel viele Fragen aufgeworfen, die es näher zu untersuchen gilt.

Im Westfälischen Museum für Naturkunde wurde eigens für diese Ausstellung und stellvertretend für viele andere Tiere des Eiszeitalters im Jahr 2002 ein Mammut rekonstruiert. Das Modell ist angelehnt an ein Mammutskelett, das sich fast vollständig erhalten im Jahr 1910 in einer Tongrube bei Ahlen im heutigen Kreis Warendorf fand.

Auf den Fotos ist zu erkennen, wie das Mammut im Westfälischen Museum für Naturkunde aufgebaut wurde. Ausgehend von einem Stahlskelett, das mit Maschendraht und einer Gipsschicht versehen ist, entstand in monatelanger Detailarbeit die originalgetreue Nachbildung eines Mammuts, so wie es unsere Vorfahren in Mitteleuropa gesehen und gejagt haben.

Das Fell des im Naturkundemuseum zu sehenden Mammuts besteht aus Moschusochsenfellen. Moschusochsen sind die am weitesten im Norden lebenden Landsäuger der Welt. Man findet sie heute nur noch auf Spitzbergen und in den arktischen Breiten Kanadas. Moschusochsen vollziehen einmal im Jahr einen sogenannten Haarwechsel, indem sie ihre zotteligen, braunen Haaren abwerfen. Dieses Haarkleid gleicht dem Fell des Mammuts und wurde daher auch für die im Museum gezeigte Dermoplastik verwendet.

Bilder vom Bau des Mammuts

Vom Stein zur Bronze –
Menschliches Leben im Steinzeitalter

Altsteinzeit (Paläolithikum)

Die Menschen der Altsteinzeit lebten sowohl auf sog. Freilandplätzen wie auch in natürlichen Höhlen. Reiche Funde dieser Zeit hat z. B. die Balver Höhle im Hönnetal geliefert. Vermutlich hat es auch im Teutoburger Wald in natürlichen Höhlen oder an geschützten Stellen mit Felsüberhängen Rastplätze gegeben.

Über eine Besiedlung des Münsterlandes in der sogenannten Eem-Warmzeit, d. h. dem Zeitintervall zwischen der Saale-Vereisung und der letzten Kaltzeit, der Weichsel-Vereisung, ist so gut wie gar nichts bekannt. Auch in der Weichsel-Kaltzeit, in der das Eis nicht mehr bis nach Westfalen vordrang, ist bis in das Weichsel-Spätglazial menschliches Leben hier nicht nachgewiesen. Wahrscheinlich von Südwesten her wanderten zum Ende der Weichsel-Kaltzeit wieder Menschen in das Münsterland ein. Da sich auch das Klima geändert hatte und Großsäuger wie das Mammut ausgestorben waren, änderte sich ihre Lebensgrundlage, da man kleinem, schnell flüchtendem Wild mit neuen Jagdmethoden nachstellte. Neben dem Sammeln pflanzlicher Nahrung, blieb die Jagd auch weiterhin der Haupterwerbszweig. Man verwendete Bögen und mit Steinspitzen versehene Pfeile. An Bedeutung gewann in dieser Zeit auch der Fischfang.

Dem kiefern- und birkenreichen Alleröd-Interstadial, wie man diese Wärmeperiode bezeichnet, folgte eine letzte Kältephase. In dieser sog. Dryas-Zeit dominierten ausgedehnte Tundragebiete, in die andere Jäger von Norden her eindrangen. Sie waren spezialisiert auf die Jagd der jetzt hier lebenden Rentiere.

Mittlere Steinzeit (Mesolithikum)

Die Mittlere Steinzeit ist geprägt von einem deutlichen Anstieg der Bevölkerung. In der Soester und Warburger Börde fand eine erste Besiedlung durch Ackerbauern und Viehzüchter statt. Im Münsterland lebten dagegen mit wenigen Ausnahmen überwiegend mittelsteinzeitliche Jäger und Sammler.

Einwirkung des Menschen auf die Landschaft seit dem Neolithikum

Vor etwa 5.000 Jahren begann der Mensch intensiver auf die Landschaft einzuwirken. Im sog. Neolithikum zwischen dem 3. und 2. Jahrtausend vor Chr. wurde das Münsterland endgültig von sesshaften Ackerbauern und Viehzüchtern besiedelt. Diese Kulturstufe wird auch als „Trichterbecherkultur" bezeichnet. Benannt wurde sie nach einem besonderen Tongefäß, das die Menschen in der jüngeren Steinzeit benutzt haben.

In der späten Jungsteinzeit wanderten auch Menschengruppen aus östlichen Gebieten nach Westfalen ein. Sie betrieben vorwiegend Viehzucht. Sie brachten u. a. Keramik mit, die durch das Eindrücken gedrehter Schnur geprägt war. Sie unterschied sich deutlich von der vorhergehenden Trinkbecher-Kultur. Noch heute wird diese Arbeitsweise als Schnurkeramik bezeichnet. Weiterhin besaßen sie geschliffene Streitäxte, die sie aber überwiegend als Werkzeuge einsetzten. Etwas später zogen dann aus Südwesten Hirtennomaden in das Münsterland, die auch Glockenbecherleute genannt wurden, da sie glockenartig geformte Tonbecher mitbrachten. In der nun folgenden Bronze- und Eisenzeit schritt die Besiedlung mit kurzen Unterbrechungen weiter voran.

Findlinge sind Zeugnisse der eiszeitlichen Gletscher. Sie stammen aus Skandinavien und wurden mit den Eismassen herangeschafft. Als sogenannte Hünengräber wurden sie vor allem in der Jungsteinzeit zu sogenannten Großstein- oder Megalithgräbern aufgerichtet. Aus der Zeit um 2000 v. Chr. stammt das Großsteingrab „Große Sloopsteine" im Kreis Steinfurt, bei dem es sich um das größte und am besten erhaltene Grabdenkmal in Westfalen handelt

Eiszeitliche Ernährung und Jagd –
Das Leben der Jäger und Sammler

Es ist nicht auszuschließen, dass in Abhängigkeit von den klimatisch bedingten Vegetationsgebieten am Ende der letzten Eiszeit auf der Erde sowohl fleischverzehrende Menschen als auch pflanzenverzehrende Menschen gleichzeitig in verschiedenen Breiten gelebt haben. Mit der „Neolithischen Revolution", also der allmählichen Sesshaftwerdung des Menschen, wurden die pflanzlichen Lebensmittel nun endgültig zur überwiegenden Komponente. Der Mensch konnte durch die Landwirtschaft die Natur gezielt nutzen und wurde so unabhängiger von äußeren Bedingungen.

Menschen sind von Natur aus weder reine Pflanzenesser (Herbivoren) noch reine Fleischesser (Karnivoren). Sie werden daher als Gemischtkost- oder Allesesser (Omnivoren) angesehen, wobei der pflanzliche Anteil an der Nahrung leicht überwiegt. Die Meinungen der Wissenschaftler über die Ernährung der ersten Menschen liegen aber weit auseinander. Vieles spricht dafür, dass die ersten Menschen vor allem tierische Nahrung verzehrt haben, doch immer ist pflanzliche Nahrung mit verwendet worden. Man bezeichnet die Menschen, die bis vor etwa 10.000 Jahren gelebt haben, daher auch als „Jäger und Sammler". Neuere Untersuchungen und Interpretationen besagen, dass die Tierjagd in der damaligen Zeit ein zu „aufwändiges, gefährliches und unsicheres Unterfangen gewesen sei, um als Basis für die Ernährung zu dienen". Ein Sammeln von Pflanzenteilen ist dagegen einfacher, erfolgversprechender und ungefährlicher gewesen. Jagd könnte demnach als „Luxus" angesehen werden, denn auch die zahlreichen Tierdarstellungen in der Höhlenmalerei sind nicht unbedingt der Beweis für eine überwiegend tierische Ernährung. Vielmehr hatte sie oftmals eine religiöse und mythologische Bedeutung. Hinzu kam, dass die Jagd immer das Vorecht der Männer gewesen ist und damit in einem höheren Ansehen stand. Jagdszenen tauchten daher – anders als Sammelszenen – auch in der Wandmalerei auf.

Die Jagd wurde mit Wurfgeschossen (Steinen), dem Speer und eventuell auch Fallgruben betrieben. Ab etwa 9.000 v. Chr. jagte man auch mit Pfeil und Bogen (siehe Abbildungen auf der rechten Seite). Die frühen Speere bestanden aus einfachen geglätteten Hölzern, deren Spitzen mit Feuer gehärtet wurden. In späterer Zeit wurden Steinspitzen an den Speerschäften befestigt.

Wie bei den meisten Naturvölkern hat der eiszeitlich Jäger seine Jagdbeute fast völlig verwertet. Neben dem zur Ernährung benötigten Fleisch, wurden das Fell, das Geweih und die Knochen zur Herstellung von Geräten genutzt.

Von Mammutjägern fand man gelegentlich im Kreise auf den Hinterkopf gestellte Mammutschädel. Die nach oben gerichteten Stoßzähne dienten als „Zeltstangen", über die man Felle spannte, die mit verhakten Geweihen gehalten wurden.

Insgesamt gibt es aber relativ wenig archäologische Zeugnisse dafür, dass die Menschen der Vorzeit Mammuts gejagt haben. Bis in die jüngere Zeit hinein wurden übrigens auch in Afrika und Asien die Elefanten nicht in größerer Zahl bejagt. Erst im 19. Jahrhundert änderte sich dies, als sich der Elfenbeinhandel verbreitete.

Links: Vereinfachte Darstellung des Vorkommens verschiedener steinzeitlicher Jagdwaffen (Aus: STODIEK & PAULSEN 1996, S. 14)

Rechts: Die vier wichtigsten steinzeitlichen Jagdwaffen und ihre Wirkungsbereiche nach Erkenntnissen aus experimenteller Archäologie und Völkerkunde (Aus: STODIEK & PAULSEN 1996, S. 15)

Von Mammuts und Waldelefanten –
Eiszeitliche Säugetiere und ihrer Verwandten

Das Wort Mammut lehnt sich an den tartarischen Ausdruck „mamma" an und bedeutet soviel wie „Erdtier". Die Mammuts lebten in kleinen Herden in einer spärlich bewachsenen Tundrenlandschaft. Es waren die größten Landsäugetiere, die jemals in unserer Hemisphäre gelebt haben. Die größten Tiere waren etwa 4 t schwer und erreichten eine Höhe von 4,5 m. Ein zottiges bis zu einem halben Meter langes Fell schützte sie vor der eisigen Kälte langer Wintertage und kalter Stürme. Die weit ausladenden, gebogenen Stoßzähne dienten als Schaufel, um im Winter die Nahrung unter dem Schnee freizulegen.

Anpassung an einen unwirtlichen Lebensraum

Das Mammut (Mammuthus primigenius), der bekannteste und charakteristische Vertreter der pleistozänen Tierwelt, war ein großes Rüsseltier, das mit Ausnahme der iberischen und griechischen Halbinsel auf dem ganzen europäischen Festland verbreitet war. Über Nordasien drang es sogar über bestehende Landbrücken bis nach Nordamerika vor.

In Europa erreichte das Mammut eine Höhe von durchschnittlich 3,5 m. Ein langhaariges und dichtes Fell schützte es zusammen mit einer starken Unterhautfettschicht vor dem rauhen Klima der Eiszeit. Der Kopf des Mammuts war noch größer als bei den heutigen Elefanten, was mit den ungewöhnlich stark entwickelten, einwärts gebogen Stoßzähnen zusammenhängt. Diese eigenartig gekrümmten Stoßzähne sind aus einer Umwandlung zweier Schneidezähne des Oberkiefers entstanden. Insgesamt besaß das Mammut vier hohe und große Mahlzähne.

Die Ohren des Mammuts waren klein und fellbedeckt. Auch der Rüssel war behaart. Der Schwanz war kurz und mit dichten Fellzotten bewachsen.

Evolution des Mammuts

Die Mammuts sind zwar mit den heutigen Elefanten verwandt, entspringen aber einem anderen Zweig des Stammbaums. Das Wollhaarige Mammut (Mammuthus primigenius), von dem wir in der Ausstellung eine Nachbildung sehen, stammt vom Steppenmammut (Mammuthus trogontherii) ab, das seinerseits aus dem ursprünglichen Mammut (Mammuthus meridioalis) hervorgegangen war.

Vor etwa drei Millionen Jahren lebten die ersten Tiere dieser Gattung in den tropischen Waldlandschaften Afrikas. Später zogen sie nach Europa und nach Sibirien. Sie lebten anfänglich von Blättern und Baumrinden und mussten sich im Zuge der Abkühlung und der damit einer gehenden Vegetationsveränderung an die Nahrungsangebote in einer offenen Graslandschaft anpassen. Das Mammut der Eiszeit ist somit eine evolutionäre Anpassung an einen extremen Lebensraum. Die letzten bekannten deutschen Mammutfunde stammen von einem altsteinzeitlichen Rastplatz bei Neuwied in Gönnersdorf. Diese Funde dürften etwa 12.500 Jahre alt sein.

Während heute nur noch in Afrika und in Asien Rüsseltiere leben, sind der Schliefer und Dugong die heute noch lebenden nächsten Verwandten der Mammuts und Elefanten.

Stammbaum der Rüsseltiere

Indischer Elefant
Elephas indicus

Afrikanischer Elefant
Loxodonta africana

HEUTE

Mammut
Mammuthus primigenius

Steppenelefant
Mammuthus trogontherii

STEGODONTEN
Stegodon

MASTDODONTEN

Zygolophodon

Waldelefant
Palaeoloxodon antiquus

Stegomastodon

Cuvieronius

1 Mio. J.

Südelefant
Archidiskodon meridionalis

ELEFANTEN
Anancus

PLEISTOZÄN

Dinotherium

Rhynchoterium

Platybelodon

Triophodon (Mastodon)

Mastodon
Gomphotherium angustidens

30 Mio. J.

JUNG-TERTIÄR

DINOTHERIEN

Palaeomastodon

Moeritherium

MOERITHERIEN

Tapirelefant
Moeritherium lyonsi

60 Mio. J.

ALT-TERTIÄR

25

Sechsmal neue Zähne –
Ernährung und Lebensgewohnheiten der Mammuts

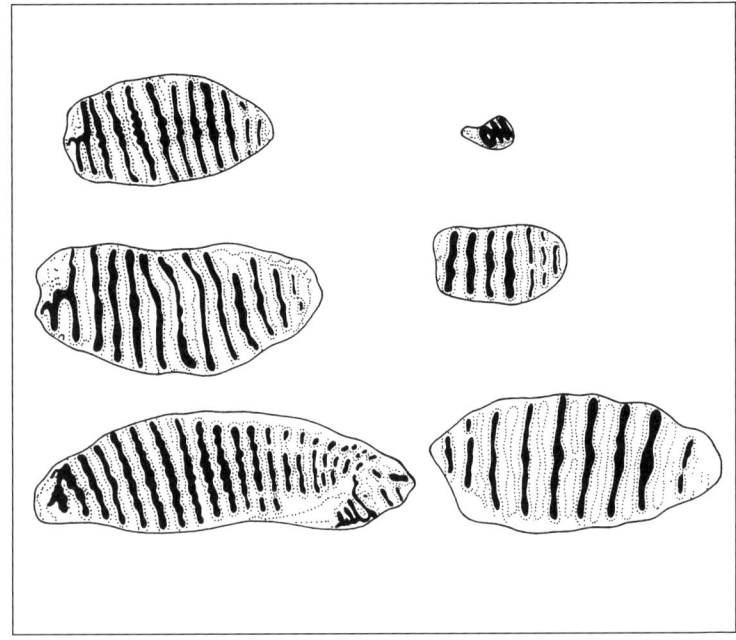

Mit dem Körperwachstum des Mammuts nahmen auch die zeitlich nacheinander und horizontal hintereinander entstehenden Zähne an Größe zu

Über 200.000 Jahre streiften Mammuts durch die Steppenlandschaften auf der ganzen Nordhalbkugel der Erde. Der gewaltige Körper des Mammuts benötigte viel Nahrung. 20 Stunden und mehr am Tag war das Tier damit beschäftigt, dem Körper Futter zuzuführen. Ein erwachsenes Tier benötigte dabei etwa 180 kg frisches Futter am Tag. In der Regel bestand die Nahrung zu etwa 90% aus Gräsern und Seggen. Da man in den sibirischen Dauerfrostböden häufig Mammuts gefunden hat, die über 20.000 Jahre tiefgekühlt erhalten geblieben sind, ist man über das Aussehen und den inneren Aufbau der Tiere sehr gut informiert. Häufig wurde Futter zwischen den Zähnen und im Magen gefunden, so z. B. auch bei dem nach seinem Fundort benannten „Beresowka-Mammut". Hier fand man 12 kg Futterreste der Sommernahrung, bestehend aus fünf Süßgräsern, zwei Riedgrasarten, Thymian, Alpenmohn und scharfem Hahnenfuß.

In gefrorenen Mammutmägen konnten bisher über 100 Pflanzenarten nachgewiesen werden, worunter auch zahlreiche Zwergstraucharten sowie die Rinde und Blätter von Bäumen waren. Den Nahrungsmangel in den langen und kalten Wintern überbrückte das Mammut möglicherweise auch mit dem Inhalt eines Fetthöckers am Rücken.

Das Nahrungsangebot der Kaltzeit ließ aber auch die Zähne schnell verschleißen, da in den Gräsern kleine Kieselpartikel steckten, die beim Kauen wie Schleifpapier wirkten. Sechsmal wurden neue Backenzähne aus dem hinteren Bereich des Kiefers an die Stelle eines abgenutzten Zahnes geschoben. Während der erste Mammutbackenzahn nur eine 1-Pfennig große Kaufläche hatte, war der letzte Zahn über 30 cm lang und etwa 1,8 kg schwer.

Um das 40. Lebensjahr war beim Mammut der Zahnwechsel beendet. Die Lebenserwartung eines Mammuts hing mit der Abnutzung des letzten Zahns zusammen. Das Tier musste verhungern, sobald auch dieser verschlissen war. Man geht heute davon aus, dass ein Mammut bis zu 60 Jahre alt werden konnte.

Besonders auffällig sind die Mammutstoßzähne, die verschiedene Funktionen zu erfüllen hatten. Der jemals größte gefundene Stoßzahn hat eine Länge von 4,9 m und wurde in der ersten Hälfte des 20. Jahrhunderts in Texas gefunden. Beginnend mit einem kleinen Milchstoßzahn, der nach gut einem Jahr verloren geht, wuchsen Mammutstoßzähne zunächst fast senkrecht vom Schädel nach unten. Dann krümmten sie sich nach oben und nach außen, um danach wieder nach innen zu verlaufen. Mammutstoßzähne zeigen sehr häufig auf ihrer Unterseite, wo sie den Boden berühren, deutliche Spuren von Abnutzung.

Molare von Mammut (links) und Waldelefant (rechts)

Sechsmal neue Zähne –
Ernährung und Lebensgewohnheiten der Mammuts

Erste Mammutbackenzähne, Funde aus der Balver Höhle

In Verbänden von 10 bis 12 Muttertieren mit ihren Jungen zogen die Mammuts bei ihrer Nahrungssuche über weite Strecken durch die Tundren- und Steppenlandschaften. Die Mammuts paarten sich vermutlich im Sommer, damit nach einer Tragezeit von 22 Monaten die Geburt fast zwei Jahre später im Frühling erfolgen konnte.

Ein weibliches Mammut säugte seinen Nachwuchs etwa 2 – 3 Jahre, wobei aber bereits nach wenigen Monaten von den Jungtieren pflanzliche Nahrung aufgenommen wurde.

Die männlichen Tiere, die mit etwa 10 – 12 Jahren geschlechtsreif wurden, verließen nach und nach die Gruppe. In Machtkämpfen, bei denen es in der Regel reichte, dass männliche Tiere ihre Stoßzähne zur Schau stellten, buhlten die Konkurrenten um ein empfängnisbereites weibliches Tier. Wenn aber zwei ebenbürtige Rivalen sich begegneten, konnte es auch zu gewalttätigen Kämpfen und manchmal sogar zum Tod eines der beiden Kontrahenden kommen.

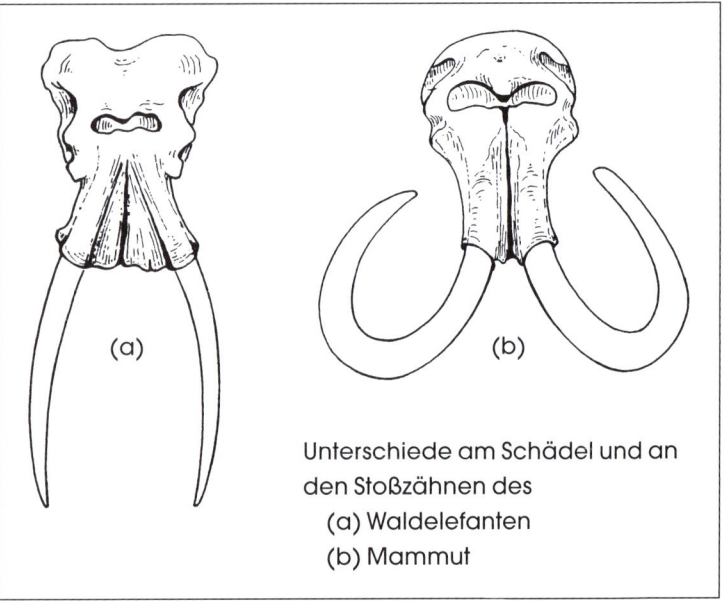

Unterschiede am Schädel und an den Stoßzähnen des
(a) Waldelefanten
(b) Mammut

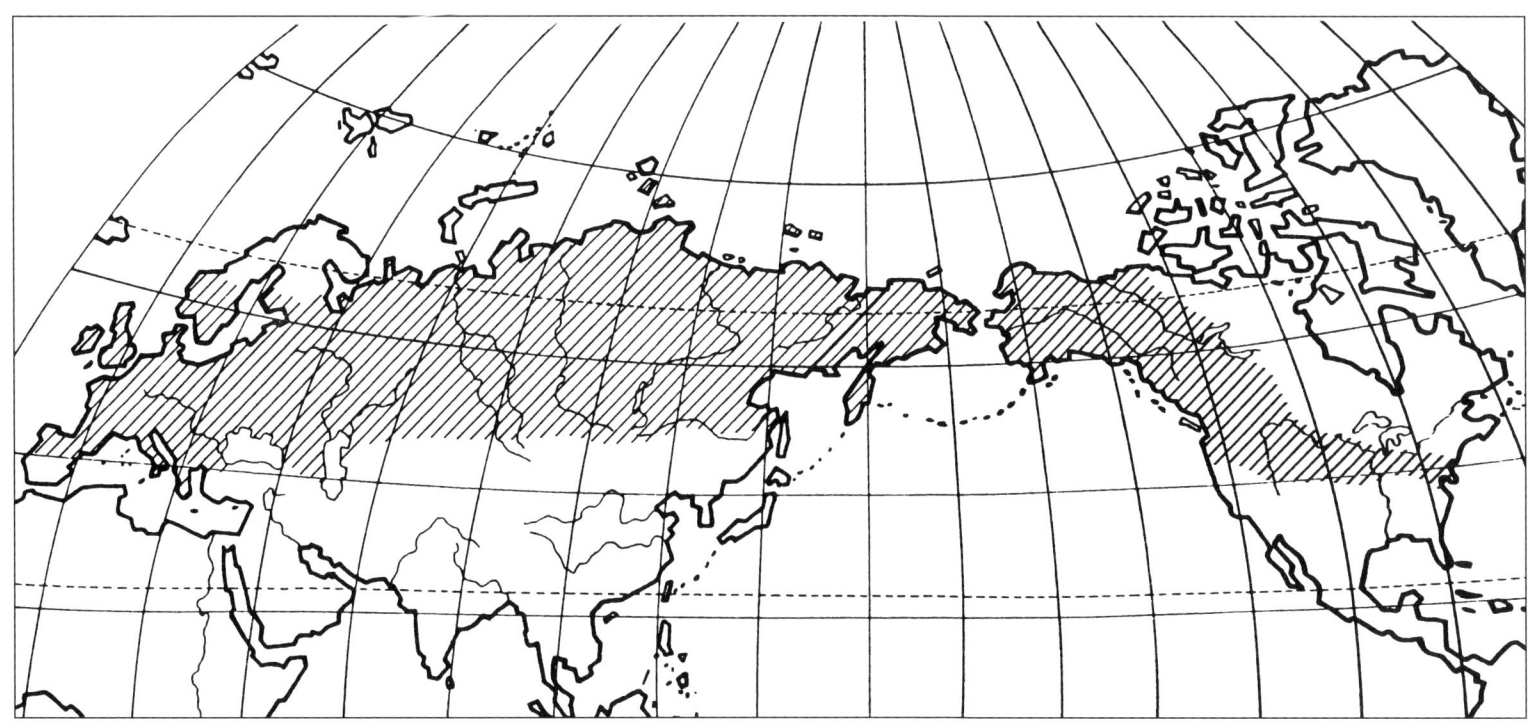
Verbreitungskarte des Mammuts (Nach GARUTT 1964)

Zeichnungen und Wandmalereien –
Bildliche Belege für das Aussehen der Tiere im Eiszeitalter

Über die Form und das Aussehen der eiszeitlichen Tiere wissen wir nicht nur etwas durch Skelettfunde und Tierleichen aus den Dauerfrostböden, sondern es sind auch Abbildungen, die von den eiszeitlichen Menschen als Zeitgenossen der Tiere hergestellt wurden, erhalten geblieben. Wir finden sie vor allem als Höhlenmalereien in ehemals eisfreien Gebieten. Dargestellt wurden neben dem Mammut auch Höhlenbären, Wisente, Riesenhirsche und Rentiere, Auerochsen, Wildpferde, Steinböcke sowie andere Tiere.

Der Sinn dieser Malereien ist nicht zu ermitteln. Sie können genauso gut als Wandschmuck wie als Jagdzauber oder als Übungsobjekt für die Jagd gedient haben. Als Beweis ließe sich hier die Tatsache anführen, dass bei einigen Tieren das Herz besonders gekennzeichnet ist und Speerspitzen auf diesen Punkt hindeuten.

Viele Mammutknochen, Stoßzähne und Geweihstücke wurden vermutlich eher aufgelesen als bei der Jagd erbeutet. Die Menschen stellten daraus nicht nur Werkzeuge und Behausungen her, sondern fertigten daraus kunstvolle und originelle Schnitzereien und Schmuckstücke. Bei den Tieren waren es vor allem Pferde und das Wisent, die neben abstrakten Motiven, als Skulpturen und in Höhlenmalereien dargestellt wurden. Aber auch vom Mammut sind bis heute über 400 Abbildungen bekannt geworden.

Interessant bei einigen Mammutdarstellungen ist, dass die Tiere keine Stoßzähne aufweisen. Dies ist z. B. bei den meisten Mammutdarstellungen aus Gönnersdorf der Fall. Möglicherweise weisen diese Gravierungen auf Geschlechtsunterschiede hin, wobei bei sämtlichen weiblichen Tieren in einer Region die Stoßzähne gefehlt haben, wie es u. a. auch bei vielen Populationen des heutigen Indischen Elefanten der Fall ist. Einen fossilen Beleg hierfür gibt es aber noch nicht, so dass möglicherweise auch ein gewisses Maß an „künstlerischer Freiheit" der Grund für das Fehlen der Stoßzähne bei Malereien und Skulpturen ist.

Zeichnungen von Mammuts (oben) und anderen Tieren des Eiszeitalters (rechts) aus verschiedenen Höhlen und anderen Fundplätzen in Europa

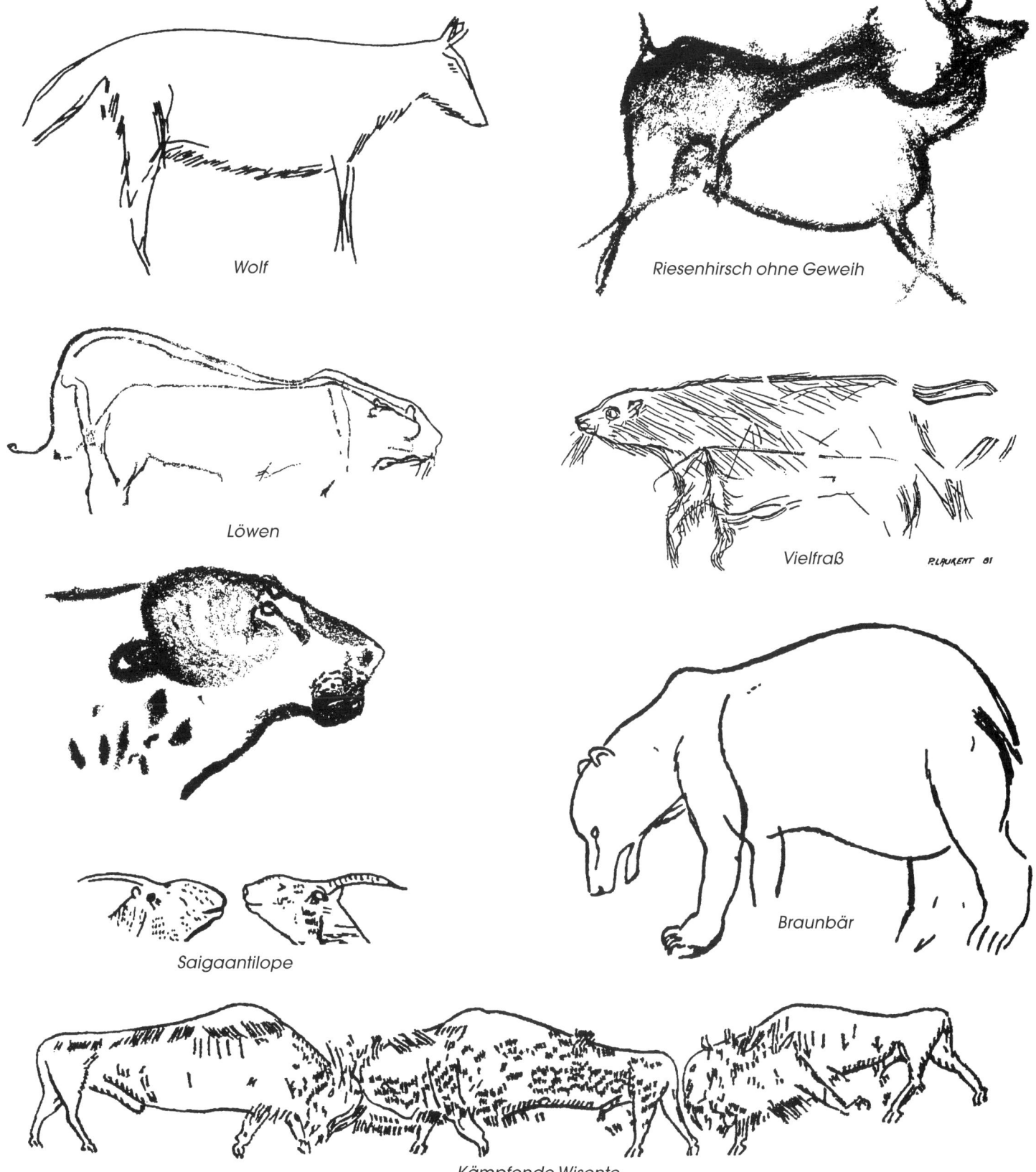

Das „Ahlener Mammut" –
So bekannt als lebe es noch heute

Allgemeine Bekanntheit erlangte das Ahlener Mammut durch eine Werbemaßnahme der Stadt sowie dadurch, dass das urweltliche Tier in der Karnevalssession 1980/81 zum Symbol des Ahlener Karnevals erhoben wurde

Im Juni des Jahres 1910 wurden in der Stadt Ahlen im heutigen Kreis Warendorf in einer Tongrube der Stanz- und Emaillierwerke der Gebrüder Seiler in einer Tiefe von 1,5 bis 2 m Skelettteile eines Mammuts gefunden. Der Fund wurde von Th. Wegener, damals Privatdozent am Geologisch-Paläontologischen Institut der Universität Münster, sichergestellt. Die sachgemäße Ausgrabung ergab ein fast vollständiges Skelett, das geschlossen auf engem Raum von etwa 4×6 m im Ton gelegen hatte. Das Skelett gehört zu den wenigen vollständigen Mammutskeletten in Deutschland. In Westfalen kam und kommt es relativ häufig zu Funden von einzelnen Mammutknochen oder Zähnen (Molar). Diese sind meist in verschwemmten Flussablagerungen zu finden, wie z. B. in den fossilen „Knochenkissen" der Lippe. Die Tongrube in Ahlen ist heute verfüllt und nur eine als „Mammutpfad" bezeichnete Straße deutet auf diesen bedeutenden Fundpunkt hin.

Das Ahlener Mammut, das vor etwa 20.000 Jahren gelebt haben dürfte, gilt auch heute noch als eines der vollständigsten Mammutfunde, die jemals gemacht wurden. Glücklicherweise wurde es nicht unmittelbar nach seinem Auffinden verkauft. Damals lagen verschiedene verlockende Angebote vor, so z. B. auch aus Amerika, wo man die damals stattlich Summe von 50.000 Dollar bot.

Immer wieder nahm man sich z.T. mit viel Humor dem Mammutfund von Ahlen an. Gelegentlich tauchte es im westfälischen Karneval auf Narrensitzungen und sogar im Ahlener Rosenmontagszug auf.

„Ahlener"-Mammutskelett im Geologisch-Paläontologischen Museum der Universität in Münster

Was kam nach der Mammutsteppe? –
Landschaftswandel nach der letzten Eiszeit

Die „Mammutsteppe" wurde mit zunehmender Erwärmung des Klimas von sogenannten Pionierwäldern abgelöst. Mitteleuropa wurde weitgehend zu einem Waldland, das vermutlich mehr oder weniger von savannenartigen Offenländern durchsetzt war. Wie groß der Beitrag der Großtierfauna bei der Öffnung bzw. der Offenhaltung der Landschaft war, ist noch nicht abschließend geklärt. Im nacheiszeitlichen Mitteleuropa entstanden diese offenen Flächen jedenfalls durch Hochwasser, Windwurf sowie Eis- und Schneebruch. Vermutlich war auch der Biber in einem nicht zu unterschätzenden Umfang daran beteiligt. Über Jahrzehnte und möglicherweise über Jahrhunderte hinweg wurden diese Flächen von pflanzenfressenden Großsäugern offen gehalten und in ihrer natürlichen Dynamik gebremst. Deutliche Grenzen, wie wir sie heute in Form von Waldrändern kennen, gab es zu dieser Zeit nicht.

Das Neolithikum und damit die Besiedlung der Naturlandschaft begann zu einer Zeit, als sich in weiten Teilen Mitteleuropas wieder eine vielfältige Vegetation entwickelt hatte. Die meisten heimischen Baumarten waren nacheiszeitlich zurückgewandert und mit dem Getreideanbau gelangten die ersten Ackerwildkräuter zu uns. Erste Waldrodungen größeren Umfanges sind aber erst aus der Bronzezeit (1.800–1.000 v. Chr.) bekannt, jedoch blieben auch diese Eingriffe in die Naturlandschaft über viele Jahrhunderte hinweg noch relativ gering. Während der Völkerwanderungszeit (375–600 n. Chr.) ging die Siedlungstätigkeit noch einmal deutlich zurück und Wälder eroberten bereits kultiviertes Land zurück.

Dies änderte sich erst wieder, als in Folge einer regen Handelstätigkeit im 11. und 12. Jahrhundert Städte entstanden. Man begann, die siedlungsnahen Rohstoffquellen zu nutzen. In den übrigen Wäldern wurde gejagt. Der Waldanteil hatte im 12. Jahrhundert vielerorts bereits deutlich, d. h. um 30–50 %, abgenommen. Ackerbau und Vieheintrieb in die Wälder öffneten weiter die Landschaft. An die Stelle von Urwäldern waren Mittelwälder getreten, die vor allem der Bauholzgewinnung dienten. Eine zweite Rodungsphase, die etwa vom 14. bis zum 16. Jahrhundert dauerte, führte dazu, dass in den Folgejahren ein regelrechter Holzmangel durch Übernutzung eintrat. Bergbau und Energiegewinnung förderten diese Übernutzung der Wälder noch weiter. Aus dieser sich abzeichnenden Holznot im Bergbau entwickelte sich eine geregelte Forstwirtschaft, die zunächst den Anbau „leistungsfähiger" Gehölze zum Ziel hatte und erheblich mit ihren Kiefern- und Fichtenkulturen in die frühere Waldstruktur eingriff.

Mit der industriellen Revolution, die u.a. auch die Einführung der mineralischen Düngung mit sich brachte, versuchte man, die defizitäre Landnutzung auszugleichen. Zu dieser Zeit war der höchste Artenreichtum in Mitteleuropa zu verzeichnen. Hinzu kamen mit dem Ausbau der Verkehrswege eine Vielzahl von Neubürgern (Neophyten und Neozoen), die zu einer weiteren „Bereicherung" der Pflanzen- und Tierwelt beitrugen.

In der hochindustriellen Phase der Landschaftsnutzung, die etwa 1960 einsetzte, kam es zu einer Zerstörung zahlreicher Ökosysteme und dem raschen Aussterben vieler Tier- und Pflanzarten sowie der Gefährdung von 20–50 % des Arteninventars. Die über Jahrhunderte ausgeklügelte Kreislaufwirtschaft der bäuerlichen Betriebe ging im Zuge der „Globalisierung" verloren und die weichen Übergänge von Siedlung, Kulturlandschaft und naturnahen Räumen verschwand. Vielfach wird daher heute von einem schleichenden Identitätsverlust der Kulturlandschaft gesprochen. Der eigentliche Wert und die Bedeutung historischer Kulturlandschaften, vor allem auch in Bezug auf die vielfach vernetzten Ökosysteme, ist erst in Ansätzen erforscht.

Nacheiszeitliche Vegetations- und Kulturentwicklung im nordwestlichen Mitteleuropa (verändert nach SPEIER 1997, S. 57)

Vegetationsgeschichtliche Einteilung	Vegetationsentwicklung	Sukzessionsphasen	Kulturstufen
Jüngeres **Subatlantikum** 900 n. Chr. bis heute	Phase der stark bis übermäßig genutzten Wälder mit – Ausbildung von Nieder-, Hude- und Lohschälwäldern – Bildung von Heckenlandschaften – Waldvernichtungsphasen mit Entstehung von Heidelandschaften und Binnendünenbildung im Wuchsgebiet der Eichen-Birkenwälder – Neuzeitliche Forsten	Anthropozoogen beeinflusste Sukzessionen von Offenland- und Waldökosystemen – Beeinflussung natürlicher Verbreitungsgrenzen von Arten – Etablierung anthropogener Pflanzengemeinschaften – Erhöhung der strukturellen Diversität – Eingriffe in Böden und Wasserhaushalt	**Metallzeiten** ca. 1800 – heute Neuzeit Mittelalter Völkerwanderung Römische Kaiserzeit Laténe Hallstatt Bronzezeit
Älteres **Subatlantikum** 1300 (1100) v. – 900 n. Chr.	Massenausbreitung der Buche, Ausbildung und Differenzierung von Buchen-, Buche-Eichen- und Eichen-Hainbuchenwäldern		
Subboreal 3000 – 1300 (1100) v. Chr.	Einwanderung von Buche und Hainbuche, standörtlich differenzierte Mischwälder mit geringen Anteilen an Ulmen und Linden		**Neolithikum** (Jungsteinzeit) 4500 – 1800 v. Chr. Bauernkulturen (Ackerbau und Viehzucht, Beginn der Kulturlandschaftsentwicklung)
Atlantikum 6000 – 3200 v. Chr.	Laubmischwälder mit standörtlicher Differenzierung aus Eiche, Ulme, Linde, Esche, Ahorn. Fichte auf Sonderstandorten, Etablierung von Erlen-Auenwäldern, Ausbreitung von Kiefern-Refugialgebieten		
Boreal 7000 – 6000 v. Chr.	haselreiche Kiefern-Birkenwälder	Klimatisch bedingte Einwanderung vorwiegend von Laubgehölzen	**Mesolithikum** (Mittelsteinzeit) 8000 – 4500 v. Chr. Jäger- und Sammlerkulturen (geschliffene Steine, Beile, Äxte, Mikrolithe, Klingen)
Präboreal 8300 – 7000 v. Chr.	Birken-Kiefernwälder	Klimatisch bestimmte Entwicklung von Waldökosystemen	
Jüngere Dryas (Jüngere Parktundrenzeit) 8300 – 7000 v. Chr.	Wiederausbreitung glazialer Steppen- und Tundrenelemente	klimatisch gesteuerte Einwanderung und phasenweise Etablierung von Pioniergehölzen klimatogene Sukzession von Offenland und mehr oder weniger geschlossenen Gehölzformationen	**Paläolithikum** (Altsteinzeit) bis ca. 8000 v. Chr. Jäger- und Sammlerkulturen (behauene Steine, Faustkeile, Abschläge)
Alleröd 10 000 – 8800 v. Chr.	Kiefern-Birkenwälder mit Weidengebüschen (Sandbirke, Wacholder, Heide sowie flächenhaft heliophile Glazialflora)		
Ältere Dryas (Ältere Parktundrenzeit) 10 400 – 10 000 v. Chr.	Arktisch-alpine Steppenflora (Helianthemum, Thalictrum, Artemisia, Ephedera, Potentilla, Fabaceae, Rumex)		
Bölling-Interstadial 11 300 – 10 400 v. Chr.	Tundren und Pioniergehölze (Birken (B. nana, B. pubescens), Weiden (S. retusa, S. reticulata), Wacholder, Sanddorn u.a.)		
Arktikum 14 400 – 11 300 v. Chr.	baumlose Tundren mit arktischen Steppen		

Warum nur einige Bauern wurden –
Jäger- und Sammler-Völker in moderner Zeit

Je nach örtlichen Gegebenheiten entwickelte sich an verschiedenen Orten der Welt unabhängig voneinander nach der Zeit des Jagens und Sammelns eine Reihe von „Bauerngesellschaften". Folgende wilde Stammformen für den Anbau von Feldfrüchten bildeten die Grundlage ihres Wirtschaftens:

Südwestasien:	Gerste und Weizen
Nordafrika:	Hirse
Süd- und Ostasien:	Reis
Mittelamerika:	Mais

Es waren vor allem die Gebiete mit reichen Nahrungsressourcen, in denen die Menschen den Übergang vom Jäger zum Sammler vollzogen und damit nach und nach einen der gravierendsten Schritte in der Menschheitsgeschichte einleiteten.

Auch im Gebiet des heutigen Westfalen wurden die Menschen dazu „verleitet" sesshaft zu werden, als es aufgrund einer vielfältigen und überaus reichhaltigen Nahrungsversorgung nicht mehr notwendig war, Großwild über lange Strecken zu verfolgen. Die Temperaturen lagen um einige Grad höher als heute und in den Seen und Flüssen gab es große Fischvorkommen. In den Wäldern war genug Großwild, aber auch viele kleinere Tiere, vorhanden. Aufgrund des reichen Nahrungsangebotes in Kombination mit dem aufkommenden Ackerbau stieg die Bevölkerungsdichte allmählich an. Über etwa 2.000 Jahre wurden so die Menschen zu Bauern und Viehzüchtern. Diese Umstellung der Lebensweise zog auch eine Veränderung der sozialen Strukturen und Siedlungsformen nach sich. Während die Gruppengröße bei den Jägern und Sammlern allein schon aus praktischen Erwägungen eingeschränkt war, nahm die Bevölkerung in diesen Bauerngesellschaften ständig zu. Je mehr Arbeitskräfte man hatte, je mehr Getreide konnte man anbauen und je mehr Rinder konnten aufgezogen werden. Damit begann der scheinbar niemals endende Kreislauf des Bevölkerungswachstums auf der Erde, der nach immer mehr Nahrung verlangte.

Die meisten Jäger und Sammler-Völker, die bis in die heutige Zeit ihre ursprüngliche Lebensweise beibehalten haben, findet man in isolierten Randgebieten der Erde mit extremen klimatischen Bedingungen. Gemeinsam ist all diesen Bevölkerungsgruppen, dass sie sich ihrer Umwelt in raffinierter und hochspezialisierter Weise angepasst haben. Ein noch heute weitverbreitetes Missverständnis besteht darin, dass Jäger und Sammler immer unter eingeschränkten Lebensverhältnissen am Rande des Hungertodes und der Unterernährung ihr Dasein fristen. Untersuchungen an solchen Gesellschaften ergaben eher das Gegenteil. Beispielsweise verfügen die Buschmänner in der Kalahari-Wüste über eine sehr zuverlässige Nahrungsversorgung, die es ihnen sogar erlaubt, sehr wählerisch bei der Suche nach genießbaren Pflanzen vorzugehen. Etwa ein Viertel der verfügbaren Nahrungspflanzen werden gesammelt und verzehrt. Dazu verwenden sie nicht mehr als zwei bis drei Stunden am Tag. Da dieses Vorgehen der Buschmänner dem Verhalten der Jäger und Sammler in Europa sehr nahe kommt, bieten sie ein gutes Beispiel für das Verständnis der Lebensweise der Menschen bei uns im Mesolithikum.

Jäger- und Sammler-Völker, die bis in moderne Zeit gelebt haben

Nordamerika und Grönland

Eskimos
Subarktische Indianer
Indianer der Nordwestküste
Hochlandindianer
Kalifornische Indianer
Indianer des Großen Beckens
Prärieindianer

Südamerika

Jäger und Sammler des Amazonasbeckens
Gran Chaco Indianer
Tehuelche
Feuerländer

Africa

Pygmäen
Okiek
Hadza
Buschmänner

Australien

Aborigines

Asien und Pazifik

Maori
Toala
Agfa
Punan
Kubu
Semang
Andamanen
Glabri
Vedda
Kadar
Chenchu
Birhir
Ainu
Chukchi

„Gute alte Zeit?"

Zu allen Zeiten träumten Menschen von der „guten alten Zeit", doch in Wirklichkeit wünscht sich heute kaum jemand das Vergangene zurück. Was war denn eigentlich so gut an der guten alten Zeit, in der die Menschen vor allem noch auf dem Lande lebten und ein viel härteres Leben hatten als wir es heute kennen? Mit der Erinnerung an frühere Zeiten werden in uns oft auch die Gedanken an unsere eigene Kinder- und Jugendzeit wach. Erinnerungen sind dabei immer auf etwas bestimmtes bezogen. Oft sind es „heimatliche" Gefühle, die etwas mit „heiler" Natur und der „schöner" Landschaft zu tun haben in der wir als Kinder gelebt und gespielt haben. Es muss aber nicht immer das Haus „im schönen Wiesengrunde", sondern es kann auch die Scheune oder der graue Hinterhof sein, der uns das Gefühl von Vertrautheit vermittelt. Oft sind es aber Gedanken an eine heile Welt, eine naturnahe Landschaft, denen wir uns in den Gedanken nähern. Die „gute alte Zeit" ist letztlich ein Traum, eine Erinnerung. Sie gäbe es nicht, wenn wir nicht an eine bessere neue Zeit glauben würden, denn auch unsere heutige Zeit wird einmal „gute alte Zeit" genannt werden.

Eigentlich ist „die gute alte Zeit" im engeren Sinne in Deutschland ein feststehender Begriff, der für die Friedensjahre zwischen 1871 und 1914 verwendet wird. Es ist die sogenannte „Kaiserzeit", von der die älteste Generation noch immer gerne schwärmt. Einerseits war es eine reiche, heile, interessante und fruchtbare Zeit, andererseits gab es, mehr oder weniger deutlich erkennbar, Unbehagen über Probleme und Missstände. Mit einigen wenigen Aspekten aus dieser Zeit des 19. und frühen 20. Jahrhunderts, soll auf Bekanntes und Unbekanntes eingegangen werden. Es soll der Blick auf Liebenswürdiges gerichtet, aber auch heute Unbekanntes und Vergessenes beleuchtet werden. Mit einigen wenigen Aspekten möchten wir ein Stück „Geschichte des Alltages" in der „guten alten Zeit" zeigen, was wiederum ein „Rückspiegel" unseres eigenen Alltags sein kann.

Der Weg der Ausstellung führt uns zunächst durch die „Gute Stube", einen Raum, den es heute manchmal noch auf den Bauernhöfen in Westfalen gibt. Im sonst „heimeligen" bäuerlichen Haus war es der Raum, der nur dann genutzt wurde, wenn „hoher Besuch" kam, also der Pastor, der Lehrer oder andere Personen von hohem öffentlichen Ansehen. Es war der Raum für das Besondere und so finden wird hier auch in der Ausstellung die präparierte Trophäe des letzten Wolfs aus Westfalen.

Der eigentliche Wohn- und Aufenthaltsraum vieler Menschen war früher die Küche. Hier treffen wir auf viele Dinge des täglichen Lebens, die uns teilweise heute fremd geworden sind. Ein Blick in den angrenzenden Vorratsraum zeigt, wie sehr die Menschen zu dieser Zeit noch auf die Ressourcen ihrer Umgebung angewiesen waren und wie vielfältig, manchmal aus heutiger Zeit auch sonderbar, man die Naturprodukte der Region nutzte. Zu allen Zeiten begleiteten den Menschen auch zahlreiche Tiere. Teilweise waren es heimliche Untermieter oder regelrechte Plagegeister und Vorratsschädlinge, die den Hausbewohnern oder den wirtschaftenden Landwirten zu schaffen machten. Viele Tiere und Pflanzen breiteten sich erst in dieser Zeit aus. Der zunehmende Verkehr über die Weltmeere und die steigende Mobilität zu Lande förderten dabei das Vordringen von Neubürgern. Manchmal waren es aber auch Modetrends, denen man nachging und die so mit der Zeit zu einer Einbürgerung neuer Arten bei uns führten.

Jäger mit einem erlegten Birkhahn in einer westfälischen Heidelandschaft (Foto: Hellmund, 1933)

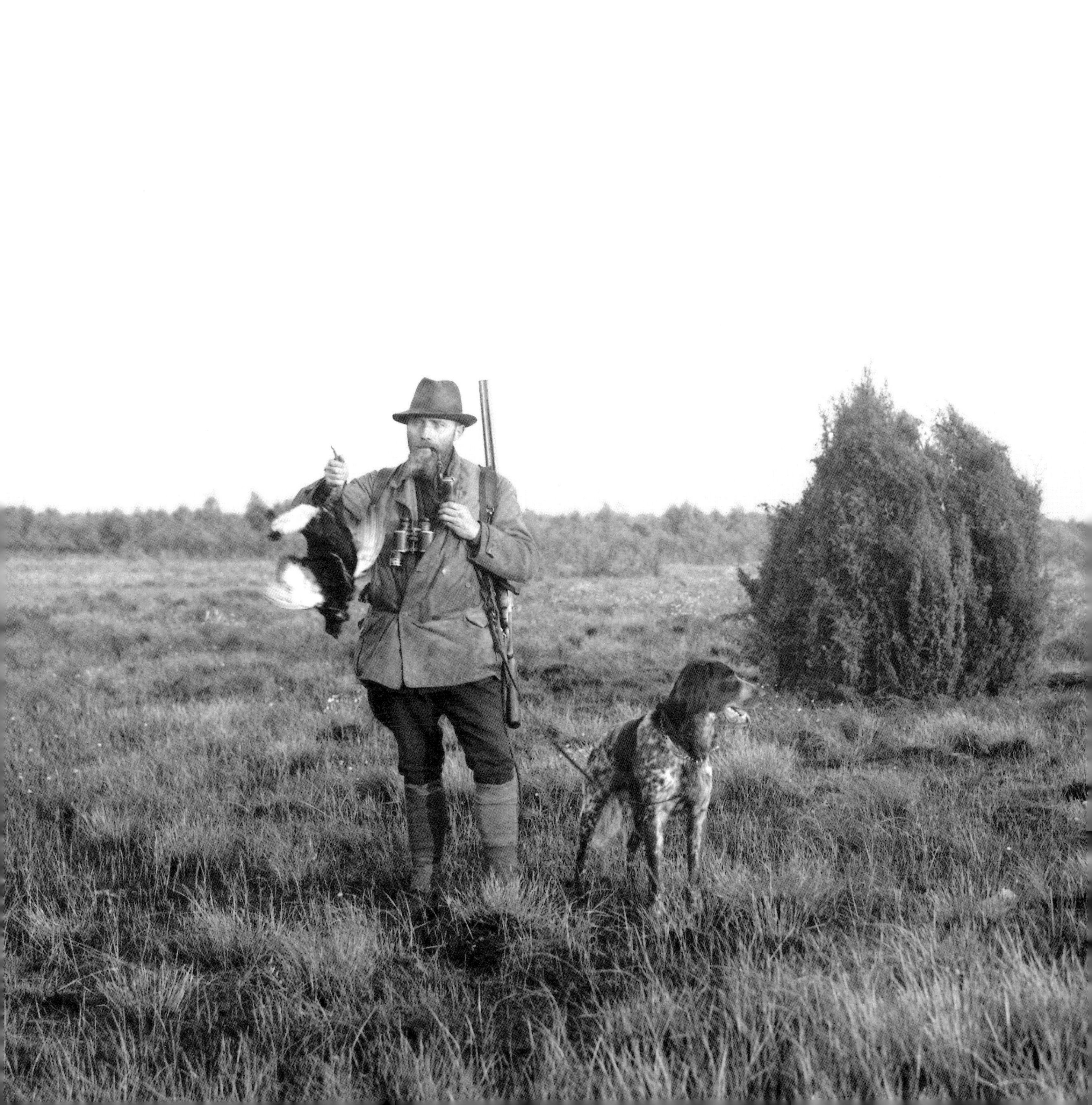

Landschaft und Landwirtschaft in Westfalen im frühen 19. Jahrhundert –
Beobachtungen des Johann Nepomuk von Schwerz

Im Jahre 1815 übernahmen die Preußen die Herrschaft in Westfalen und für die Regierung in Berlin ergab sich die Notwendigkeit, einen Überblick über die Landwirtschaft in der neuen Westprovinz zu gewinnen. So beauftragte man schon bald den preußischen Regierungsrat Johann Nepomuk von Schwerz, einem hervorragenden Agrarexperten seiner Zeit, diese umfangreiche und schwierige Aufgabe zu übernehmen. Das Ministerium des Inneren wünschte einen Bericht über *„die bäuerlichen und landwirtschaftlichen Verhältnisse und die Möglichkeiten ihrer Besserung"*. So bereiste von Schwerz in den Jahren 1816 bis 1818 Westfalen und die Rheinprovinz und lieferte mit den Berichten, die er über diese Reisen erstellte, der preußischen Regierung wichtige Grundlagen für ihre Agrarpolitik und die anstehenden umfassenden Agrarreformen in der ersten Hälfte des 19. Jahrhunderts.

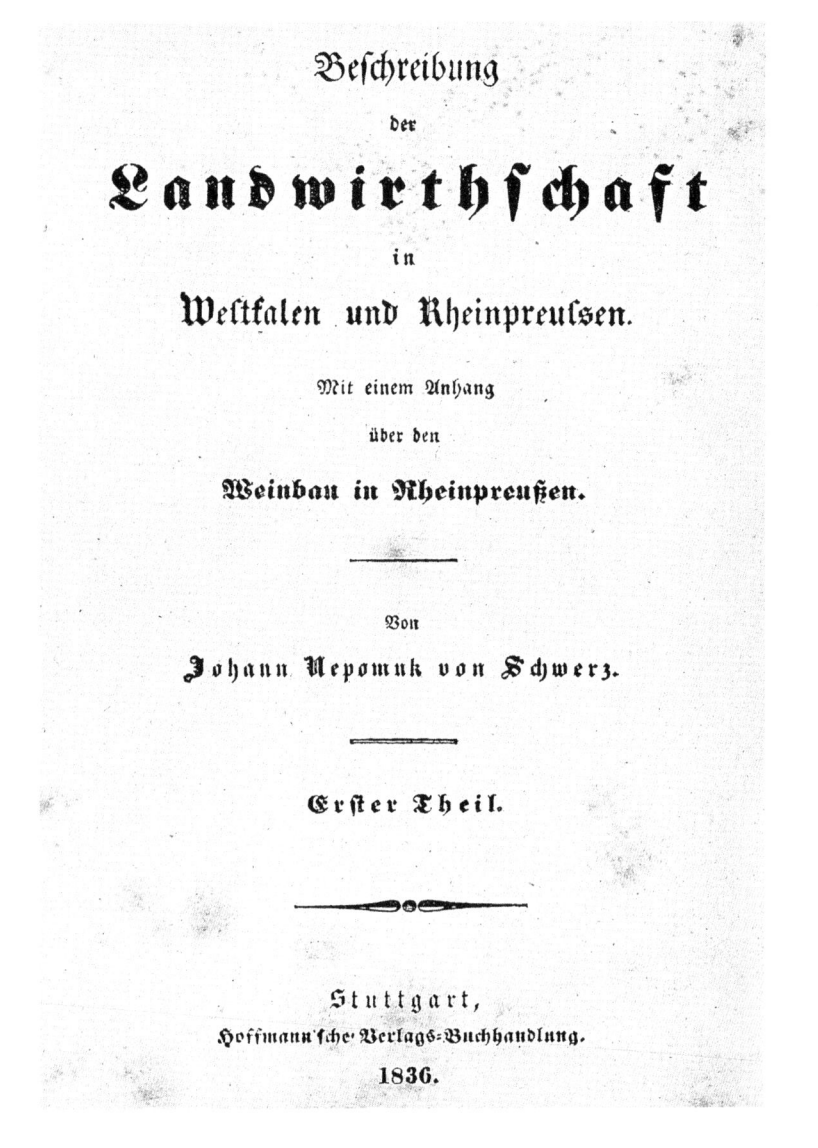

Nepomuk von Schwerz hielt sich bei seinen Bereisungen auch längere Zeit auf den Höfen auf, um aus eigener Anschauung die Arbeitsweisen und den Alltag der Bauern kennen zu lernen. So beschreibt er in recht authentischer Weise in seinem 1836 erschienen Buch *„Beschreibung der Landwirtschaft in Westfalen und Rheinpreußen"* das Leben und die Arbeit der Bauern zu Beginn des 19. Jahrhunderts. Interessant sind auch seine Landschaftseindrücke aus dieser Zeit.

Mit einigen wenigen Originalzitaten aus dieser Zeit sollen im folgenden Beobachtungen und Einschätzungen von Nepomuk von Schwerz wiedergegeben werden, die aus heutiger Sicht manchmal unverständlich oder amüsant erscheinen. Manches lässt uns sicherlich auch nachdenklich werden:

> „Die Landwirthe in Westfalen wohnen einzeln auf abgesonderten Höfen, deren Gründe mehrentheils in Kämpe (Koppeln) vertheilt, mit Hecken und Wällen eingeschlossen, ein festes Erd bilden, und als solches von einer Generation zu der anderen schon seit Jahrhunderten unzertheilbar übergehen…"

> „Der Münsterländer hält viel auf seine **Umwallungen**, indem sie ihm eine ansehnliche Menge Schlagholz gewähren…"

> „…Furcht und Grausen erregend sind die **Wege** in den Klaigegenden Westfalen! Eingekerkert, wie auf Robinsons Insel, sitzt bei etwas ungünstigem Wetter jeder Bewohner daheim und verliert die Gelegenheit, die Melioration zu machen, sein

"Gespann zu beschäftigen, seine Provisionen beizufahren, seine Produkte mit Vortheil zu versilbern, sein Feld zu gehöriger Zeit zu bestellen… Natur und Nachlässigkeit vereinigen sich in Westfalen, um die Wege zu den schlechtmöglichsten zu machen, die der Mensch sich denken kann… Auf den Heiden, Marken, Gemeinheiten geht es etwas besser, indem der Weg hier so breit ist als die ganze Mark ist…"

"**Jagdwesen**: …Geht nun die Jagd auf, so stürmen auf einmal 5–6 Bewaffnete, deren jeder… von einem Rittergutsbesitzer die Erlaubnis für 4–5 Rthlr. dazu erkauft hat, auf die friedlichen Besitzungen des Landmanns an, reißen die Wälle ein, beschädigen die Hecken, verwüsten die Raps-, Kohl- und Kleestücke und lassen Schlagbäume offen…"

"**Landwirthschaftliche Gebäude**: …Die landwirthschaftliche Bauart in Westfalen hat ihr Eigenthümliches, und obgleich Menschen und Thiere unter einem Dach, und, so zu sagen, in einer großen Stube bei einander wohnen, so ist es doch nicht ganz so arg, als man es manchmal geschildert hat, und noch weniger wahr, dass desfalls auch Schweine und Menschen aus einem Topfe speisen.…"

"…**Das Düngen der Wiesen** ist als eine bloße Ausnahme anzusehen. Wo man es hat und kann, verwendet man dennoch Moder, ausgelaugte oder Bleichasche und Torfasche darauf."

"Die **Gänsezucht** ist nicht sehr beträchtlich, und ich erwähne ihrer blos, um einen Missbrauch zu rügen. Die Gänse gehen nämlich zum Verderben der Privat – und Gemeinwiesen, und an manchen Orten selbst auf Feldern, frei herum; und obgleich Jedermann die Schädlichkeit dieser Thiere einsieht, so will sich niemand dazu entschließen, seine Gänse abzuschaffen oder ihr Wesen einzuschränken, so lange der Nachbar Gänse hält oder nicht ein Gleiches thut…"

"**Nutzvieh**: Das hiesige Vieh gehört zu den kleinsten…Eine Kuh wiegt fett 300 Pfund. Diese Rasse ist blos durch Vernachlässigung bis zu diesem Grade herabgesunken, man findet aber auch einige Ausnahmen, die fett 4–500 Pfund wiegen…" "Daß die westfälische Schweinerasse zu einem hohen Grad der Veredlung gekommen, zeigt ihr Gewicht, zu dem man sie anderswo… nicht bringt… Die Schinken von einem 3–400 Pfund schweren Schweine (haben) verhältnismäßig weit weniger Speck aufsitzen, als die von Schweinen von 180 bis 200 Pfund anderswo. Dies macht auch die westfälischen Schinken zum Theile angenehmer und bei der Verspeisung nützlicher…

"**Pferde**: Der Münsterländische Pferdeschlag ist zu landwirthschaftlichem Arbeiten ganz vorzüglich geeignet…"

"**Unkräuter**: …Der Colonus Determeyer hatte der Wucherblume so viel, dass sich bei dem Aufgehen des Samens die ganze Oberkrume der Erde hob. Durch beständiges Abwechseln mit Kartoffeln und Roggen machte er ihnen den Garaus…"

"Sprichwörter: … **Beten und Düngen** sind kein Aberglaube."

Von Schwerz, der eigentlich Priester werden wollte und mehr durch Zufall als aus Absicht Agrarwissenschaftler geworden war, war ein nüchtern denkender, soziologischer und politischer Kritiker seiner Zeit, der seine farbigen Zustandsbeschreibungen mit klaren agrarpolitischen und sozialpolitischen Hinweisen verband. Die vorsichtige, auf Schonung der Traditionen und der überlieferten Strukturen angelegte Politik Preußens in den neuen Westprovinzen geht zu einem großen Teil auf seine Grundlagenarbeit zurück. Dennoch konnte Preußen ihn nicht halten. Schwerz wurde Begründer und für 10 Jahre Leiter der landwirtschaftlichen Lehranstalt Hohenheim, der späteren landwirtschaftlichen Universität Stuttgart-Hohenheim. Die Beschreibung der Landwirtschaft in Westfalen wurde eines seiner bekanntesten Alterswerke. Heute ist es nur noch in wenigen Bibliotheksexemplaren verfügbar, so dass vor einigen Jahren eine Faksimileausgabe beim Landwirtschaftsverlag in Münster-Hiltrup neu herausgegeben wurde.

Der Wolf –
Jagd auf die letzten ihrer Art in Westfalen

Keine Tierart hat im älteren landeskundlichen Schrifttum Westfalens eine ähnlich große Beachtung gefunden wie der Wolf. Reiner Feldmann und Heinz-Otto Rehage haben in dem Buch *„Die Säugetiere Westfalens"* von 1984 hierzu einige interessante Quellen zusammengestellt, die hier in Auszügen wiedergegeben werden:

In den Akten der westfälischen Territorien taucht der Wolf regelmäßig auf, weil die mit erheblichem Aufwand an Geräten (Wolfsgarne, Waffen), Personal (Treiber, Schützen), Hunden und Kosten betriebenen Jagden ein hohes Maß an Organisation erforderten, die ihren Niederschlag in den überlieferten Protokollen der Kanzleien gefunden haben. Beispielsweise wurden 1623 zur „Landwolfsjagd" 825 Personen aufgeboten, 1628 waren es 603 Personen. Auch in den Stadtrechnungen wird der Wolf häufig erwähnt, weil Schuss- und Fangprämien ausgesetzt oder zu zahlen und die Teilnehmer der Jagd zu bewirten waren, denn im Bewusstsein der Zeit ging es dabei um eine Aktion des allgemeinen Wohls, wenn der Wolf verfolgt und erlegt wurde. Wolfsgarne wurden noch um die Mitte des 19. Jahrhunderts in Rheine und Recklinghausen aufbewahrt.

Die ältesten Nachrichten über Wölfe reichen bis in das Mittelalter zurück. Sie häufen sich im Jahrhundert vor und nach dem Dreißigjährigen Krieg. So wurden zwischen 1523 und 1551 im Siegerland 121 Wölfe erlegt oder gefangen und abgeliefert. 1613 wurden hier in wenigen Tagen 39 Wölfe getötet. Im 16. und 17. Jahrhundert ist die Art im Südwestfälischen Bergland noch weit verbreitet und jahrweise recht häufig, desgleichen in der Hard und im Emscherbruch, in der Davert und in der Senne. Bis etwa 1730 ist, vor allem im Bergland, immer von erfolgreichen Wolfsjagden die Rede; dann aber werden die Nachrichten darüber spürbar seltener, und nach 1770 dürfte der Wolf nicht mehr als Standwild vorgekommen sein. Später beobachtete und vielfach erlegte Wölfe sind wohl eher als Zuwanderer anzusehen und nicht mehr als Vertreter einer autochthonen Population.

Als Herkunftsraum ist weniger der Osten als vielmehr das linksrheinische Gebiet anzunehmen. Noch 1817 wurden hier 325 Wölfe erlegt. Bis 1872 war die Art noch Standwild in der nordwestlichen Eifel, von wo sich der Bestand vor allem aus den Ardennen immer wieder ergänzte. Irrgäste tauchen im Landesteil Nordrhein noch bis etwa 1900 auf. Einzelne Tiere kamen dabei in kalten Wintern über den zugefrorenen Rhein und drangen bis zum heutigen Kreis Siegen-Wittgenstein vor. Bezeichnenderweise handelte es sich bei den westfälischen Wölfen des 19. Jahrhunderts, soweit wir über das Geschlecht der Tiere informiert sind, ausschließlich um Rüden. Ähnliches ist auch in anderen Landschaften, etwa in Niedersachsen, festgestellt worden. Offenbar sind männliche Tiere in der Überzahl und neigen auch eher zu weiten Wanderungen.

Als letzter westfälischer Wolf hat das Tier vom 17.3.1839 zu gelten, was am Kirle bei Schüllar erlegt wurde. Am 17.1.1835 wurde bei Herbern (Ascheberg) ein Wolf erlegt, der auch heute noch gelegentlich als letzter Westfälischer Wolf angesehen wird. An der B 54 zwischen Werne und Herbern wurde ihm ein Denkmal gesetzt. Eine Schilderung dieser Jagd findet sich bei LANDOIS (1883) und soll im Folgenden wiedergegeben werden:

Wolfsgrube mit Lockente (Aus CRESCENTIIS (1583))

43

Professor Landois
und die Schilderung der Jagd nach dem letzten Wolf in Westfalen

Im Inventarium des zoologischen Museums der Münsterischen Akademie befindet sich die Notiz:

„No. 40 Canis lupus, Männchen, erlegt im Winter 1834/35 bei Herbern, unfern Werne an der Lippe, nachdem sich das Raubtier etwa 6 Wochen im Regierungsbezirk aufgehalten hatte."

Es handelt sich um den letzten erlegten Wolf, welchen Professor Dr. Becks für das Museum präparieren ließ. Über seine Erlegung hat sich in der Tradition der Jäger bis heute noch folgendes erhalten:

Im Winter des Jahres 1834/35 richtete ein größeres Raubtier nicht unbedeutenden Schaden an Schafherden an, Kälber wurden gerissen und selbst Fohlen angegriffen. Man erkannte bald in dem Räuber einen starken Wolf, und nachdem die Kunde von seinen Missetaten allgemeiner ruchbar geworden, veranlaßte man am 17. Januar 1935 eine große Treibjagd, wozu nicht alleine die Nimrode Herberns und der Umgebung, sondern auch mehrere Jäger aus Münster geladen waren.

Das Treiben begann und bald war der Wolf aufgescheucht. An einer Kuhweide zwischen zwei kleinen Gehölzen, hier „Büsche" genannt, ist der Wirt J. Hennemann aus Herbern postiert; er sieht das Tier aus dem Gehölze kommen und über das zu der Weide führende Heck setzen, und gibt seinen Schuß auf des Wolfes Breitseite ab. Das Tier kommt aber nicht zu Fall, sondern rennt über die Weide und schleicht durch die gegenüberliegende Wallhecke an das jenseitige Gehölz. Der Jäger überzeugt, das Tier getroffen zu haben, hört nun verwundert noch zwei Schüsse hinter der Hecke fallen, eilt dorthin und findet neben dem verendeten Wolfe die von Merveldtschen Jäger, die behaupten, dem Tier den Garaus gemacht zu haben, daher sie die Beute als ihr Eigentum in Anspruch nehmen und im Triumphe nach Münster führen. Hier wurde der Wolf, ein prächtiges Tier von 40 kg Körpergewicht, auf dem von Merveldtschen Hofe – Ludgeristraße, der Kirche schräg gegenüber – zur Schau gestellt und unter der Freitreppe dieses adeligen Hofes in dem Kellereingang zur Besichtigung für jung und alt aufbewahrt.

Es war nun nicht so sehr die Erlangung des von der Regierung für die Erlegung eines Wolfes ausgesetzten Schutzgeldes, als vielmehr die Ehre, ein solches Tier geschossen zu haben, was den Wirt Hennemann veranlaßte, seine gerechten Ansprüche auf das Tier geltend zu machen. Die bezügliche Behörde ließ den Fall sachverständlich untersuchen und beurteilten, und die Untersuchung der von den Jägern bei der Jagd im Hagelbeutel (=Patronenbeutel) getragenen, und der aus dem Kadaver des Wolfes ausgezogenen Schrotkörnern ergab, daß die Rehposten (= Patronen), welche den Wolf getötet hatten, mit denen des Hennenmann übereinstimmten, während sich von dem Fuchshagel der von Merveldtschen Jäger kein einziges Korn in dem Wolfe auffinden ließ.

Nach dem Urteile des richtenden Schiedmannes hatten die Jäger also in dem Augenblick, wo der tödlich verwundete Wolf in ihrem Jagdbezirk zusammenbrach, noch blinde Schüsse abgefeuert, als wenn er durch sie erlegt worden sei. Hennemann brachte nun seine Beute nach Herbern und schenkte dann den Kadaver an das zoologische Museum in Münster.

(zitiert nach Landois (1883): Westfalens Tierleben in Wort und Bild. S. 42 ff.)

Der im Januar 1835 erlegte Wolf von Herbern bei Ascheberg

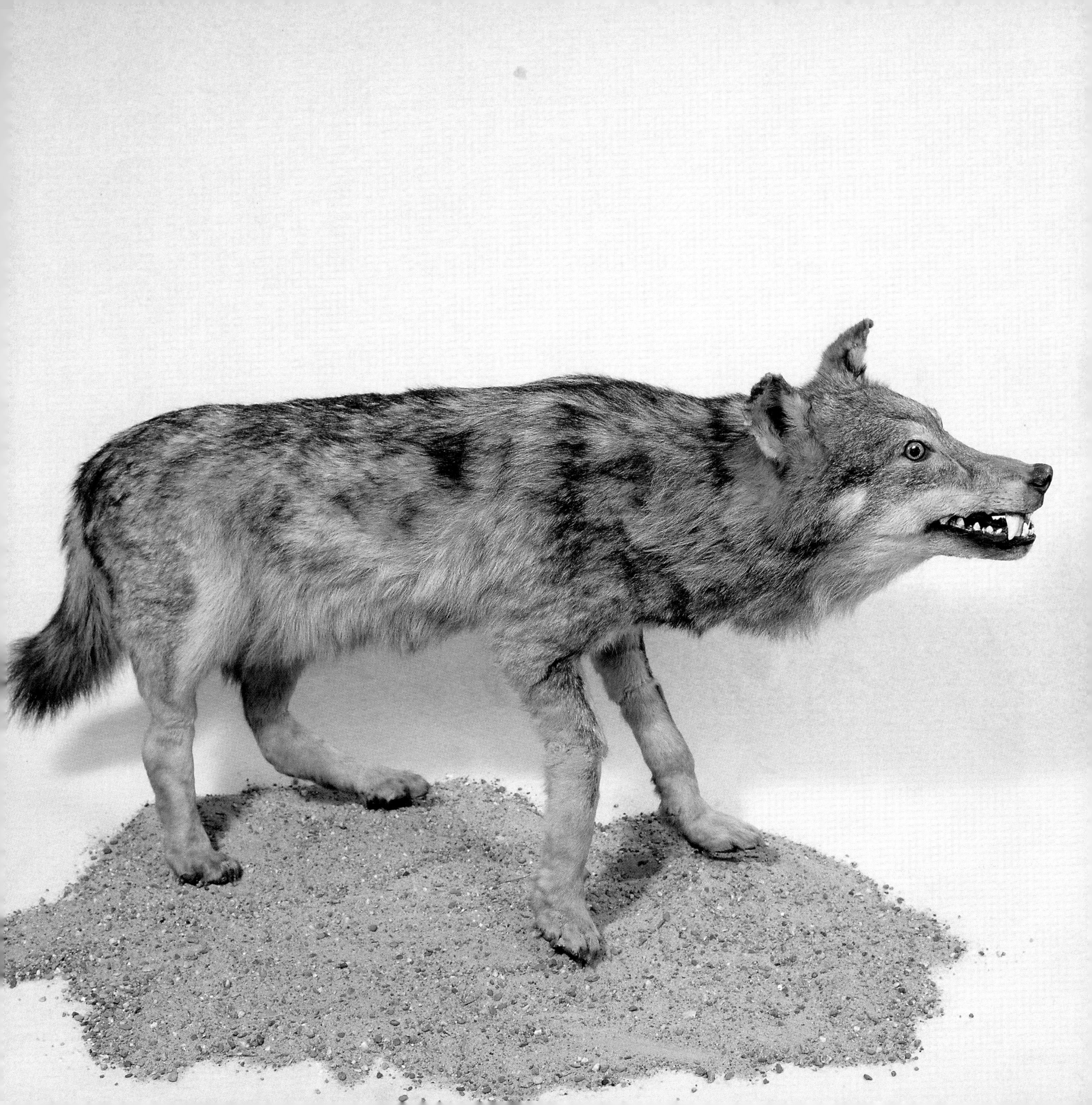

Luchs –
Der Konkurrent des Jägers?

Der Luchs als angeblicher Konkurrent des Jägers wurde bis zu seiner Ausrottung intensiv und grausam bejagt. Die Tiere hingen oft tagelang in den Schlageisen oder wurden an eine Stange gebunden und herumgetragen. So geknebelte Luchse wurden gerne den entsprechenden Landesherren vorgeführt. Noch bis zur Zeit des Wiener Kongresses kam Luchsbraten auf die Fürstentafel.

Haustieren und Menschen geht der Luchs aus dem Weg und dass sich der Luchs an Kindern vergreifen soll, geht auf mittelalterliche Phantastereien zurück. Vielmehr ernährt sich der Luchs im Winter von kranken und geschwächten Rehen, die er leicht erbeuten kann. Gesunde Rehe kann er kaum schlagen. Ansonsten stehen auf seinem Speiseplan Füchse und Hasen, Mäuse und junge Wildschweine. In der schneefreien Zeit jagt er Ratten und frisst in Maikäferjahren Unmengen dieser Tiere.

Luchse wurden in Westfalen ebenso wie in weiten Teilen Deutschlands bereits im 18. Jahrhundert ausgerottet. Einige Tiere überlebten aber in den Tschechischen Wäldern und wanderten von dort aus immer wieder einmal nach Deutschland ein.

Letzter westfälischer Luchs

Nach FELDMANN (1984) wurde der letzte westfälische Luchs 1745 im Rothaargebirge erlegt. Ein Gemälde, das sich in Privatbesitz befindet, stellt dieses Tier vor einer Mittelgebirgslandschaft dar. Am unteren Bildrand findet sich das folgende Chronostichon (d.h. ein Distichon, das die römische Zahlbuchstaben hochgestellt bringt; die Summe dieser Ziffern ergibt die genannte Jahreszahl):

LVX ERAT ANDREAE VIGILANTIS NOXIA LYNCI HAEC LYNCI INFVDIT FATA CITATA NECIS

In der Übersetzung: Das Licht des 29. November (= Vigilia S. Andrete, also der Vortag des Andreasfestes) wurde dem Luchs zum Schaden – es brachte ihm den Tod.

Weitere auf dem Bild befindliche Angaben machen deutlich, dass das Tier in der Jagd des Klosters Grafschaft „auf dem Salschede" (Salscheid) bei Latrop-Schanze erlegt worden ist. Der Balg wurde lange in Sayn-Wittgensteinschem Besitz aufbewahrt.

Über 200 Jahre später wurde schließlich ein weiterer Luchs etwa 20 km von der südwestfälischen Grenze entfernt erlegt.

Gemälde des letzten im Jahr 1745 im Rothaargebirge erlegten Luchses (Das Gemälde befindet sich in Privatbesitz)

LVX ERAT ANDREAE VIGILANTIS NOXIA LYNCI. / HAEC LYNCI INEVDIT FATA CITATA NECIS.

In Der Graffschafft Jagd auff dem Saltschede erschossen in Vigilia S. Andreæ Apostoli

Vom Stör zum Karpfen –
Ein Beispiel für die Veränderung der Fischfauna

Der letzte Stör in Westfalen

Der Lebensraum des Störs sind die europäischen Küstengewässer. Von dort steigt er die Flüsse aufwärts, um in den Oberläufen abzulaichen. Im 18. Jahrhundert kam der Stör noch in der Ems bei Rheine vor. Aus dem 19. Jahrhundert gibt es noch Nachweise aus der Lippe und der Weser. Die Vernichtung der Laichplätze in den Flüssen durch wasserbauliche Maßnahmen und zunehmende Gewässerverunreinigungen sowie die schonungslose Verfolgung der erst spät laichreif werdenden Fische, die vorwiegend wegen ihres kostbaren Kaviars und ihres wohlschmeckenden, grätenlosen Fleisches gefangen wurden, hat die Bestände in ganz Europa dezimiert. Das im Westfälischen Museum für Naturkunde vorhandene Tier wurde im Jahr 1840 in der Stever bei Olfen gefangen und scheint damit der letzte westfälische Stör zu sein.

Fischbesatz und Fischkonsum im Mittelalter

Fisch diente im Mittelalter nicht als „billiger" Fleischersatz, sondern war ähnlich wie Wild ein Statussymbol. Neben Hecht und Lachs war es vor allem der Stör, der als „Herrenspeise" sehr begehrt war. Im Vergleich zu anderen Lebensmitteln war Fisch vergleichsweise teuer. Am Beispiel des stark schwankenden Preisverhältnisses zwischen Fleisch und Fisch, dass z. B. bis zu 1:5 bei Hering und Rindfleisch und 1:2 (Hering und Wildschwein) betragen konnte, wird die besondere Bedeutung des Fischkonsums im Mittelalter deutlich. Teure Fischsorten, wie z. B. den Stör, verzehrte man vor allem an hohen Feiertagen und an Sonntagen.

Anlässlich eines Besuches einer Kirche in Leer durch Liudger, den ersten Bischof von Münster, berichtet sein Biograf Altfried über ein Fischwunder: „Luidger hatte zwei Fischer jenes Ortes beauftragt, ihm einen Stör zu fangen. Als die Fischer, nachdem sie seine Bitte zunächst mit der Begründung abgelehnt hatten, die Zeit für den Störfang sei bereits vorüber, trotzdem ihre Netze auswarfen, fiel ein Vogel in Form eines großen Stör in ihr Netz." (Aus LAMPEN 2000, S. 33). Diese Geschichte erklärt sich nur, wenn man die Lebensweise des Störs kennt und diese auch beim Publikum als bekannt voraussetzen kann. Als Wanderfische zogen diese Fische, nur zu bestimmten Zeiten flussaufwärts zu ihren Laichgründen. Während dieser Zeit waren sie eine leichte Beute. Das von Altfrid verwendete Motiv des Fischwunders vermittelt uns so wertvolle Hinweise über den Wert der einzelnen Fischarten, aber auch über den biologischen Wissensstand der damaligen Zeit.

Frühe Knochenfunde vom Stör zeigen, dass diese meist von überdurchschnittlich großen Tieren stammen, so dass von einer Größenselektion der Bewohner ausgegangen werden muss. Noch im 13. Jahrhundert belegen Urkunden aus den Klöstern Cappenberg und Flaesheim, dass Störe in dieser Zeit, z. B. in der Ems, reichlich vorhanden waren. Später tauchen Störe nur noch in den Zolllisten der Küstenorte auf. Der allmählich Rückgang der Störe wie auch der Lachse (beides Wanderfische), die klares kaltes Wasser bevorzugen, ist vor allem auf die Veränderung der mittelalterlichen Flusssysteme zurückzuführen. Vor allem hat der Ausbau der Städte mit den dazugehörigen Handwerken wie Gerberei und Färberei zu einer starken Belastungszunahme der Flüsse geführt. Neben der zunehmenden Schifffahrt, Trockenlegungen und Umleitungen bzw. Eindämmungen, war es vor allem der Mühlenbau, der zu einer Veränderung der Wassersysteme und damit der Lebensbedingungen für Stör und Lachs führte. Für den Betrieb von Mühlen war ein gleichmäßiger Wasserstand notwendig, der nur durch zusätzliche Staumaßnahmen erzielt werden konnte. Durch einen dichten Besatz an Mühlen und Wehren kam es zu einer Verringerung der Fließgeschwindigkeit und dadurch zu einer Veränderung der Wassersysteme. Die Gewässer wurden wärmer und sauerstoffärmer. Dies wirkte sich z. B. positiv auf Karpfen aus, für Lachse und Störe war diese Entwicklung negativ. So wurde bereits in der frühen Neuzeit der Karpfen allmählich zu einem der wichtigsten Nutz- bzw. Teichfische in ganz Europa und Lachs und Stör verschwanden immer mehr.

Der letzte westfälische Stör, gefangen im Jahr 1840
in der Stever bei Olfen
(Dauerleihgabe Freiherr von Twickel, Havixbeck)

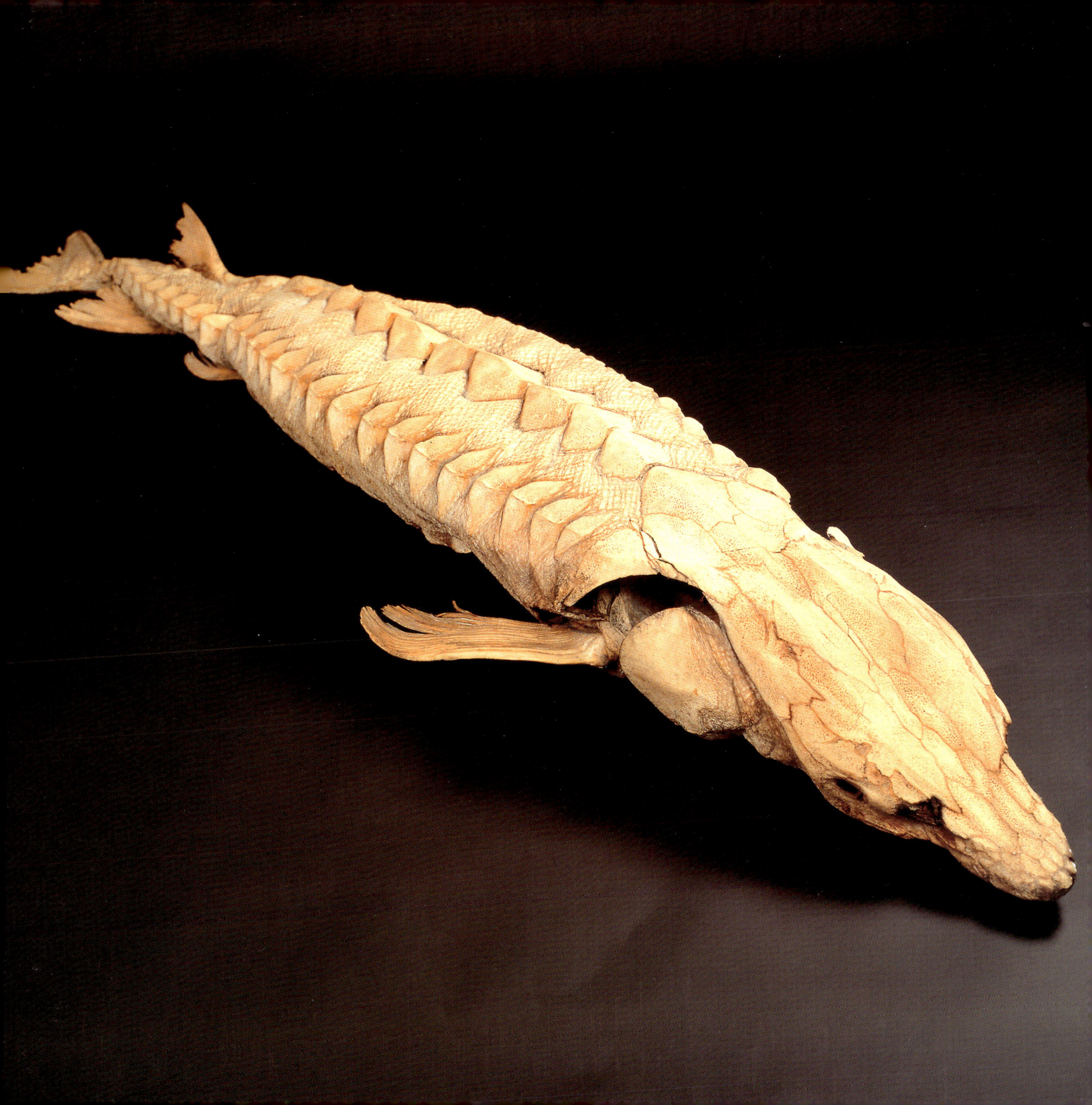

Vom Stör zum Karpfen –
Ein Beispiel für die Veränderung der Fischfauna

Der Karpfen

Durch jahrhundertelange Zucht haben sich beim Karpfen bestimmte Kulturrassen herausgebildet, was dazu geführt hat, dass der Karpfen über lange Zeit als der wertvollste Teichfisch galt. Durch Karl den Großen erfahren wir im mitteleuropäischen Raum erstmals etwas über die Karpfenhaltung und Zucht. Er schickte einen Erlass an seine Güter mit der Aufforderung, Karpfenteiche anzulegen. Durch seine „Haustiereigenschaften" (guter Futterverwerter, Friedfisch, Schnellwüchsigkeit) wurde der Karpfen neben anderen Fischen besonders interessant für die Erzeuger von tierischem Eiweiß. Im sog. „Femelbetrieb", bei dem fünf Jahrgänge in einem Weiher gehalten wurden, befassten sich besonderes auch die Klöster mit der Veredlungszucht des Karpfens. Später richtete man getrennte Ablaich-, Streck- und Überwinterungsteiche ein. Teilweise wurde soviel Ackerland in Teichland verwandelt, dass von höchster Stelle weitere „Landumwandlungen" verboten wurden.

Im späten Mittelalter bildeten sich gewisse Entwicklungsräume für besondere Karpfenstämme heraus:

1) Galizien für den *Spiegel-* und den *Zeilkarpfen*, eine in der Form dem Wildkarpfen noch ähnlichen Zuchtrichtung, jedoch etwas hochrückiger und mit wenigen, aber großen Schuppen versehen;

2) Böhmen und Oberlausitz für den *Lederkarpfen*, einem gedrungenen breitrückigen, fast „nackten" Karpfentyp und

3) das Regnitzgebiet in Franken mit dem *Aischgründer Karpfen,* kenntlich an seinem auffallend hohen Rücken und daran, dass er, wie die meisten Zuchtformen, mit nur wenigen Schuppen bedeckt ist.

Der Schuppenkarpfen *(Cyprinus carpio L.)*, der in südeuropäischen Strommündungen lebt und in seinem natürlichen Verbreitungsgebiet bis nach China und Japan vorkommt, ist die Stamm- oder Wildform unseres Karpfens. Aus dem Gebiet um das Schwarze Meer ist bekannt, dass das Ablaichen meist mit den Frühjahrsüberschwemmungen zusammenfällt. Die überfluteten Wiesen mit ihrem warmen Flachwasser bieten dabei den Karpfen ideale Bedingungen.

Eine der größten und bekanntesten Fischteichanlagen in Westfalen befindet sich auch heute noch bei Dülmen in der Heubachniederung. Der Galizische *Spiegelkarpfen*, den man zunächst über Schlesien importierte und als wirtschaftlich brauchbar einsetzte, wird dort bis heute gezüchtet.

Federzeichnung zur Fischerei im Mittelalter
(Quelle: Mittelalterliches Hausbuch des Fürsten Waldburg-Wolfegg)

51

Bettfedern und Kaffee-Ersatz –
Nutzpflanzen am Rande der Gewässer

Wildpflanzen, die für irgendeinen Zweck dem Menschen nützlich waren, wurden zunächst einmal nur gesammelt. Um diesen Zweck der „Nützlichkeit" dauerhaft erhalten zu können, mussten gewisse Pflanzen geschont bzw. weiter kultiviert werden. Um den zeitlichen Aufwand der Gewinnung so gering wie möglich zu halten, wurden die geschonten Wild- oder Nutzpflanzen an einen geeigneten Ort umgepflanzt. Dies konnte z. B. ein eingehegtes und damit geschütztes Stück Land am Haus, der Garten, oder auch, wenn es sich um Pflanzen der Feuchtgebiete handelte, ein bestehendes oder neu geschaffenes Kleingewässer sein. Wildpflanzen wurden so gehegt und gepflegt. Lästige Konkurrenten, die damit zum „Unkraut" geworden sind, versuchte man dagegen zu verdrängen. Die kräftigsten und größten Exemplare wurden „gezüchtet", d.h. zur Weitervermehrung stehen gelassen. So entstanden aus Wildpflanzen die Kulturpflanzen. Eine Verbreitung haben die so gewonnenen und vertrauten Nutzpflanzen insbesondere durch Ortswechsel, wie Wanderungen und Umsiedlungen erfahren. Nicht wenige Pflanzen sind dabei aus den Gärten in die freie Landschaft entwichen und konnten sich dort dauerhaft etablieren.

In einzelnen Regionen hat sich der Gebrauch, das Ansehen und die Einschätzung des erwarteten Nutzen von Pflanzen mit der Zeit unterschiedlich entwickelt. Der Status von Pflanzen hat sich so gewandelt, dass z. B. aus Wildpflanzen Nutzpflanzen wurden, aus Unkraut Nutz- und Zierpflanzen, aus Nutzpflanzen Unkraut oder Zierpflanzen, aus Zierpflanzen wiederum Unkraut oder Nutzpflanzen. Im folgenden soll kurz der frühere „Gebrauchswert" einiger in Westfalen weitverbreiteter Pflanzen, die vorwiegend an Gewässern vorkommen, dargestellt werden:

Die Wurzelstöcke des **Froschlöffel** *(Alisma plantago-aquatica)* wurden nachdem sie durch Trocknen entgiftet wurden, „massenhaft" gegessen. Nach KONOLD (1987) benetzte man an machen Orten, so z. B. in Schwaben, mit dem Saft der Pflanze Leinentücher und band sie gegen Kopfschmerzen um den Kopf.

Gekochte Rhizome des **Rohrkolbens** *(Typha spec.)* dienten dagegen als Schweinefutter. Junge Triebe wurden gerne als „Spargel" gegessen. Ebenso bereitete man die Rhizome zu Gemüse oder verarbeitete sie zu Mehl, wobei die Rhizome, getrocknet oder geröstet, auch als Kaffee-Ersatz dienten. Der Rohrkolben wurde auch als „Büttnerschilf" bezeichnet, da man ihn zum Dichten der Fassfugen verwendete. Er diente auch als Ersatz für Bindebast, zum Dachdecken und als Brennmaterial. Die Fruchtwolle verwendet man statt Bettfedern und als Verbandsmaterial. In manchen Gegenden wurde der Rohrkolben auch zu Dekorationszwecken ans Kruzifix gesteckt.

Kalamus *(Acorus calamus)* wurde in der Mitte des 16. Jhs. in Mitteleuropa eingeführt und hat sich seitdem als Neophyt überall in Deutschland verbreitet. Die inneren zarten Blätter dienten als Nahrung ebenso wie der Wurzelstock. Die Pflanze war ein beliebtes Spielzeug für die Kinder und hatte zahlreiche heilende Wirkungen. Zu Pfingsten und auf Fronleichnamsprozessionen wurde sie als Schmuck verwendet.

Die Samen der **Gelben Schwertlilie** *(Iris pseudacorus)* dienten ebenfalls als Kaffee-Ersatz. Darüber hinaus verwendete man die Pflanze zum Gerben und Schwarzfärben.

Schwertlilie und Rohrkolben, zwei typische Pflanzen an Gewässern

53

Die Hausapotheke des Bauern –
Weißdorn und Holunder

Der **Weißdorn** gehört zu den in Westfalen einheimischen und relativ häufigen Pflanzenarten. Besonders in Hecken ist er viel zu finden. Optimal entwickelt ist er in Schlehen-Weißdornhecken. Besonders in (ehemaligen) Grünlandbereichen bildet der Weißdorn schmale Hecken, die z.T. nur aus dieser einen Art bestehen und früher zur Verkoppelung dienten. Sein alter Name «Hagedorn» weist noch heute auf diese Nutzung hin, da er periodischen Rückschnitt sehr gut verträgt. In Westfalen kommen sowohl der Ein- wie auch der zweigriffige Weißdorn (*Crataegus monogyna* und *C. laevigata*) vor. Beide Arten zeigen in ihrem Verhalten keine wesentlichen Unterschiede. Lediglich in überalterten Hecken ergibt sich eine Dominanz von *C. laevigata*.

Der Weißdorn durfte als Zwischenwirt des Feuerbrandes, einer Krankheit an Obstbäumen, lange Zeit nicht gepflanzt werden. Dieses Verbot wurde aber inzwischen wieder aufgehoben und aufgrund seines großen Wertes für die Fauna sollte er an entsprechenden Standorten bei Heckenanpflanzungen nicht fehlen.

Der Name „*Crataegus*" stammt aus dem griechischen und bedeutet „Kraft erzeugend", was entweder auf die Verwendung als nahrhaftes Futter für Ziegen oder auf die Heilkraft der Pflanze hindeutet. Zu Beginn des 20. Jahrhunderts wurde die pharmazeutische Bedeutung der Weißdornarten entdeckt. Während von medizinischer Seite meist ein Kombinationspräparat aus Weißdorn, Vitamin E und Magnesium zu Behandlungszwecken eingesetzt wird, bevorzugte man in der Volksheilkunde Weißdorntee und Kompressen, hergestellt aus Extrakten von Weißdornblüten, Blättern und Früchten, die mit großem Erfolg bei nervösen und altersbedingten Störungen der Herzfunktionen sowie bei Bluthochdruck, Schlafstörungen, Angst und Depressionen verordnet werden. Die Wirkstoffe sind ungiftig und bei normaler Dosierung frei von schädlichen Nebenwirkungen.

Die Früchte enthalten relativ hohe Mineralstoff- und Eiweißmengen. Außerdem sind sie reich an Pektinen und wurden daher zusammen mit anderen Früchten zu Gelee und Marmelade verarbeitet. Auszüge aus Früchten wurden zur Herstellung von Limonaden und Süßmost verwendet. Schon früh wurden Weißdornbeeren als Beikost genutzt, worauf Funde in Pfahlbauten hindeuten. In Notzeiten dienten die getrockneten und gemahlenen Beeren als Mehlersatz beim Brotbacken. Aus den gerösteten Kernen wurde ein Kaffee-Ersatz bereitet. Üblich war auch die Most- und Essigherstellung sowie, gestampft mit Malz, auch die Brandweinbereitung. Für Schweine und Geflügel waren Weißdornbeeren ein wichtiges Mastfutter.

Im Volksglauben wurde die Pflanzen früher sehr verehrt, da ein Weißdornbusch Maria ein schützendes Versteck vor Verfolgern geboten haben soll. Aus dieser Begebenheit leitet sich der Glaube ab, dass ein Weißdorn nie von einem Blitz getroffen wird. Zusammen mit einem Bannspruch sollen Weißdornzweige Schutz vor Hexenzauber gewähren. So kommt es auch zu dem Brauchtum, an Dächern und Stalltüren Zweige zu befestigen, um "Hexen und anschleichende Schlangen" fernzuhalten. Darüber hinaus soll ein unter einem Weißdornbusch gesprochenes Gebet beim Fischfang und beim Losziehen helfen. Die Blüten des Zweigriffligen Weißdorns erscheinen in der Regel zwei bis drei Wochen vor denen des Eingriffligen Weißdorn.

Neben *C. monogyna* und *C. laevigata* gibt es noch weitere Weißdorn-Arten, die z.T. aus Hybridisierungen hervorgegangen sind. Bisher wird vorwiegend *C. monogyna* gepflanzt, was in der Vergangenheit u.a. darauf zurückzuführen war, daß *C. laevigata* schwieriger nachzuziehen war als der Eingriffelige Weißdorn. So liegen die Keimungsraten bei *C. monogyna* bei ca. 90 %, während sie bei *C. laevigata* nur bei ca. 40 % liegen.

Blüten und Früchte des Weißdorn, einer heimischen und relativ häufigen Strauchart in Westfalen

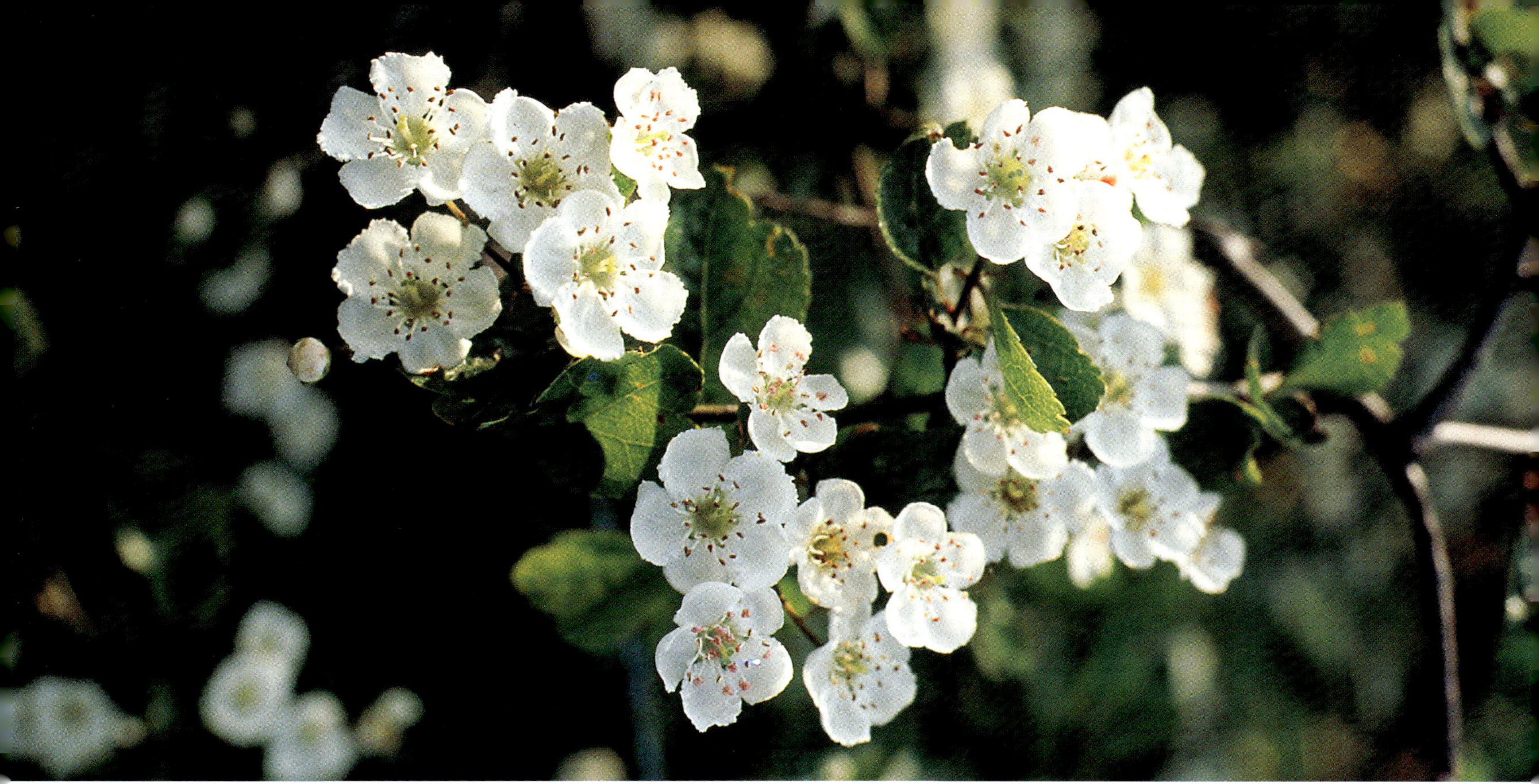

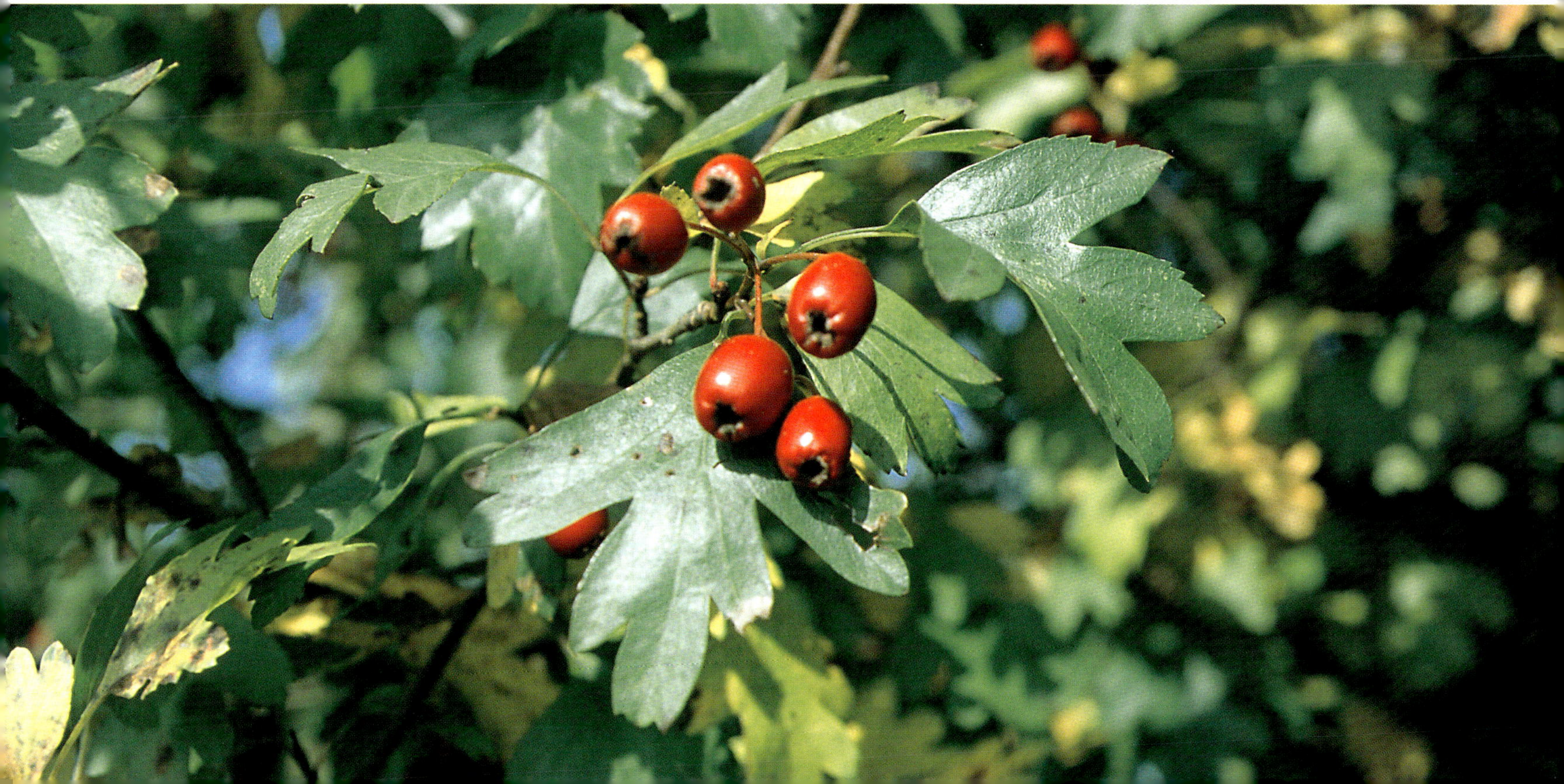

Die Hausapotheke des Bauern –
Weißdorn und Holunder

Der **Schwarze Holunder** *(Sambucus nigra)* ist eine ebenfalls in Westfalen heimische und häufige Art. Nur in den höheren Lagen kommt er seltener vor. In Mitteleuropa wird der Schwarze Holunder seit langem kultiviert. In Westfalen diente das weiße Mark der Triebe als Kranzschmuck. Die Blüten wurden zu schweißtreibendem Tee aufgebrüht oder in Kräuterkissen und als Gewürz in Speisen verwendet.

In Teig getaucht und anschließend in Fett ausgebacken sind die Blütendolden vielerorts als „Hollerküchlein" eine Spezialität. Die Beeren wurden zu Suppen gekocht, wobei der Mus bei Erkältungen und Wassersucht verabreicht wurde. Die Beeren dienten zum Rotfärben, so u.a. auch für Leinengewebe. Aus dem Saft wird Gelee bereitet. Für Hühner gilt der Holunder als schädlich. Das Holundermark von „Wassertrieben" wird vielfach noch heute für die Anfertigung von mikroskopischen Schnitten verwendet.

Seit Jahrhunderten werden rein grün oder auch weißfruchtende Typen in der Natur beobachtet. Alle Teile des Holunders sind roh giftig, da sie harzartige Stoffe enthalten, die Brechreiz erregen und abführend wirken. Der Schwarze Holunder verträgt Hitze und Trockenheit sehr schlecht. In diesem Fall reagiert er oft mit starkem Insektenbefall. Die Art gilt darüber hinaus als pumpende Gehölzart, d.h. sie weist einen sehr hohen Wasserverbrauch auf und verdunstet damit überschüssige Bodenfeuchtigkeit (z.B. Sickerfeuchte).

Der Schwarze Holunder war ursprünglich wohl vorwiegend in anspruchsvollen Heckentypen verbreitet. Mittlerweile ist er als Eutrophierungszeiger auch in Eichen-Birkenhecken nicht selten anzutreffen. Während er hier aber fast immer im Einzelstand wächst, kann er in Schlehen-Weißdornhecken auch größere Anteile erreichen, besonders in überalterten Stadien. Bei Neuanpflanzungen sollte die ursprüngliche Verbreitung des Holunders berücksichtigt werden. Bei entsprechenden Bedingungen stellt sich die ausbreitungsfreudige Art auch von selbst ein. Der Holunder ist unempfindlich gegenüber mechanischen Verletzungen und darüber hinaus stark stockausschlagfähig und leicht regenerierend.

Im Gegensatz zum Schwarzen Holunder ist der **Traubenholunder** *(Sambucus racemosa)* kein Kulturbegleiter des Menschen. Der Rote Holunder, wie er auch genannt wird, wächst auf lockeren, lehmig-sandigen Böden auf Schlagfluren, an Waldrändern und in Hecken. Die Nordgrenze seines mitteleuropäischen Verbreitungsgebietes zieht sich durch Westfalen. Im Süderbergland ist er, auch in den höchsten Lagen, sehr häufig. In der Westfälischen Bucht ist die Art dagegen nur selten anzutreffen.

Blüten des Schwarzen Holunders

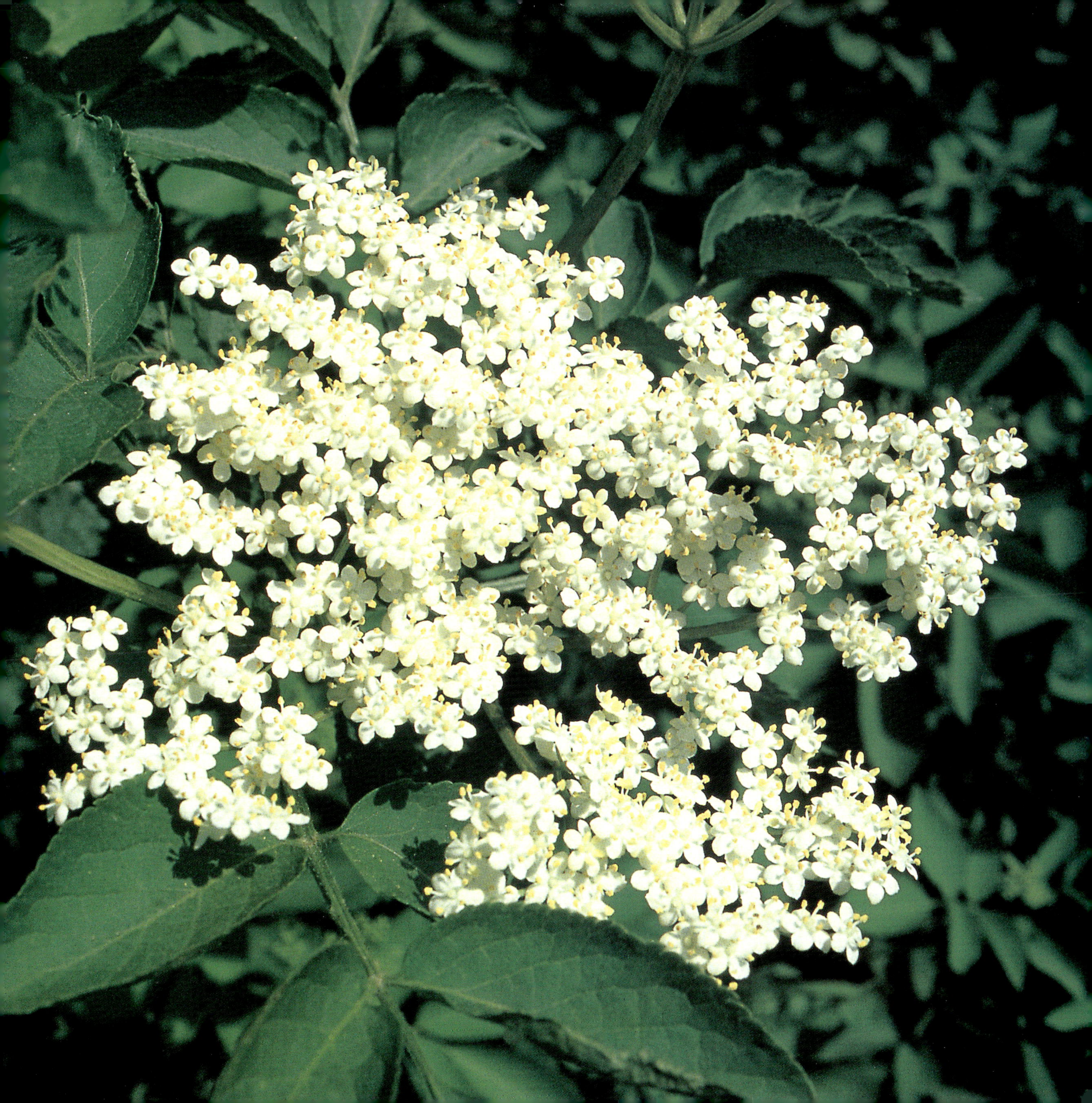

Regionale Küche –
Der Speisezettel einer Landschaft

Seit etwa 1850 gelangte eine Vielzahl von sogenannten regionalen Kochbüchern auf den Markt, die den Namen einer Landschaft oder den Titel einer Stadt trugen, wie z. B. das Buch „*Westfalenkost*", „*Die Cölner Köchinn*" oder das „*Regensburger Kochbuch*". In diesen Büchern sind neben den in den entsprechenden Regionen üblichen Kochrezepten auch Rezepte anderer Regionen abgedruckt. So findet man z. B. in Marie Schandri's berühmten „*Regensburger Kochbuch*" einen „*Münster'schen Schwarzbrotpudding*", der seinerseits zu dieser Zeit eher ein bürgerliches als ein speziell westfälisches Gericht war.

Ein wesentliches Merkmal regionaltypischer Kost ist die leichte Verfügbarkeit der für die Zubereitung dieser Speisen notwendigen Lebensmittel auf dem heimischen Markt. Hinzu kam, dass aufgrund der jahreszeitlich vorgegebenen Erntezeiten über das Jahr gesehen der Küchenzettel recht vielfältig war. Im Detail betrachtet war er aber auch wesentlich eintöniger, da je nach Ernte innerhalb kurzer Zeit große Mengen einer Obst- oder Gemüsesorte anfielen, die dann auf Tage oder Wochen hin den Speiseplan dominierten. Diese Eintönigkeit, die aus heutiger Sicht, der die ständige Abwechslung als Optimum erscheint, als negativ empfunden wird, galt jedoch durchaus als positiv. Sie gab die Sicherheit des seit langem Üblichen, des regelmäßig Wiederkehrendem und des allgemein Anerkannten.

Ein weiterer Punkt betrifft die in den verschiedenen Landschaften ursprünglich übliche Form der Herdstelle. Selbst die heute im Handel üblichen Herdtypen weisen noch unterschiedliche Eigenschaften auf, die je nach Zubereitungsart einer Speise als Vor- oder Nachteil empfunden werden. Die Flamme eines Gasherdes z. B. lässt sich „*im Handumdrehen*" verändern, womit sich augenblicklich die Kochtemperatur erhöhen oder reduzieren lässt. Die Kochplatte eines Elektroherdes hält dagegen die einmal in ihr gespeicherte Wärme wesentlich länger, was beim langsamen Garen einer Speise sehr angenehm ist.

In früheren Zeiten unterschieden sich die einzelnen Herdtypen bzw. Feuerstellen, auf denen gekocht wurde, weit mehr voneinander. Nicht jede Kochstelle eignete sich gleich gut zum Kochen, Garen, Braten und Backen. Teilweise waren bestimmte Zubereitungsarten nur schwer oder gar nicht möglich. Das offene Herdfeuer, wie es in weiten Teilen Nordwestdeutschlands üblich war, eignet sich beispielsweise gut für das Kochen von Eintopfgerichten in großen, über dem Feuer hängenden Töpfen, wie auch zum Braten in der Pfanne oder am Spieß. Das Backen von Kuchen oder Gebäck über dem offenen Feuer war dagegen ausgeschlossen. Einzig die Herstellung von Waffeln mit Hilfe von Waffeleisen, die an langen Stangen in das Feuer gehalten wurden, war möglich und deshalb allgemein üblich. In Gegenden, in denen im Ofen gekocht wurde, verzichtete man auf Gerichte, die während des Kochvorganges mehrmals umgerührt werden mussten, da das häufige Öffnen der Ofentür einen zu großen Hitzeverlust und damit eine unerwünschte Erhöhung des Brennstoffverbrauchs nach sich gezogen hätte. Das Ofenkochen bedingte eine Vielzahl von Auflauf- und Teiggerichten. Eine spezifische Haus- und damit auch Herdform, wie sie in vorindustrieller Zeit in Abhängigkeit von der von den natürlichen Gegebenheiten abhängigen Wirtschaftsform gegeben war, hat damit zu einer ganz spezifischen Palette von Speisen geführt, die als regionaltypische Kost zu bezeichnen ist. Auch wenn die im 19. Jahrhundert einsetzenden Entwicklungen in der Küchentechnik zu einer Egalisierung des Kochens geführt hat, so lassen sich dennoch auch im modernen Speisezettel einer Landschaft einzelne regionaltypische Gerichte wie auch Spezifika der Zubereitung finden bzw. nachweisen, die auf die vorindustrielle Zeit zurückzuführen sind.

(zusammengestellt nach Hanna Dose, Die Regionale Küche und ihre Kochbücher, Bielefeld 1998, S. 241 – 267)

Regionale Kochbücher mit traditionellen westfälischen Rezepten

Gerichte von Geflügel

...hen Ente und richtet das Salmi kranzförmig auf einer runden ...ssel an und gibt die Soße in die Mitte.

Gebratene Tauben.

Den vorbereiteten Tauben biegt man die Böllchen zurück, steckt die Beine ein und legt sie unter die Flügelspitzen auf den Rücken. In Butter werden sie unter fortwährendem Begießen gebraten, gelb und saftig, etwa 30–40 Minuten bei jungen Tauben. Die Soße soll nicht braun werden.

Gefüllte Tauben.

Man kann zur Füllung etwas Butter schaumig rühren, Eigelb hinzugeben, eingeweichtes, ausgedrücktes Weißbrot, Petersilie, Muskat, Salz und Pfeffer und Eischnee geben. — 2. Leber, Herz und Magen kann man durchdrehen und an die Brotfarce geben. — 3. Korinthen und Zucker kann man an die Brotfarce geben.

Holztauben.

Sie werden wie Birkhähne gebraten.

Gebratener Puter (Truthahn).

Der Puter muß mindestens 2–3 Tage vor dem Gebrauche geschlachtet werden. Nachdem er gerupft, gesengt und ausgenommen ist, werden Kopf und Flügel abgehauen; dann wäscht man ihn von innen und außen sauber, schiebt die Keulen zurück zur Brust in dünne Scheiben sie mit einem Bindfaden. Nun schneidet man Speck in einer Pfanne erhitzt ist, legt man den Puter hinein und läßt ihn unter fleißigem Begießen recht saftig hinzu. Nachdem geklärte Butter geworden, gibt man früh genug Wasser hinzu, damit sich die Soße nicht zu braun färbt. Ein junger Puter ist in 1½–2 Stunden weich, ein älterer muß wohl 3 Stunden, zuweilen noch länger, braten. Die Soße bindet man mit angerührtem Kartoffelmehl oder angeschwitztem Mehl. Ein Puter reicht für 15–20 Personen. — Will man ihn füllen, so macht man eine Fleischfarce von Kalbfleisch, Schweinefleisch und frischem Speck. Nun nimmt von jedem ungefähr 250 Gr. und hackt es möglichst fein,

reibt man etwa 1 Eidick Butter zu Sahne, gibt 2–3 Eigelb hinzu, dann das gehackte Fleisch, etwas Salz und Pfeffer. Nach Belieben kann man das Eiweiß zu Schnee und mischt es durch. Zuletzt schlägt man auch einige geschnittene Trüffeln durch diese Farce mischen. Nun füllt man den Puter und auch den Kropf desselben zu und verfährt weiter wie angegeben.

Gebratener Fasan.

Nachdem er gesengt, ausgenommen und gereinigt ist, biegt man die Keulen nach der Brust hin und befestigt sie mit einem Bindfaden. Dann umwickelt man die Brust mit dünnen Speckscheiben oder spickt dieselbe mit feinen Speckfäden, läßt in einer Bratpfanne reichlich geklärte Butter zergehen, legt den Fasan hinein und brät ihn unter fleißigem Begießen in ungefähr 1½ Stunden recht saftig gar. Hat man ihn mit Speckscheiben umwickelt, so entfernt man diese kurz vor dem Anrichten und gibt ihm im Backofen eine dunkelgelbe Färbung.

Gebratener Auerhahn.

Der vorbereitete Auerhahn wird auf der Brust mit Speckscheiben umwickelt und in Butter hellbraun gebraten. ½ Stunde vor dem Anrichten gibt man Rahm hinzu und macht zum Schluß die Soße bindig.

Gebratener Birkhahn.

Wird wie Auerhahn behandelt.

Gebratene Rebhühner (Feldhühner).

Die Feldhühner werden wie anderes Geflügel zum Braten vorbereitet, und, nachdem die Flügel umgebogen, die Keulen zurückgeschoben und befestigt sind, mit feinem Salz bestreut und mit Speckscheiben umwickelt. Dann wäscht man einige große Weinblätter, bindet diese auf Brust und Rücken des Feldhuhns und brät es in reichlich Butter oder auch teilweise ausgebratenem Speck in 1–1½ Stunden, während man es fleißig begießt, so oft das Fett klar ist, etwas Wasser von der Seite zuschüttet. Die Soße bindet man wie gewöhnlich. Junge Feldhühner erkennt man an der gelben Farbe der Beine, während diese bei älteren grau sind.

8 Westfalenkost.

113

Dörrobst und Pökelfleisch –
Vorratshaltung im 19. Jahrhundert

Im ländlichen Haushalt war man darauf angewiesen, Lebensmittel selbst herzustellen und zu verarbeiten. Ein großer Garten zum Anbau von Obst und Gemüse sowie ein großer Teil der geernteten Feldfrüchte ermöglichten die eigene Herstellung von Lebensmitteln. Da man in der Regel während des ganzen Jahres auf Selbstversorgung angewiesen war, spielte eine ausgeklügelte Vorratshaltung eine große Rolle. Selbst bei den wenigen zugekauften Waren wie Zucker, Reis und Salz, mussten, da sie oftmals nur einmal im Jahr unmittelbar nach der Ernte eingekauft wurden, Vorräte angelegt werden.

Die Haltbarmachung von Fleisch war im ländlichen Haushalt besonders wichtig. Sehr häufig wurden in Westfalen die Fleisch- und Wurstvorräte getrocknet oder geräuchert. Luftig aufgehängt konnte das geräucherte Fleisch so lange Zeit aufbewahrt werden. Das Pökeln war eine andere Art der Fleischkonservierung, bei der das Fleisch mehrfach mit Salz und eventuell auch mit Salpeter behandelt wurde. Pökelfleisch wurde anschließend zum Teil auch noch geräuchert. Erst seit etwa 1900 wurde das Sterilisieren in Blechdosen oder Gläsern propagiert, was sich aber aufgrund der höheren Kosten nur sehr langsam auf den Höfen durchsetzte. Zudem erkannte man, dass das Pökeln nicht gesund war und darüber hinaus viele Nährstoffe verloren gingen.

Neben Butter als Brotaufstrich wurde Schmalz zum Braten und Backen verwendet. Diese tierischen Fette wurden oft mit Äpfeln, Zwiebeln und Majoran ausgebraten und in Steinguttöpfen aufbewahrt.

Da die Hühner im Winter weniger oder gar keine Eier legten, legte die Bäuerin im Herbst einen Eiervorrat an, den sie in getrocknetes Getreide einlegte oder sie erstand beim Kaufmann im Dorf „Garantol", eine fertige Lösung zum Einlegen von Eiern. Schmackhaft waren diese Eier nicht, so dass man sie nur noch zum Kochen oder Backen verwendete. Käse wurde auf westfälischen und lippischen Höfen nur selten hergestellt. Frische Milch und damit auch Butter standen dagegen das ganze Jahr über zur Verfügung.

Getreide und Kartoffeln sowie einige Obst- und Gemüsesorten waren relativ einfach zu lagern. Dieses Lagerobst und -gemüse bildet zusammen mit getrockneten Hülsenfrüchten einen wichtigen Bestandteil der täglichen Nahrung.

Die Haltbarkeit von Obst konnte man durch das etwas arbeitsaufwendigere Trocknen oder Dörren noch erhöhen. War ein Backofen auf dem Hof, so kamen Birnen, Äpfel oder Zwetschgen nach dem Brotbacken unter Ausnutzung der Restwärme für einige Tage in den Ofen, bis dieser vollständig ausgekühlt war. Für größere Obstmengen gab es auch spezielle Dörrapparate, deren Anschaffung sich aber für den bäuerlichen Haushalt mit Backhaus und Herd nicht lohnte. So getrocknetes Obst war über mehrer Jahre haltbar und wurde in Leinensäcken oder Truhen mit Fächern gelagert. Im Ofen oder an der Luft wurden aber auch Küchenkräuter wie Bohnenkraut, Kerbel, Petersilie, Estragon oder Dill getrocknet. Zu Pulver zerrieben wurden sie in gut verschlossenen Gläsern aufbewahrt. Erst relativ spät, d.h. am Ende des 19. Jahrhunderts wurden Früchte auch konserviert, indem man sie zu Likör (z.B. Schlehenlikör) verarbeitete.

Eine traditionelle und in großem Ausmaß betriebene Konservierungsmethode war u.a. auch das Einsäuern des Gemüses. Neben großen Mengen Weißkohls, der zu Sauerkraut verarbeitet wurde, waren es auch Rotkohl und Wirsing, die auf diese Weise eingelegt wurden.

Zu Beginn des 20. Jahrhunderts setzte eine Entwicklung ein, die dadurch gekennzeichnet war, dass die Eigenproduktion zugunsten von zugekauften Waren ständig zurück ging. Verbesserte Handels- und Verkehrsbedingungen führten dazu, dass auf den Höfen mehr Bargeld zur Verfügung stand und bessere Einkaufsmöglichkeiten für die Landfrau gegeben waren. Die Art der Haushaltsführung in Stadt und Land glich sich zunehmend an. Hinzu kam, dass Lebensmittelvorräte nicht mehr in so großem Umfang erforderlich waren, da die Zahl der auf dem Hof zu verpflegenden Familienangehörigen, Tagelöhner und des Gesindes u.a. im Zuge des stärkeren Maschineneinsatzes ständig abnahm.

wurden. In einem großen Einweckkessel wurden sie in einem Dampfbad soweit erhitzt, dass die Bakterien abgetötet und ein luftdichter Verschluss der Gläser erzeugt wurde. Die revolutionärste Erfindung auf dem Gebiet der Vorratshaltung, die wiederum den Weck-Apparat ablösen sollte, war die Einführung der Gefriertruhe bzw. des Kühlschranks in der zweiten Hälfte des 20. Jahrhunderts.

Brotbacken

Bis weit ins 20. Jahrhundert hinein wurde auf den Höfen selbst gebacken. Um die Brandgefahr zu vermindern gab es vor allem auf den größeren Höfen zu diesem Zweck ein eigenes Backhaus. Alle zwei oder drei Wochen wurde das Backhaus vorwiegend mit Buchenholz, was dem Brot einen besonderen Geschmack verleiht, geheizt, um die entsprechenden Brotvorräte zu backen. Das Mehl wurde aus einer eigenen Mehlkiste heraus genommen und an einen warmen Ort gestellt. Gut durchgewärmt ging der Teig besser und das Brot wurde lockerer. Beim Backen ließ man vom Brotteig jedes Mal ein kleines Stück übrig, das mit Salz bestreut an einem kühlen Ort aufbewahrt wurde. Diese Stück Sauerteig holte man vor dem Backen wieder hervor und mischte es zusammen mit Mehl, Wasser und Salz zu einem Brotteig. Wer übrigens keinen eigenen Backofen hatte ließ sein Brot beim Bäcker im Dorf „abbacken".

Kleines Backhaus, das wegen der Brandgefahr in einiger Entfernung vom Hof stand

Etwa um 1900 setzte sich eine Erfindung auf dem Lande durch, die eine regelrechte Neuerung in der Vorrathaltung darstellte. Es war ein Patent des Johann Weck, der mit seinem „Weck-Apparat „ und der Erfindung des „Einweckens" die Möglichkeiten der Vorratshaltung deutlich optimierte. Früchte, Gemüse und Fleisch wurden in Gläser gefüllt, die mit Gummiring und Deckel verschlossen

Als Otter und Biber noch Fische waren –
Ungewöhnliche Kochrezepte der heimischen Küche

In Kochbüchern wurden Biber und Fischotter früher gerne in einer Gruppe zusammengefasst und zweckmäßigerweise gleich mit den Fischen gemeinsam aufgeführt, da diese im Wasser lebenden Tiere auch an Fasttagen gegessen werden durften. In dem im 19. Jahrhundert sehr berühmten Kochbuch von Marie Schandri sind u.a. zwei Rezepte zum Fischotter sowie ein weiteres zum Biber aufgeführt. Zusammen mit einigen anderen kuriosen Kochrezepten aus den Kochbüchern der Henriette Davidis sollen sie hier in Auszügen wiedergegeben werden. Sie zeigen, wie selbstverständlich man Tierarten genutzt hat, die früher weit verbreitet waren und keiner „kulinarischen Moral" unterlagen.

So steht noch in der *"Vierundvierzigsten, einzig rechtmäßigen und illustrierten Ausgabe"* von 1904 im Kapitel der Fisch-, Krebs-, Frosch- und Schneckenspeisen geschrieben:

Fischotter

„Wenn die Otter zu beliebigen Stücken zerhauen ist, dämpft man sie geradeso wie den Biber. Wenn sie anfängt weich zu werden, legt man ein Stück Zucker mit ein wenig Schmalz in die Pfanne und bereitet davon mit ein paar Löffel Mehl eine braune Einbrenne, gibt sie an die Otter und lässt diese Brühe ganz kurz und dicklich einkochen. Vor dem Anrichten gibt man ein wenig Citronensaft darauf. …. Auf diese Art kann man auch Mierer und Reiger dämpfen. Besonders ist zu bemerken, dass man diese Fleischgattungen vor der Zubereitung, in Essig und Wasser ein paar Minuten aufkochen muß, damit es den unangenehmen Fischgeschmack verliert. Diese erste Brühe wird fortgegossen. Zu diesem Braten gibt man meist Hagebuttenkompotte oder Johanisbeergelée."

Fischotter in Sauce

„Man zieht die Fischotter vorsichtig ab, damit das Fell nicht zerreißt, zerteilt sie in Stücke, legt sie in ein irdenen Geschirr, gebe dazu verschiedene Wurzeln und Gewürz und übergieße sie mit kochendem Essig oder Rotwein, wendet die Stücke jeden Tag um, lasse sie in dieser Beize einige Tage, nimmt die Fischotter dann heraus, salzt und pfeffert sie und lässt sie einige Stunden im Salz liegen. Dann kocht man die mit Wasser vermischte Beize, und wenn sie stark im sieden ist, legt man die Stücke hinein und lässt sie darin schwach kochen. Währenddessen wird eine dunkle Einbrenne mit einem Stück Zucker gemacht, füllt sie mit dem Sud auf, kocht sie gut aus und legt die Fischotter hinein. Burgunder Wein darangegeben, erhöht den Geschmack…"

Gedämpfter Biber

„Man zerlegt den Biber in kleine Stückchen und gibt Schmalz in eine Kasserolle, kleingeschnittene Zwiebeln und Zitronenschalen, gibt das Fleisch darauf und dämpft es weich, wobei man öfter Essig und Erbsenbrühe, zuletzt noch etwas Mehl, auch feingeschnitten Sardellen und ein Glas Wein dazugibt. Die Brühe muß kurz einkochen. Der Biberschwanz ist dann an besten, wenn er in Essig und Wasser weich gekocht ist, dann mit Butter und Semmelbröseln an Roste angebräunt und oben auf den Biber gelegt wird. Sardellen und Wein kann man weglassen, gibt dann aber kleine eingemachte Gurken an die Brühe…"

Anmerkung: Als das Kochbuch von Marie Schandri erschien, waren Biber, die ursprünglich in Deutschland weit verbreitet waren, schon ausgerottet. Viele Orts- und Flurnamen, die mit Biber gebildet sind, weisen in Deutschland auf die weite Verbreitung des Tieres hin. Auch in Westfalen gibt es Namen für Flüsse wie die Bever und Orte wie z.B. Ostbevern (Kreis Warendorf) und Bevergern (Hörstel, Kreis Steinfurt), die auf das Wort Biber zurückgehen.

Sehr häufig wurden auch die unterschiedlichsten Vogelarten in der westfälischen Küche genutzt. In dem wohl bekanntesten westfälischen Kochbuch von Henriette Davidis aus dem Jahr 1847 mit dem Titel „Zuverlässige und selbstgeprüfte Rezepte der gewöhnlichen und feinen Küche", das besonders für „*Anfängerinnen und angehende Hausfrauen*" gedacht war, finden sich u.a. folgende Rezepte:

Lerchen
Diese müssen eigentlich am Spieß, zwischen jeder Lerche ein Stück Speck gestochen, und gesalzen, wenn diese halb gahr sind, und mit sehr reichlicher Butter viel begossen und schnell gebraten werden.

Krammetsvögel
Solche werden vorgerichtet, nicht ausgenommen und gut gewaschen. Man setze sie mit viel kalter Butter am besten in einen irdenen Topf zu Feuer, (zu 12 Stück kann man ? Pfund rechen) streut etwas Salz und frische gestoßene Wacholderbeeren darüber und brät sie fest zugedeckt gahr, oder nach belieben so lange bis sie recht kroß sind.

Salamis von Schnepfen und Feldhühnern
Man lege einige Scheiben rohen Schinken in eine Topf, das Wild darauf, gibt hinzu: Salz, eine gelbe Wurzel, einige geschnitten Zwiebeln, Zitronenscheiben und Butter und brät das Geflügel fest zugedeckt gelb, gießt gute Fleischbrühe hinzu und lest es vollends weich werden. Dann zerlegt man solches mit einem scharfen Messer in kleine zierliche Stücke, stößt, was nicht zerlegt werden kann, nebst Lunge, Leber und dem Schinken im Mörser und rührt es mit der Brühe durch ein Sieb. Zu dieser Sauce gibt man noch etwas gehackte Charlotten und eine Messerspitze Pfeffer und kocht sie mit dem Fleisch eben durch. Die Sauce muß recht sämig sein, und eigentlich von durchgerührtem Fleische sämig gemacht werden; doch kann man auch auf andere Weise ein wenig nachhelfen.

Zuverlässige und selbstgeprüfte

Recepte

der

gewöhnlichen und feineren Küche.

Practische Anweisung

zur Bereitung von verschiedenartigen Speisen, kalten und warmen Getränken, Gelees, Gefrornem, Backwerken, sowie zum Einmachen und Trocknen von Früchten,

mit besonderer Berücksichtigung

der

Anfängerinnen und angehenden Hausfrauen.

Bearbeitet

von

Henriette Davidis.

Osnabrück,
in der Rackhorst'schen Buchhandlung.
1845.

Das Heimchen am Herd
und andere kleine Mitesser und Störenfriede

Schon so manchem schlafbedürftigen Menschen haben die Hausgrillen, wie die **Heimchen** *(Acheta domesticus)* auch genannt werden, schon einmal die Nachtruhe gestört. Es sind vor allem die Männchen, die durch lautes Zirpen ihre Anwesenheit verraten. Die Weibchen geben dagegen keinerlei Laute von sich, so dass der Spruch des griechischen Philosophen Xenarchos *„Glücklich sind die Zikaden, denn sie haben stumme Weiber"* auch auf die Heimchen zutrifft. Einen Hinweis auf den Lebensraum Küche sowie das relativ hohe Wärmebedürfnis der Tiere gibt schon das sprichwörtliche „Heimchen am Herd". Meist kommen Heimchen jedoch im Freiland vor. Zu Beginn der kalten Jahreszeit suchen sie gerne menschliche Behausungen auf. Hier bevorzugen sie vor allem pflanzliche Kost, die sie mit ihren Mundwerkzeugen zerkleinern können. Gerne benagen sie auch Leder, Wolle, Seide und Papier und können so neben akustischen Störungen gewisse materielle Schäden anrichten.

Motten gehören zur Ordnung der Schmetterlinge. Als Schädling wird nur eine kleine Anzahl von Arten der Familie der Echten Motten *(Tineidas)* bezeichnet, die im Gegensatz zu den meisten farbenprächtigen Schmetterlingen eher zu den „grauen Mäusen" der Tierwelt gehören. Da sie sich nur geringfügig unterscheiden, sind sie für den Laien nur schwer zu identifizieren. Motten gelten als die klassischen Vorratsschädlinge. Nur die Kleidermotte fällt etwas aus dem Rahmen, da sie Textilien als Nahrung nutzt.

Kaum ein anderes Insekt hat so eine vielfältige Namensfülle wie die **Schaben**. So heißen sie in Deutschland z. B. Küchenschaben, Kakerlaken oder Küchenkäfer. In Bayern werden sie *„Preußen"* genannt, im Rheinland *„Franzosen"* und im Badischen *„Schwaben"*. Stammesgeschichtlich zählen die Tierchen übrigens zu den ältesten Insekten überhaupt. Versteinerungen reichen in die Zeit von vor 300 Millionen Jahren zurück. Den Menschen begleiten die Kakerlaken inzwischen über 70.000 Jahre. Trotz aller Bekämpfungsmaßnahmen haben es die Tiere immer wieder geschafft, sich dem Menschen und der menschlichen Umgebung anzupassen.

Seit dem Altertum gehört auch die **Fliege** zum ständigen Begleiter des Menschen. Die Fliegen gehören wie die Mücken und Wespen zur Gruppe der Zweiflügler *(Diptera)*. Insgesamt sind bisher 60.000 Arten bekannt. Alle Fliegen haben kräftig entwickelte Beine, die mit Krallen bzw. Haftlappen versehen sind, was sie befähigt, selbst an glatten Flächen wie Fenstern und Kacheln empor zu krabbeln. Während früher die Große Stubenfliege, deren Maden sich vorwiegend im Stalldung entwickelten, häufig vorkam, ist es heute die weniger anspruchsvolle kleine Stubenfliege, die in der Nähe des Menschen dominiert.

Ähnlich wie bei den **Ameisen**, von denen etwa neun Arten im Umfeld des Menschen leben und hier ggf. zu einer Plage werden können, wird derzeit auch bei den **Wespen** diskutiert, ob sie nicht eher als Nützlinge einzustufen sind, da ihnen u. a. andere Insekten wie Fliegen, Raupen aber auch Käfer als Nahrung dienen. Darüber hinaus sind sie nicht so gefährlich, wie vielfach angenommen wird, da ihr injiziertes Gift viel zu gering ist, um Schaden anzurichten.

Die Hausgrille (Heimchen) sucht gerne zu Beginn der kalten Jahreszeit menschliche Behausungen auf

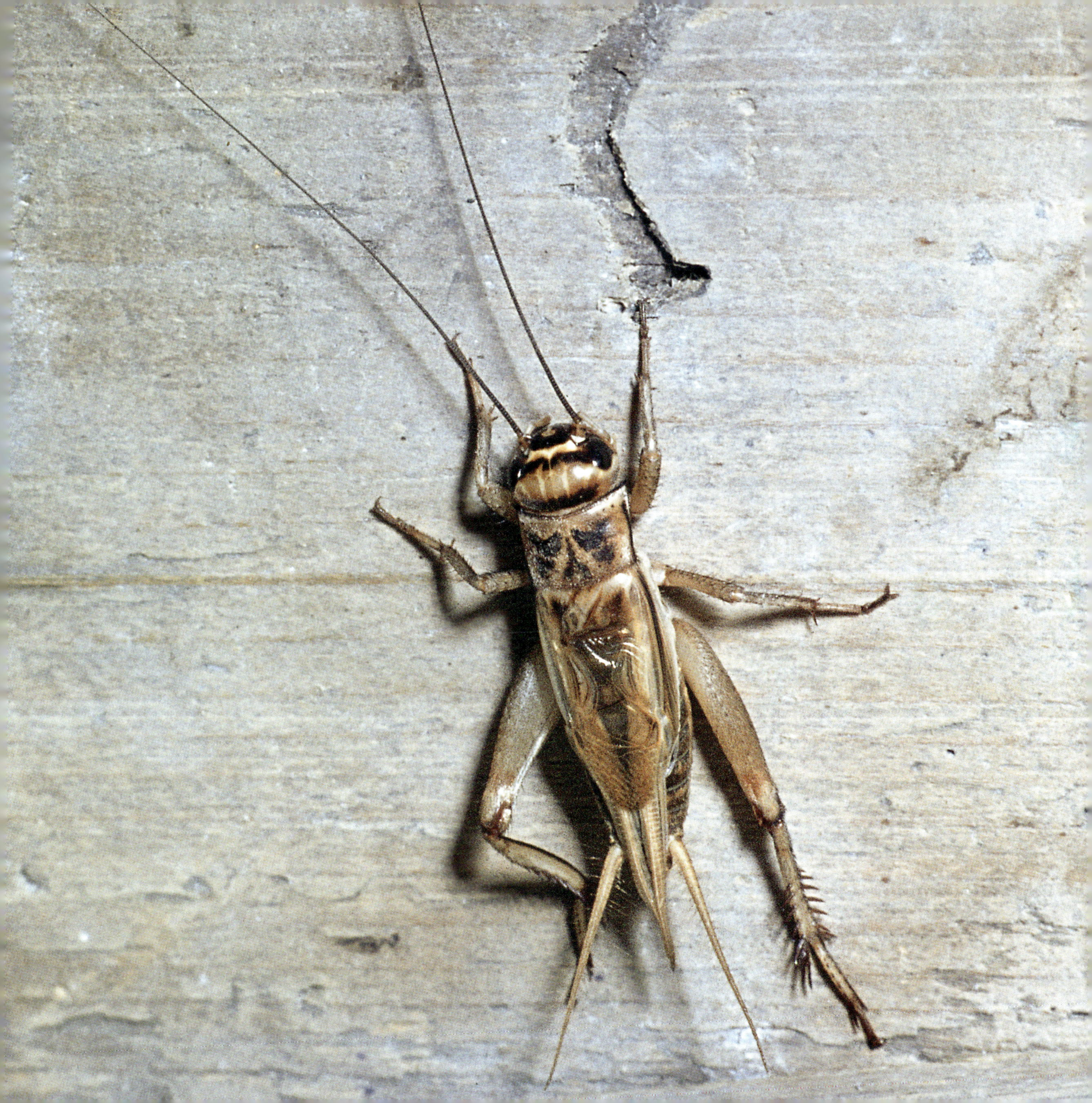

Kartoffelkäfer, Hausratte und Co. –
Schädlinge im Gefolge des Menschen

Ab etwa 1750 wurde die Kartoffel überall in Deutschland in großem Umfang angebaut. Bereits vor 1600 war sie schon in Deutschland bekannt, doch dauerte es fast 200 Jahre bis sie ihre bedeutende Stellung als „Überwinder der Brache, der Hungersnöte und des Skorbuts" einnahm.

Der **Kartoffelkäfer**, eine Käferart, die vermutlich aus Mexiko stammt, wurde erstmals im Jahr 1859 in Nebraska auf Kartoffelfeldern beobachtet. Seit dieser Zeit breitete sich die Art als Schädling auf den Kartoffelfeldern nach Osten aus und innerhalb von 15 Jahren erreichte sie im Jahr 1874 den Atlantischen Ozean. In Europa und somit auch in Deutschland wurden bereits 1875 ein Einfuhrverbot für Kartoffeln aus Amerika erlassen. Man war sehr beunruhigt, da die Käfer enorme Fraßschäden verursachten. Darüber hinaus war es seine große Vermehrungsfähigkeit und seine Anpassung an andere Klimate, die Anlass zur Sorge bereiteten. Doch bereits ein Jahr später wurden die ersten lebenden Käfer in mitteleuropäischen Häfen gesichtet und wieder ein Jahr später im Sommer 1877 wurden die ersten Kartoffelkäferfunde auf Äckern bei Köln gemacht. Es gelang, den Kartoffelkäfer zunächst mit durchgreifenden Maßnahmen auszurotten.

Erst 37 Jahre später trat er wieder in Deutschland auf und man startete erneut umfangreiche Bekämpfungsmaßnahmen. Richtig Fuß fassen konnte der Kartoffelkäfer in Europa im Jahr 1922 in der Nähe von Bordeaux. Bis 1936 erreichte er auch Deutschland, wo man trotz aller Anstrengungen und unter Einrichtung eines „Kartoffelkäfer-Abwehrdienstes" es nicht schaffte, den weiteren Vormarsch nach Osten aufzuhalten. Im Jahr 1948 war Deutschland bis zur Oder von den Käfern besiedelt.

Heute ist der Kartoffelkäfer nach wie vor das bedeutendste Schadinsekt an der Kartoffel. Während in der Nachkriegszeit sein Vordringen mit synthetischen Insektiziden wie DDT und HCH gebremst werden konnte und er heute mit anderen chemischen Insektiziden oder umweltfreundlichen, aber auch teureren Alternativen in Schach gehalten werden kann, ist er im Osten der USA bereits gegen fast alle chemischen Insektizide resistent.

Die **Hausratte** war ein typischer Kulturfolger des Menschen. In alle Klimazonen der Erde folgte sie ihm und gilt daher heute als weltweit verbreitet. Selbst Amerika und Australien hat sie inzwischen besiedelt. Sie war dort mit Schiffen an alle Küsten gebracht worden und wanderte von dort aus ins Landesinnere.

Wann die Hausratte zum ersten Mal aus Südasien kommend in Europa erschienen ist, lässt sich nicht genau sagen. Albertus Magnus hat sie bereits im 12. Jahrhundert als deutsches Tier aufgeführt. Bis zum 18. Jahrhundert hatte sie im Gefolge des Menschen überall in Europa eine gewisse „Alleinherrschaft". Vermutlich hat die Hausratte Westfalen aber niemals flächendeckend besiedelt. Sie fehlte in den Mittelgebirgsregionen und in den vom Menschen kaum bewohnten Heide- und Moorlandschaften. Ein Rückgang des Bestandes scheint in Westfalen schon im 18. Jahrhundert begonnen zu haben, denn bereits Mitte des 19. Jahrhunderts war sie in vielen Gegenden vollständig verschwunden. Letzte Nachweise aus unserem Raum stammen von 1958. Mit Warenlieferungen vor allem aus Osteuropa wurden gelegentlich Hausratten z.B. wieder ins Ruhrgebiet gebracht. Die Ursachen für das Aussterben sind folgende: Durch ihre gebäudegebundene Lebensweise konnten – bei gestiegenem Hygienebewusstsein – durch Bekämpfungen und Gebäudeerneuerung gesamte Populationen vernichtet werden. Möglicherweise hat auch die kräftigere und vielseitigere Wanderratte die Hausratte verdrängt, da diese zeitgleich in Mitteleuropa vordrang.

„Der Schwarze Tod" – Die Ratten und die Pest in Westfalen

Im Jahr 1350 brach epidemieartig mit der Pest eine Krankheit aus, der die Menschen in Westfalen, ebenso wie in vielen anderen Teilen Europas über Jahrhunderte hinweg fast vollständig ausgeliefert waren. Durch den schwarzen Tod, wie die Krankheit auch genannt wurde, waren vor allem die Menschen in den Städten betroffen. „Jeder dritte Mensch ging zum Herrn", so ist beispielsweise in der Mindener Bischofschronik zu lesen. Vernünftige Erklärungen gab es zunächst nicht. In den Städten meinte man, die Pest

Die Wanderratte hat in Westfalen die Hausratte weitgehend verdrängt

würde über das Trinkwasser übertragen. Man glaubte, dass die Juden die Brunnen vergiftet hätten, worauf diese verfolgt und vielerorts grauam umgebracht wurden. Später gab es Vorstellungen, die Pest würde über die Luft verbreitet. So findet sich beispielsweise in einem der ersten deutschen Lexika (1741) von Johann Heinrich Zedler unter dem Stichwort „Pest" der Hinweis: „*Ob gottlose Leute durch böse Künste die Luft anstecken können, ist eine Sache, welche so gar unmöglich nicht erscheint…*"

In Wirklichkeit war die Pest eine Krankheit der schwarzen Hausratte. Die sehr aggressiven Pesterreger wurden von Flöhen verbreitet, wenn diese das Blut eines erkrankten Tieres gesaugt hatten. Von verendeten Ratten gingen die Flöhe auf den Menschen über und infizierten ihn mit ihrem ersten Biss. Pestepidemien brachen vor allem dann aus, wenn sich in gewissen Zeitabständen Flöhe massenhaft verbreiteten und auf diese Weise die todbringende Krankheit übertrugen. Neben verbesserten hygienischen Verhältnissen war es vor allem das seit dem 17. Jahrhundert einsetzende Vordringen der größeren Wanderratte, die die kleinere Hausratte aus ihren menschennahen Lebensräumen verdrängte.

Durch die Pest veränderten sich viele Landschaftsräume in Westfalen zusehens. Zwischen Eggegebirge und Weser sowie im Sintfeld bei Paderborn mussten zwei von drei Siedlungen aufgegeben werden. Im Sauerland wohnte in manchen Tälern niemand mehr, so dass die Felder bald verbuschten und wieder zu Wald wurden. Weniger stark war das Münsterland von den Auswirkungen der Pest betroffen. Die Einzellage der Höfe dürfte einer der Gründe dafür sein, dass die Auswirkungen des „Schwarzen Todes" hier nicht so gravierend wie in andern Landesteilen waren.

Vogelfang in alter Zeit –
Krammetsvogelfänger im Münsterland

In Westfalen durfte bis 1904 jedermann durchziehenden Vogelarten ohne eine besondere Erlaubnis nachstellen. Danach konnten die Vögel nur noch von Jagdpächtern gefangen werden oder von Personen, die von ihnen beauftragt waren. Erst nach dem ersten Weltkrieg wurde der Fang grundsätzlich untersagt. Bis dahin brachte der Vogelfang für viele Heuerleute und Kötter einen guten Nebenverdienst. Dieser Vogelfang galt den später allgemein als „Krammetsvögel" bezeichneten Drosselarten, obwohl eigentlich nur die Wacholderdrossel der richtige „Krammetsvogel" ist. Das Fleisch von Wacholderdrosseln, aber auch von Mistel- und Weindrosseln galt als beliebter Leckerbissen.

Noch vor gut 100 Jahren wurden unzählige durchziehende Drosseln gefangen, getötet und z. B. in Münster verkauft. Auf den damals noch überall im Münsterland vorhandenen Heideflächen, so z. B. bei Ladbergen, Kattenvenne und Lienen fielen die Vögel zur Rast ein, um am frühen Morgen oder mitten in hellen Nächten weiterzufliegen. Noch kurz nach dem ersten Weltkrieg gingen Lienener Krammetsvogelfänger ihrem lohnenden Nebenerwerb nach. Einer davon war „*Pott Stillen Hinnerk*", der als Kötter nahe der Grenze von Lienen und Ostbevern wohnte. Er hieß Heinrich Stille und erhielt seinen Beinamen, weil er Töpferwaren („*ärden Pöttkes*") verkaufte. Seine Krammetsvögel verkaufte er oft an den Baron von Beverfoerde, den Besitzer der nahegelegen Loburg.

Zu einem „Vogelherd", d. h. der Stelle wo die Vögel gefangen wurden, gehörten damals zwei Beerenbeete von je etwa sechs Meter Länge und etwa ein bis anderthalb Meter Breite, die etwas höher angelegt waren. Sie waren von einer schmalen Vertiefung umgeben, die durch Plaggen nach außen hin getarnt war. Darin verschwand das Fängernetz mit Stellvorrichtung, das der Vogelfänger von seiner Hütte aus bedienen konnte. Sie lag etwa fünf Meter entfernt, oft halb in der Erde, und war zur Tarnung mit Heide, Ginster oder Nadelgehölzen bedeckt. Ein Teil des Daches war hochzuschieben, damit der Fänger in der Hütte anfliegende Vogelschwärme früh genug wahrnehmen konnte. Er lag meist schon vor Sonnenaufgang auf der Lauer und konnte mit Hilfe verschiedener Hanfseile, die von der Hütte aus zu bedienen waren, das Schlagwerk in Bewegung setzen und so das Fangnetz über den beiden Beerenbeeten zuschlagen lassen.

Der Vogelherd musste in einer möglichst einsamen Heidefläche liegen, damit die Vögel nicht durch Geräusche vorbeifahrender Fuhrwerke oder durch Menschen gestört wurden. Neben dem Beerenbeet, das mit frischen Wacholderbeeren und leuchtend roten Beeren der Eberesche besetzt worden war, standen einige sogenannte Einfallbäume. Es waren künstlich dort eingegrabene Baumstämme mit Ästen, die oft bis zu sechs Meter hoch waren. An der Längsseite der Beete verschwanden mehrere Vogelkäfige mit Lockvögeln in mit Heideplaggen abgedeckten Höhlungen, die zum Beet hin offen waren.

Wenn der Vogelfänger im Oktober oder November morgens sehr früh zu seiner Hütte ging, brachte er in seiner Kiepe diese hölzernen kleinen Vogelkäfige mit, in denen je ein Lockvogel saß. Lockvögel musste der Fänger bei sich zu Hause in einer besonderen „Vogelkammer" überwintern lassen. Er fütterte sie mit einem Brei aus Gerste und Milch.

Auch einige „Flattervögel" hatten bei ihm überwintert. Sie hatten kleine Lederhosen an, die sogenannten „Bücksen", d. h. sie wurden durch schmale Riemen um die Flügel und Füße am Davonfliegen gehindert. Der Vogelfänger band sie auf dem Vogelbeet an ein Winkelholz. Wenn er in der Hütte an einer Leine zog, wurde das Winkelholz hochgeschnellt, Der Vogel flatterte mit den Flügeln, weil er hochgerissen wurde und zu fliegen versuchte. Das Lederriemchen hielt ihn aber fest.

Nach klaren Nächten war meist schlechte Fangzeit, denn dann zogen die Vögel ohne Rast weiter. Auch Sturm und Regen versprachen keinen guten Fang. Aber nach Nebel und an sonnigen Tagen musste der Fänger auf dem Vogelherd bereit sein. Er blickte

Krammetsvogelfänger im Münsterland im Jahr 1913

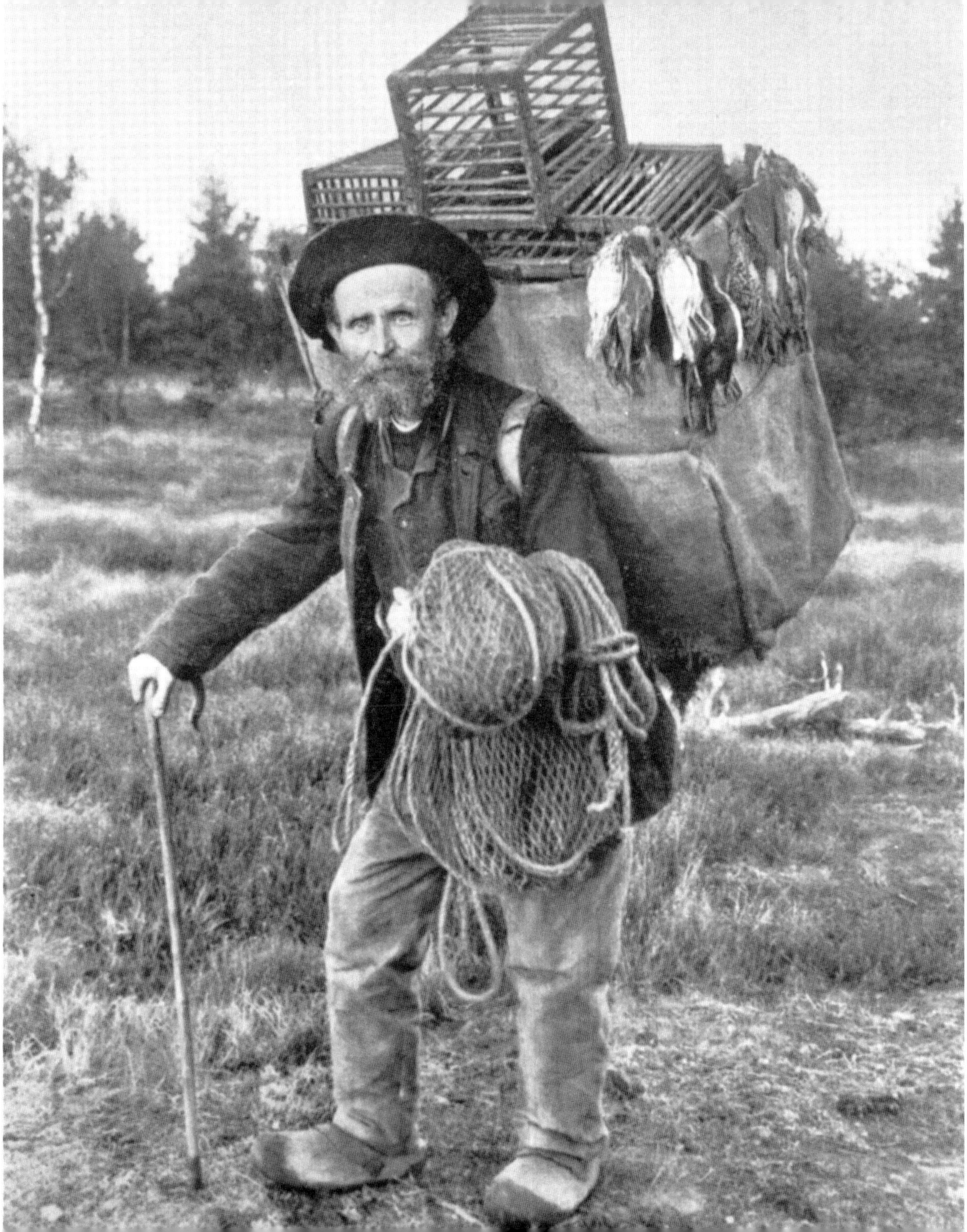

Vogelfang in alter Zeit –
Krammetsvogelfänger im Münsterland

„Hölschers Vogelherd" – Ausgestellter Vogelherd bei Kattenvenne im Münsterland um 1920 (Aufnahme: Dr. H. Reichling, Bildarchiv der Volkskundlichen Kommission)

aus dem schmalen Guckloch im Dach seiner Hütte nach Nordosten, denn aus dieser Hauptvogelzugrichtung kamen die meisten Schwärme. Wenn die Zugvögel im Fluge das vielversprechende Beerenbeet erblickten, ließen sie sich meist auf den künstlich errichteten Einfallbäumen nieder und beäugten argwöhnisch die Beeren. Die in den Käfigen eingesperrten Lockvögel hörten die Artgenossen und begannen zu rufen. Der Fänger zog in der Hütte an den Leinen der Flattervögel, die in die Luft geworfen wurden und mit den Flügeln schlugen. Die fremden Zugvögel nahmen dann an, dass schon andere Artgenossen im Beerenbeet bei der Mahlzeit seien.

Zuerst ließen sich dann zaghaft nur einige Zugvögel auf dem Beerenbeet nieder. Wenn mehr Vögel folgten, mindestens fünf, zuweilen bis zu 20, zog der Vogelfänger kräftig an der Leine zu den beiden Schlagnetzen. Sie kamen jetzt mit einem Ruck aus der Vertiefung, drehten sich blitzschnell um eine Achse und bedeckten Vögel und Beet. Weil das Zugseil unter Spannung stand, legte es sich nach einer Drehung um 180 Grad wieder fest an die Erde an. Jetzt verließ der Krammetsvogelfänger seine Hütte und tötete die gefangenen Vögel unter dem Netz durch einen leichten Daumendruck auf den Halswirbel. Er sammelte die Vögel ein, brachte sie in seine Hütte, säuberte das Netz wieder von Federn und Schmutz und stellte es sofort wieder auf Fang ein. Wenn er Glück hatte, konnte er mehrere Male nacheinander Beute machen. Manchmal brachte er bis zu 60 Krammetsvögel nach Hause. Aber zuweilen musste er auch ohne Beute heimkehren.

Der Krammetsvogelfang brachte vor dem ersten Weltkrieg einen guten Verdienst. In Münster auf dem Markt bot man für das Stück zunächst 20 Pfennig, dann aber 25 und manchmal auch 30 Pfennig. Wenn man bedenkt, wie wenig um 1900 ein Arbeiter beispielsweise in der Lengericher Kalkindustrie verdiente (70 Pfennig bis eine Mark pro Tag), versteht man, wie begehrt so ein Nebenverdienst damals war. Die Krammetsvögel wurden zu einem Dutzend oder einem halben Dutzend mit Federn zu Bunden aneinandergeknotet. Die Federn wurden durch die Nasenlöcher der Vögel gezogen.

Ein guter Fänger konnte in einer Saison im Herbst wohl 200 oder mehr Vögel fangen. Ein alter Herdfänger aus der Lienener Bauerschaft Holzhausen, der in seiner Jugend jedes Jahr auf den Herd ging, erzählte, dass er jährlich einen Anzug dabei verdiente und noch ein gutes Stück Geld übrig gehabt hätte.

(zusammengestellt nach Friedrich Schmedt, Jahrbuch Westfalen 1983, S. 134–137)

Vogelfang wurde auch in anderen westfälischen Regionen betrieben. Hier ein Krammetsvogelfänger im Jahr 1930 versteckt im Vogelherd bei Halver im Märkischen Kreis. (Quelle: Heimatbund Märkischer Kreis, Jahrbuch 2000, S. 148)

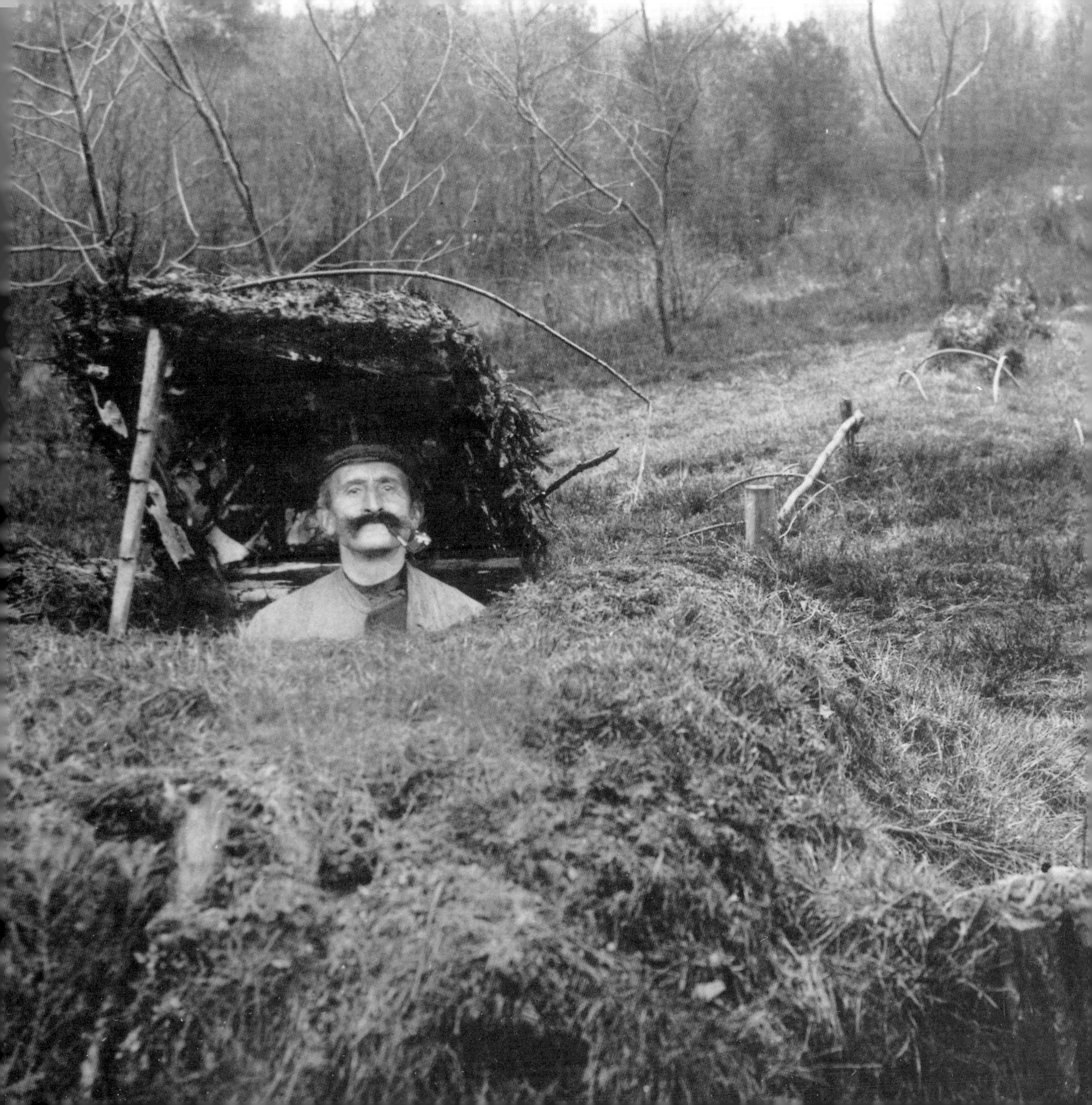

Die Wacholderdrossel –
Der Krammetsvogel und andere heimische Drosselarten

Der mundartliche Ausdruck „Krammetsvogel" geht auf das veraltete Wort Krammet für Wacholder zurück. Es finden sich aber auch die Schreibweisen *Krammsvogel, Krametsvogel* oder *Krammetsdrossel*, denn als Krammetsvogel wurden nicht nur die Wacholderdrossel bezeichnet, sondern auch viele andere heimische Drosselarten, wie z. B. die Amsel, Misteldrossel oder die Singdrossel. Die Wacholderdrossel *(Turdus pilaris),* auf der aber das Hauptaugenmerk der Krammetsvogelfänger in Westfalen lag, kommt in der palaearktischen Region in dem größten Teil der Waldgebiete der borealen und gemäßigten Zone vor. Nach der letzten Eiszeit hat sich ihr Brutareal von Sibirien aus weit nach Westen vergrößert und sie hat sogar im Jahr 1937 nach einem langanhaltenden Sturm Grönland erreicht, wo diese Art als Standvogel im wärmsten Teil nahe der Südspitze lebt.

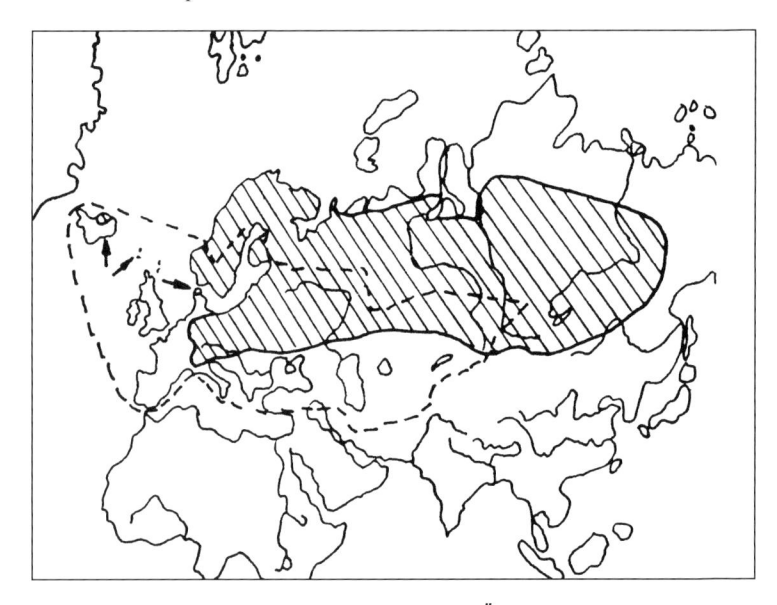

Karte des Verbreitungs- (schraffiert) und Überwinterungsgebietes (unterbrochene Linie) der Wacholderdrossel (Turdus pilaris) (nach Lübcke & FURRER 1985)

In Westfalen breitete sich die Wacholderdrossel von der Warburger Börde nach dem 2. Weltkrieg zunächst nur sehr langsam dann jedoch sehr kontinuierlich aus. Schon viel früher waren die Krammetsvögel in der Region als alljährliche Durchzügler bekannt und wurden gefangen. Der Altmeister der westfälischen Ornithologie, Prälat Josef Peitzmeier, hat dem allmählichen, aber kontinuierlichen Vordringen der Brutkolonie dieses schönen Neubürgers unserer Fauna viel Aufmerksamkeit geschenkt. Es liegen sehr exakte Dokumentationen vor, so dass wir heute über den Besiedlungsvorgang in Westfalen sehr gut informiert sind.

Bis zum Ende der 70er Jahr des letzten Jahrhunderts hatte die Art das gesamte südwestfälische Bergland, die Hellwegbörden und das Ruhrgebiet sowie den Südrand des Teutoburger Waldes erobert. Neue Brutplätze wurden dabei nicht weiter als 10 km von der jeweiligen „Ausbreitungsfront" gegründet. Gleichzeitig verdichtete sich der Bestand im bereits besiedelten Hinterland. Mit zunehmendem ozeanischen Einfluss hat sich der Besiedlungsvorgang abgeschwächt, so dass z. B. im Münsterland die Bestandszahlen auch heute noch relativ gering sind.

Misteldrossel die größte heimische Drosselart

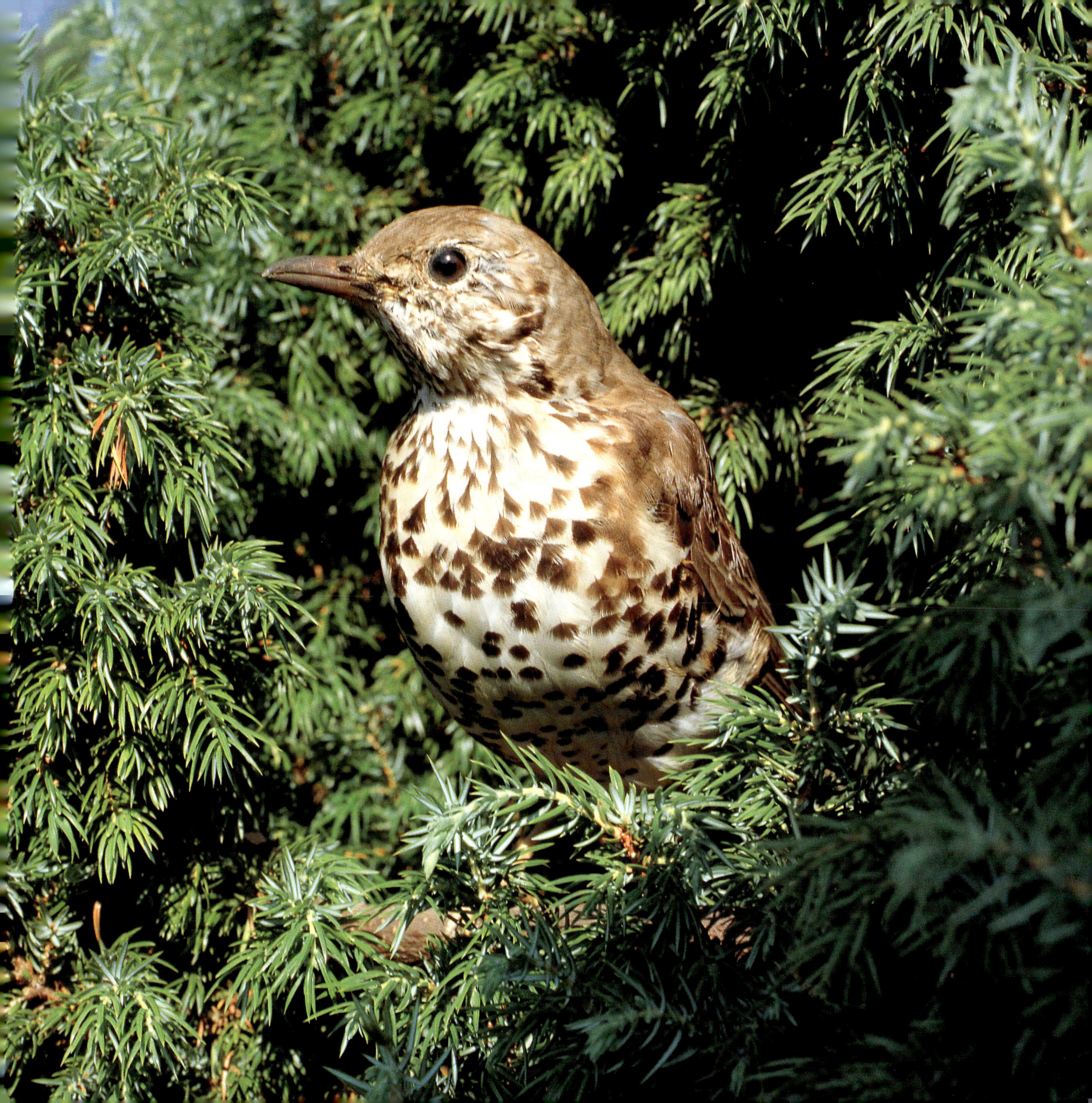

Krammetskirschen –
Oder was Kaugummi und die Vogelbeere gemeinsam haben

Die Vogelbeere *(Sorbus aucuparia)*, die auch weitläufig als Eberesche bezeichnet wird, ist ein mittelgroßer Baum, der in lichten Mischwäldern, in Moorwäldern, in den Alpen bis an die Waldgrenze sowie als Vorholz auf Schlägen und am Waldrand verbreitet vorkommt. Er wächst auf mäßig trockenen bis frischen, meist nährstoff- und basenarmen, lockeren Lehm- und Sandböden in humider Klimalage. In ganz Westfalen ist die Art heimisch und u.a. in Hecken weit verbreitet. Die Vogelbeere ist eine typische Art der Eichen-Birken-Hecken. Sie kommt aber auch in den sog. Haselhecken vor. Auf schweren Böden geht ihr Anteil zurück, so dass sie hier vor allem in ausgehagerten Wallhecken vorkommt. Der Baum wächst in der Regel gut an und sollte auf lehmig – sandigen Böden in keiner Heckenpflanzung fehlen. Oft wurde die Art als Straßen-, Allee-, Hof- und Dorfbaum verwendet, dabei gilt der Baum als sehr anspruchslos und anpassungsfähig.

Die Früchte dienten früher zum Vogelfang, da sie von Vögeln sehr gerne angenommen werden. Auch der lat. Name ist darauf zurückzuführen: aucuparia leitet sich von lat. *aves capere* = Vögel fangen ab. Der Name Eberesche stammt von Aberesche, d. h. falsche Esche. Die Früchte schmecken herb und erregen Erbrechen. Darüber hinaus wirken sie harntreibend, gekocht schweißtreibend. Sie wurden zur Brandweinherstellung benutzt. Das Holz wird für Drechsler- und Schnitzarbeiten sowie als Tischlerholz verwendet. Bei Münster hat die Eberesche auch den Namen „Quickbaum". In anderen Gegenden heißt der Baum aufgrund seiner stark riechenden Blüten (Trugdolden) „Stinkholz". Die Wortkombination „stinkfaul", denn was stinkt, ist häufig auch faul, könnte der Grund für ein Brauchtum im Siegerland sein, wo man einem Landmann ein „Stinkholz" (Eberesche) in den Garten setzt, wenn er bis zum ersten Mai sein Feld noch nicht bestellt hat. Im Volksglauben galt die Vogelbeere lange als Symbol des *„Wiedererwachens nach der toten Winterzeit"*.

Keltische Druiden pflanzten und pflegten Ebereschenwäldchen. Besonders die Gerichts- und Orakelplätze wurden von Ebereschen umrahmt. Der Eberesche wurde die Kraft zugesprochen, vor Unheil und bösem Zauber zu schützen. In der germanischen Mythologie galt die Eberesche als glückbringender Baum. Geweiht war sie dem Gewittergott Donar, dessen Lieblingstier, die Ziege, das Ebereschenlaub besonders gerne fraß. Dieser uralte Glaube an die fruchtbarmachenden und schützenden Kräfte der Eberesche hat sich bis in die heutige Zeit hinein erhalten: So wird kranken Ziegen Ebereschenlaub gegeben. Um das Vieh vor Krankheit zu schützen, wurden Zweige der Eberesche an die Stalltür geheftet. Am Morgen des 1. Mai schlug der Bauer seine Kühe im Stall mit Zweigen der Eberesche in dem Glauben, dass danach seine Tiere fruchtbarer werden.

Der bittere und zusammenziehende Geschmack der Beeren wird durch Parasorbinsäure hervorgerufen. Durch das Kochen wird die Säure zerstört und andere Wirkstoffe treten in den Vordergrund wie z. B. Apfelsäure, Vitamine, Gerbstoffe, Pektin und Karotin und das Sorbit, das als Zuckeraustauschstoff u.a. auch in Kaugummi verwendet wird. Die abführende Wirkung der frischen Beeren kehrt sich nach dem Kochen in eine stopfende Wirkungsweise um. Die Blätter haben eine ähnliche Wirkungsweise wie die Beeren. Bei Husten, Bronchitis und Lungenentzündung besitzen auch die Blüten nach alten Überlieferungen eine heilende Wirkung.

Blüten und Früchte der Vogelbeere

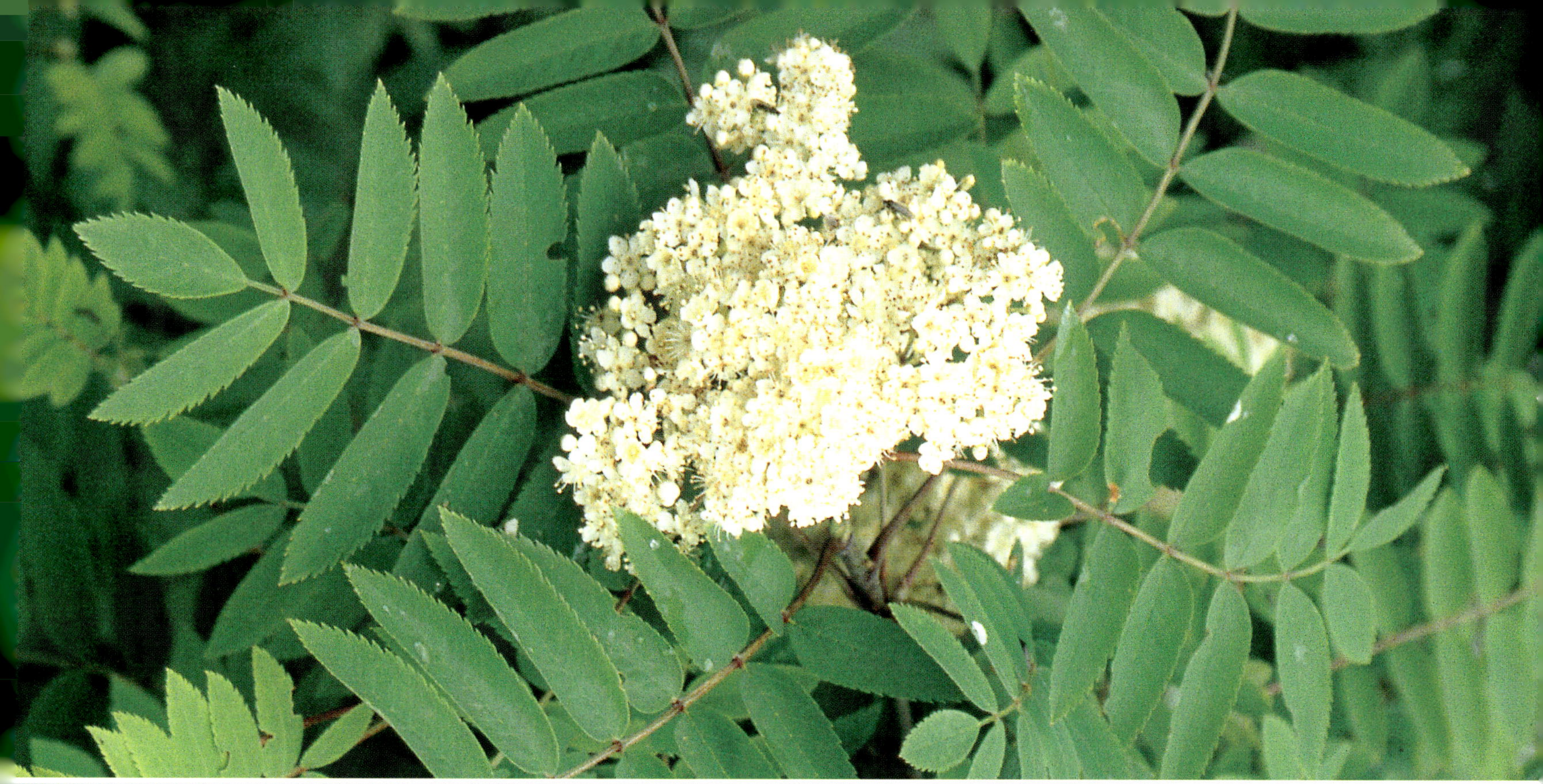

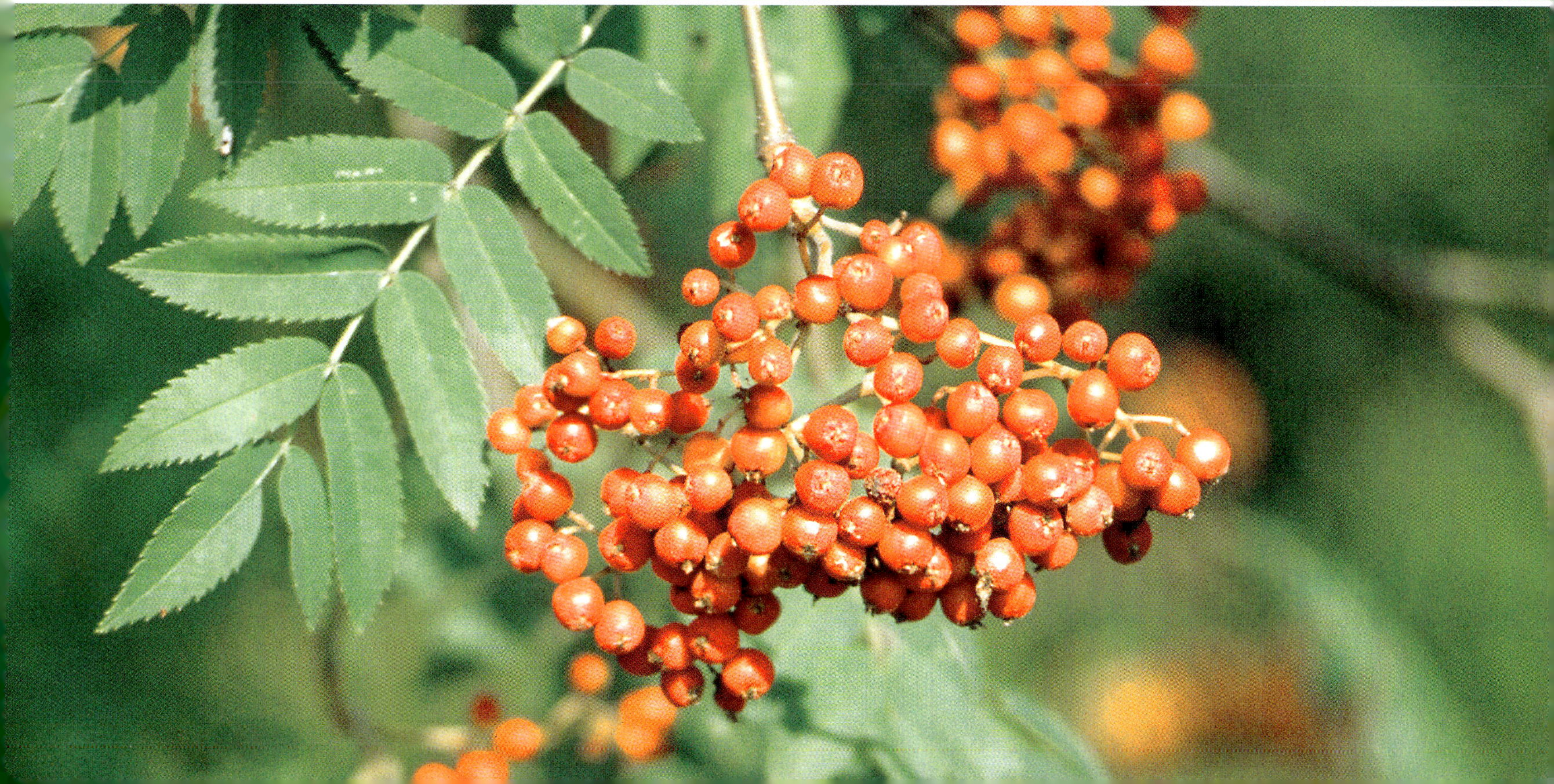

Die Heide –
Relikt einer vergangenen Wirtschaftsform

Die Geschichte der Heidelandschaften ist eng mit der Geschichte der Landwirtschaft in Westfalen verbunden. Noch zu Beginn des 19. Jahrhunderts gab es große Gebiete, die zu mehr als 70 % mit Heide bedeckt waren. Vor allem im Sandmünsterland mit seinen wenig fruchtbaren Böden hatten die gemeinschaftlich genutzten Marken eine wichtige Funktion als Düngerlieferant. Dazu wurde die obere, humusreiche Schicht des Bodens mit einem speziellen Werkzeug, der Plaggenhacke, abgehoben („*abgeplaggt*") und im Winter als Einstreu in die Ställe gebracht. Vermischt mit dem Kot der Tiere dienten die Plaggen im anschließenden Frühjahr als Dünger für den Esch, das damalige Ackerland. Nur so war es möglich, dort den für Sandgebiete typischen „ewigen Roggenanbau" ohne Brache und Fruchtwechsel zu betreiben.

Diese Form des Nährstoffentzugs führte im Laufe der Jahrhunderte vor allem in den Sandgebieten Westfalens zu einer Verwüstung der ursprünglich bewaldeten Marken, die durch starken Vieheintrieb und ungeregelten Holzeinschlag zusätzlich übernutzt wurden. Der Boden verarmte so stark, dass schließlich nur noch wenige anspruchslose Pflanzen, vor allem die Besenheide *(Calluna vulgaris)* und auf feuchteren Böden die Glockenheide *(Erica tetralix)* wachsen konnten. Das Heidekraut produziert nur eine schwer zersetzbare Streu, aus der sich eine saure Rohhumusschicht entwickelt. Ausgelöst durch chemisch bedingte Stoffverlagerungen bildet sich in tieferen Bereichen des Bodens eine harte, undurchlässige Schicht, der sogenannte Ortstein, der das Wurzelwachstum der Kulturpflanzen stark behindert. In einer reinen Heidelandschaft finden nur noch Schafe genügend Nahrung, so dass sich bis zu Beginn des 18. Jahrhunderts Wanderschäferei und Heidebauerntum in Westfalen ausbreiten konnten.

Diese Wirtschaftsweise änderte sich, als man seit Beginn des 19. Jahrhunderts mit der Aufteilung der Marken in Privatbesitz vorankam und gleichzeitig der Gebrauch von Kunst- und Mineraldünger, der den Plaggenstich überflüssig machte, einsetzte. Große Heideflächen wurden urbar gemacht, wobei in vielen Fällen zunächst der Ortstein mit dem Tiefpflug gebrochen werden musste. Teile der Heide wurden aufgeforstet. Auf den ausgelaugten Böden bot sich hierfür in erster Linie die genügsame Kiefer an, die seitdem in weiten Teilen des Sandmünsterlandes die beherrschende Waldbaumart ist.

Die wenigen verbliebenen Heideflächen stehen heute meist unter Naturschutz. Eine Erhaltung der letzten Heidegebiete ist jedoch problematisch und kostspielig. Es genügt nicht, die Flächen unter Schutz zu stellen und sie sich selbst zu überlassen. Die Heide würde dann rasch überaltern und absterben oder durch Kiefern- und Birkenanflug verdrängt werden. Die Nachahmung der damaligen Nutzung, also der Plaggenstich, ist heute kaum noch zu bezahlen und höchstens auf sehr kleinen Flächen möglich. Als Ersatz werden mit unterschiedlichem Erfolg Maßnahmen wie das maschinelle Abschieben der oberen Erdschichten, das Mähen und Abbrennen der Heide sowie die Beweidung mit Schafen durchgeführt.

Kleinflächig ist die Erhaltung dieser Relikte einer ehemaligen Wirtschaftsform in Form eines „musealen Naturschutzes" sicherlich gerechtfertigt, denn eine Reihe seltener Pflanzen- und Tierarten wie der Englische Ginster *(Genista anglica)*, der Keulen-Bärlapp *(Lycopodium clavatum)* oder die Kreuzotter sind an den Lebensraum der Heide angepasst. Man darf aber nicht verkennen, dass die großflächige Heide des 18. Jahrhunderts eine extreme Form der Ausbeutung natürlicher Ressourcen darstellte, die nicht verklären sollte, wie es viele Heimatdichter getan haben. Wer aber Reste der Heideromantik bewahren will, muss auch bereit sein, dem Naturschutz die entsprechenden finanziellen Mittel zu gewähren.

Senne-Bauer mit einem mit Plaggen beladenen Pferdefuhrwerk (Aufnahme um 1940)

77

Böden –
Zeugen der Landschaftsgeschichte und historischen Ackerbaukultur

Das Vorkommen und die Eigenschaften von Böden sind ausschlaggebend für alle Aspekte der Landwirtschaft. So wurde die Wahl der Feldfrüchte ebenso wie das Verhältnis zwischen Ackerbau und Viehzucht von den Bodenarten, die in einem Landschaftsraum vorkommen, maßgeblich bestimmt. Westfalen wird durch einen großen Formenreichtum an Böden geprägt. Diese Vielfalt ergibt sich vor allem durch folgende Einflussfaktoren:
– Ausgangsgestein
– Einwirkung von Grundwasser und Staunässe
– Einfluss des Klimas
– Reliefunterschiede
– Tätigkeit des Menschen.

Nach DAHM-ARENS (1995) lassen sich beispielsweise folgende elf Bodeneinheiten allein für das Münsterland zusammenfassen:

– Rendzinen, Böden auf den Anhöhen der Oberkreide-Kalksteine.
– Basenreiche Braunerden auf mergelig-kalkigen Gesteinen der Oberkreide-Zeit.
– Basenarme Braunerden auf sandigen Gesteinen der Unterkreide- sowie auf Kiesen und Sanden der Quartär-Zeit.
– Parabraunerden auf Löss und Sandlöss – Ton und Schluff im Unterboden angereichert.
– Podsole, arme Böden auf Sanden aus der Kreide- und Quartär-Zeit.
– Pseudogleye mit stauender Nässe, Böden auf tonigen Gesteinen der Kreide- und Quartär-Zeit
– Auenböden, bach- und flussbegleitend Gleye, Böden mit hohem Grundwasserstand in den Fluss- und Bachtälern
– Niedermoore
– Hochmoore
– Plaggenesche als Zeugen historischer Ackerbaukultur

Am Beispiel der Plaggenesche, die ein besonderes Kennzeichen der sandigen Gebiete Nordwestdeutschlands sind, soll kurz aufgezeigt werden, wie durch eine Jahrhunderte alte Wirtschaftsform das Ziel erreicht wurde, die Ertragsfähigkeit der leichten Sandböden zu verbessern. Die Plaggen wurden in der Regel als Soden abgestochen, im Stall als Streu genutzt und dabei mit Dung vermischt, kompostiert und später auf das Ackerland aufgebracht. Außer organischer Substanz enthielten die Plaggen meist einen erheblichen Anteil an Mineralboden. Durch den Plaggenauftrag wurden im Lauf der langen Zeit tiefhumose Oberböden von bis zu 125 cm Mächtigkeit geschaffen. Seit Ende des 19. Jahrhunderts wird durch die Anwendung von Mineraldünger und ähnlichem die arbeitsaufwändige Plaggendüngung nicht mehr ausgeübt. Die Plaggenesche sind aber auch heute noch landwirtschaftlich geschätzte Böden. Sie sind locker und gut durchwurzelt und vor allem jederzeit leicht zu bearbeiten. Bei genügender Zufuhr von organischem und mineralischem Dünger lassen sich selbst anspruchsvolle Nutzpflanzen erfolgreich anbauen.

Als Zeugen historischer Ackerbaukultur finden sich Plaggenesche auch heute noch in schwach erhöhter Lage, stellenweise als größere zusammenhängende Flächen oder in Einzellage verstreut als sogenannte Hofesche verteilt im ganzen Münsterland und darüber hinaus.

Böden wurden im Laufe der Geschichte stark von menschlichen Einflüssen geprägt

79

Eng verflochten –
Die Nieheimer Flechtheckenlandschaft

Eine handwerkliche Meisterleistung besonderer Güte hat sich im Raum Nieheim (Kreis Höxter) bis heute erhalten. Es sind die sog. Nieheimer Flechthecken, ein Heckentyp, der im Gegensatz zu den in weiten Teilen Nordwestdeutschlands verbreiteten Wallhecke nur in einem sehr begrenzten Raum, hier jedoch weit verbreitet, anzutreffen ist. Warum sich das Prinzip des Biegens und des Verknüpfens von Zweigen gerade hier in dieser Form entwickelt hat, ist nicht genau zu beantworten.

Die Entstehungszeit der Flechthecken dürfte in die erste Hälfte des 18. Jahrhunderts fallen, als die Gemeinheiten in den Niederungsbereichen von Nieheim aufgeteilt wurden und die von nun an privatwirtschaftlich genutzten Weiden durch Zäune in Form lebender Hecken abgeteilt wurden. Die Struktur der Flechthecken ist am besten zu erkennen, wenn die Sträucher kein Laub tragen. Mehr als 80 % des Gehölzbestandes macht der Haselstrauch aus, der somit das Grundgerüst jeder Flechthecke bildet.

Die Zweige der Hasel besitzen die für das Flechten ideale Kombination aus Biegsamkeit und Festigkeit. Damit die Hecke für das Vieh undurchdringlich wird, werden die Zweige der Hasel in eine Richtung heruntergebogen und mit Weidenruten an kräftigen Ästen festgebunden. Die Weidenruten werden von Kopfweiden geschnitten, die entweder vereinzelt in der Hecke stehen oder in direkter Umgebung wachsen. Nach diesem Prinzip wird auf drei Etagen im Abstand von jeweils 30–40 cm vorgegangen, so dass ein wirkungsvoller und nur wenig Raum beanspruchender Zaunersatz entsteht, der nach Bedarf durch den Einbau von bedornten Weißdorn- oder Schlehenzweigen noch verstärkt werden kann. Diese aufwendige Technik wird heute nur noch von wenigen Einheimischen beherrscht, so dass viele Flechthecken verschwunden sind oder durch Stacheldraht ersetzt wurden. Vermutlich sind aber auch viele der im Raum Nieheim noch relativ häufig vorhandenen Hecken aus ehemaligen Flechthecken hervorgegangen.

Neuerdings hat sich das Land Nordrhein-Westfalen entschlossen, Fördergelder bereitzustellen, damit diese traditionelle und heimatkundlich bedeutsame Heckenform erhalten bleibt. Zusammen mit dem örtlichen Heimatverein werden so in jedem Jahr wieder zahlreiche Hecken neu eingebunden.

Da viele Flechthecken auch heute noch Weidezäune darstellen, ist es wichtig, dass sich an den Knoten zur Weide hin keine Schlaufen bilden, die das Vieh mit seinen Hörnern öffnen könnte. Im Gegensatz zu früher sind heute viele dieser „lebenden Zäune" zusätzlich mit Stacheldraht abgesichert. Etwa alle 8–10 Jahre muss eine Flechthecke zurückgeschnitten werden und das Flechtwerk erneuert werden. Das beim Rückschnitt anfallende Holz wurde zu sogenannten Buschen gebunden und früher zum Heizen der Schweinetröge benutzt. Das Laub konnte verfüttert werden und soll noch um die Jahrhundertwende während einiger Dürrejahre das Vieh mehrfach vor dem Verhungern gerettet haben. Nicht zuletzt verwendet man auch die Haselnüsse. Heute wie früher stellen Flechthecken wichtige Lebensräume dar, in denen zahlreiche Vogelarten wie die Goldammer oder der Gartenrotschwanz nachgewiesen werden. Für einen langfristigen Erhalt der Nieheimer Flechthecken sprechen daher auch ökologische Gründe.

(Thomas Starkmann)

Flecht- und Bindearbeiten an der Nieheimer Flechthecke
(Quelle: Heimatverein Nieheim)

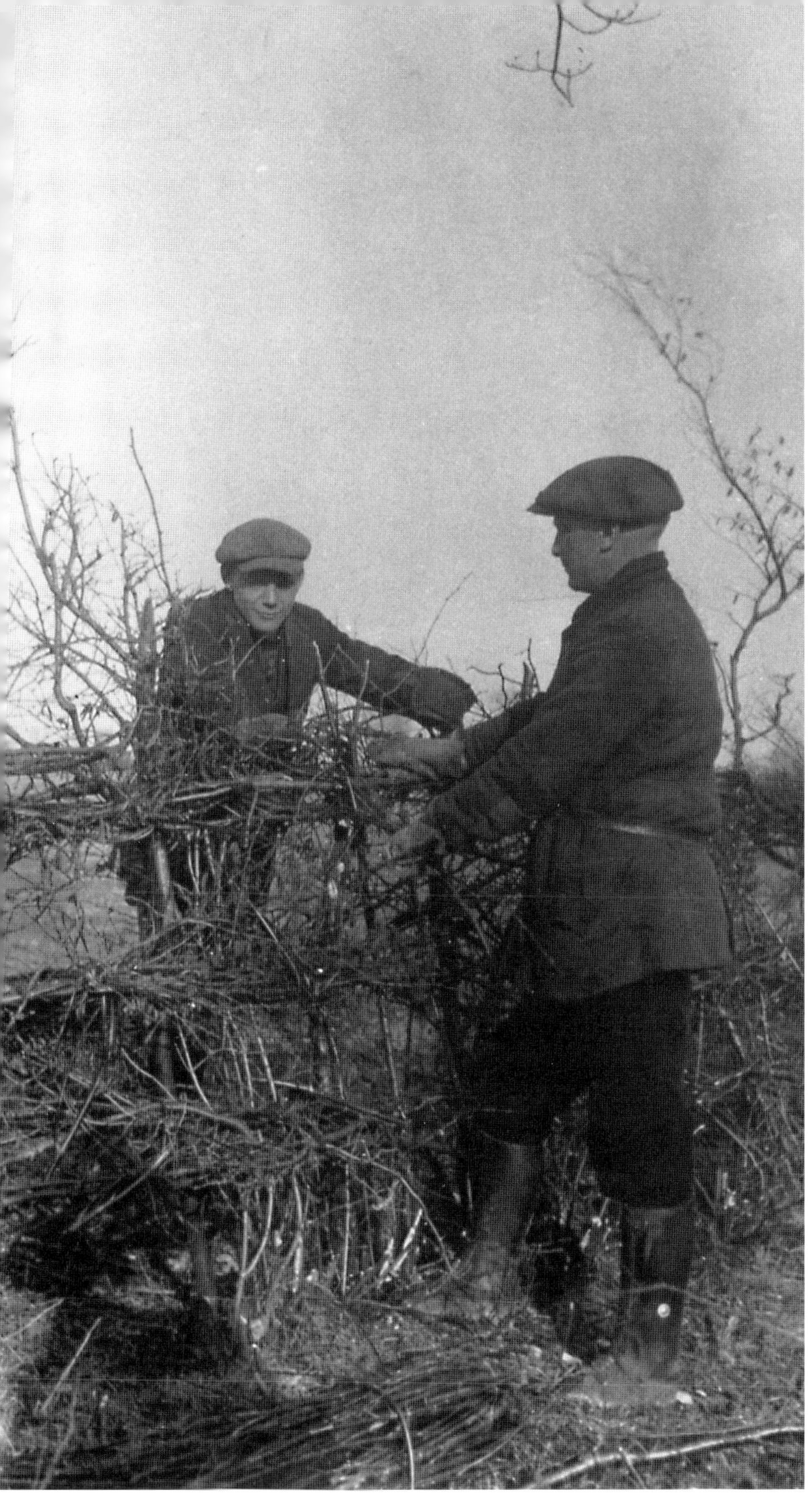

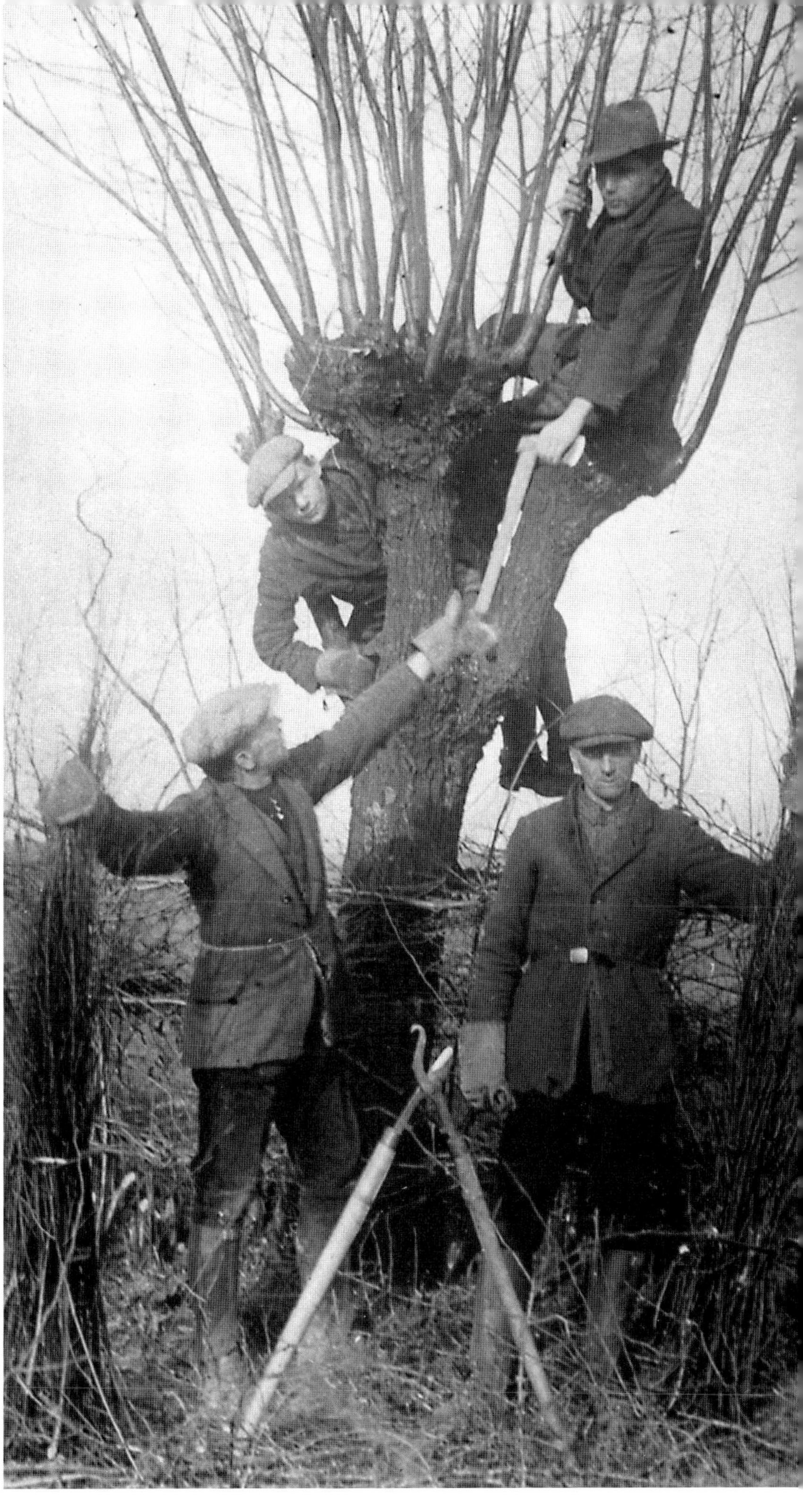

Kulturfloger –
Tiere im Gefolge des Menschen

Da die Menschen zunächst als Jäger und Sammler lebten, hatten sie nur wenig Gelegenheit neue Lebensräume zu besetzen. Dies änderte sich aber vor etwa 10.000 bis 5.000 Jahren als sie auch in Mitteleuropa zunehmend sesshaft wurden. Die Rodung von Wald, der Bau von Siedlungen und die Lagerung von relativ großen Nahrungsvorräten sowie die Anhäufung von Abfällen führten dazu, dass für viele Tierarten neue Lebensräume geschaffen wurden, die diese auch dauerhaft besetzen konnten. Schon früh siedelten sich u. a. verschiedene Kleinsäugetiere wie die Haus- und Feldmaus an, deren zunehmende Verbreitung zusammen mit den umfangreichen Waldrodungen im Mittelalter wiederum einen positiven Einfluss auf die Ausbreitung von Greifvögeln wie z.B. der Schleiereule hatte. Tiere, die im engen Zusammenhang mit der kulturellen Entwicklung des Menschen stehen, nennt man daher auch Kulturfolger.

Im folgenden sollen einige einheimische Tierarten näher vorgestellt werden. Alle haben direkt oder indirekt vom Menschen und seinem Einwirken auf die Landschaft profitiert. Manche Tiere haben dabei die Menschen als „Dauermieter" fast unbemerkt über Jahrhunderte hinweg begleitet. Andere, die beispielsweise im Schutze der Nacht auf Beutejagd gehen und dessen seltsame Rufe nicht zu überhören sind, haben Neugier und Aberglauben erweckt.

Zahlreiche Arten wie der Feldhase oder die Schleiereule sind seit der Entwicklung der „modernen Landwirtschaft" in ihren Beständen deutlich zurückgegangen und selbst der noch vor einiger Zeit überall häufige „Spatz" ist dabei, auf die sogenannten „Roten Listen" zu kommen, was bedeutet, dass sein Fortbestand in unserer Landschaft langfristig nicht mehr gesichert scheint.

Eines der am frühesten in der Literatur erwähnten Tiere ist in diesem Zusammenhang die **Hausmaus** *(Mus musculus L.)*. Schon der römische Dichter Horaz beschrieb in der Fabel „*Die Stadtmaus besucht ihre Base die Feldmaus*" die unterschiedlichen Verhaltensweisen der Mäuse. Die Hausmaus ist immer ein ständiger Gast menschlicher Behausungen gewesen. Im Gegensatz zu anderen Mausarten, die nur gelegentlich, so z. B. als Winterquartier Ställe, Scheunen, Schuppen oder Wohnhäuser aufsuche, lebt die Hausmaus nur selten im Freien.

Die Hausmaus hat vergleichsweise große Augen und Ohren, was sie als sogenanntes „Dämmertier" kennzeichnet. Tagsüber bleibt sie in ihrem Versteck und erst mit Einbruch der Dunkelheit wird sie aktiv. Hausmäuse sind sehr neugierig. Bis zu 30 verschiedene Futterstellen werden aufgesucht und dabei wird alles Neue bereitwillig geprüft. Schon seit langem macht man sich Gedanken über die Bekämpfung der Mäuse. Sogenannte Schlagfallen haben sich dabei nur begrenzt bewährt, da die Mäuse bereits nach etwa drei Tagen so vorsichtig werden, dass sie die Fallen meiden. Lebendfallen haben dagegen den Vorteil, dass 10 bis 15 Mäuse Platz in den Fallen haben und diese dann im Freiland, wo sie keinen Schaden anrichten können, wieder freigelassen werden können.

Eine Katze als Mäusefänger zu halten, dürfte heutzutage dagegen weniger Erfolg versprechend sein, da viele Katzen heute nach VOIGT (1995) eher als *Fast Food Miezen* und weniger als professionelle Jäger zu bezeichnen sind. Zur Tilgung eines Hausmausbefalls lohnt es sich daher nicht unbedingt, eine Hauskatze anzuschaffen.

Hausmaus

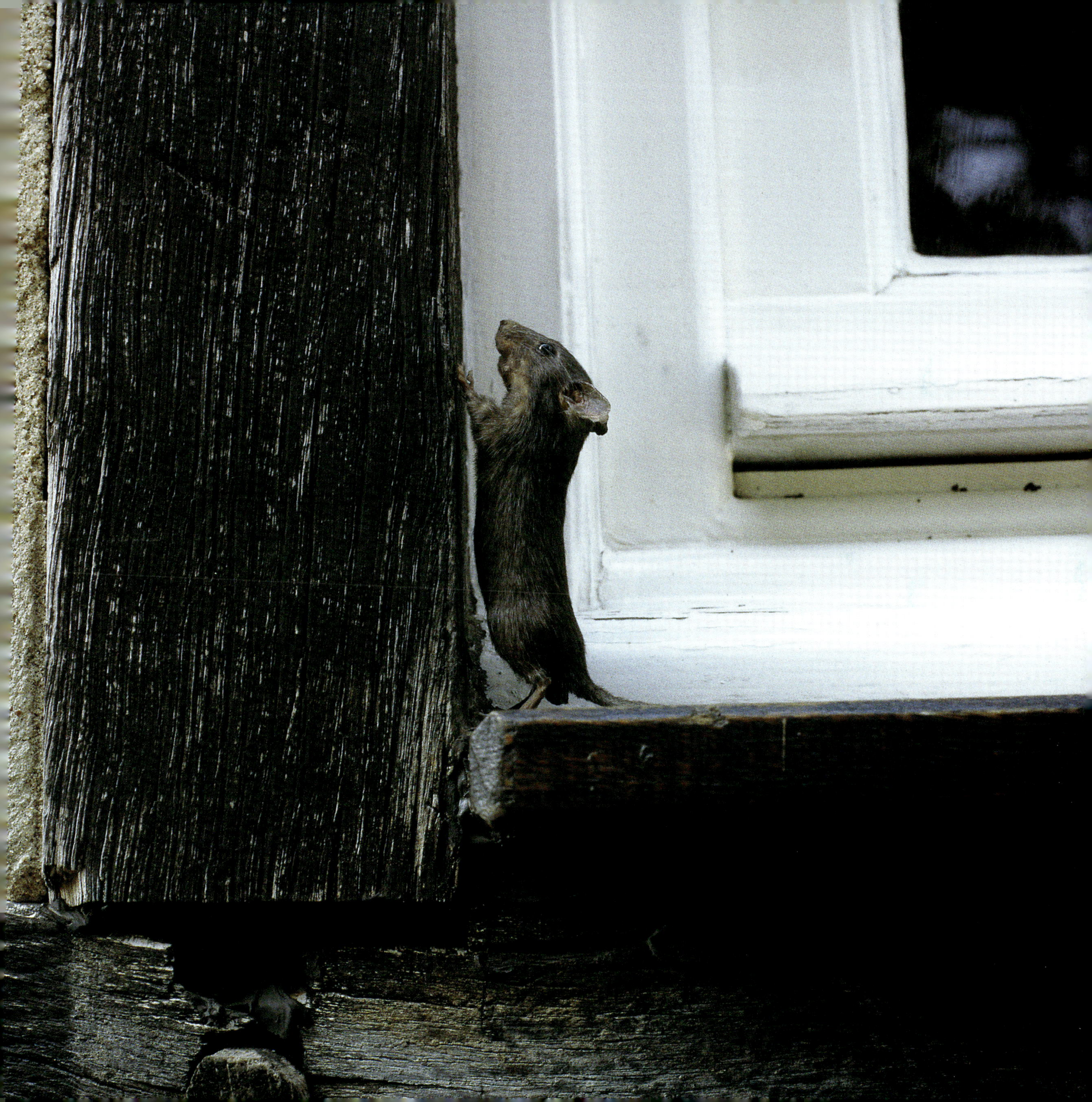

Heimlicher Untermieter –
Steinmarder

Der bei uns fast ausschließlich nachtaktive **Steinmarder** *(Martes foina)* kommt überall in Westfalen vor und es scheint keinen Lebensraum zu geben, der nicht bei seinen erst lange nach Einbruch der Dunkelheit beginnenden Streifzügen aufgesucht wird. In der Nordhälfte des Regierungsbezirkes Detmold weist er seine größte Häufigkeit auf. In vielen kleineren Orten lebt wenigsten eine Marderfamilie und auf den meisten größeren Einzelhöfen leben, wie im Kreis Soest beobachtet, ebenfalls Steinmarder. Besonders gerne werden Scheunen und Ställe, aber auch Dachböden und Kirchenböden besucht, besonders dann, wenn benachbarte Bäume den Zugang erleichtern. In der freien Landschaft sind es vor allem Kopfweiden, in der die Art regelmäßig anzutreffen ist. Voraussetzung für alle Quartiere ist, dass sie weitgehend frei von menschlichen Störungen sind. Der größte Feind des Steinmarders ist der Mensch. Über die Bestandsentwicklung in der Vergangenheit stellte bereits ALTUM (1867) fest, dass der Steinmarder seit 1830 im Raum Münster aufgrund intensiver Verfolgung stark abgenommen hat. Nachdem sich die Bestände zeitweise wieder stabilisiert hatten, wurden seit etwa 1950, besonders aber seit 1975 Steinmarder in ganz Westfalen wieder stark bejagt. Die Jagdstrecken nahmen deutlich zu und gleichzeitig nahm der Bestand gebietsweise deutlich ab.

Von den Ernährungsgewohnheiten westfälischer Steinmarder weiß man wenig. Beobachtet wurde, dass Haustauben, Fasane, Kaninchen sowie Hühner und Stockenteneier, aber auch Mäuse und Vögel zu seiner Beute gehören. Neben der tierischen Kost werden vom Steinmarder in großem Umfang Früchte verzehrt, wie z.B. die Steine von Kirschen und Pflaumen in seinem sommerlichen Kot belegen. Belästigungen durch Steinmarder wie das Anknabbern von Gummiteilen an Autos oder von Kabeln, wie aus anderen Teilen Deutschlands berichtet, wurden bisher in Westfalen nur in wenigen Fällen gemeldet.

Mit dem Steinmarder leicht zu verwechseln ist der jedoch viel seltenere **Baummarder** *(Martes martes)*. Wie seine Name sagt, ist sein Vorkommen an Bäume gebunden. Er bevorzugt vor allem Mischwälder, wo er als Tagesversteck die Nester von Greif- und Krähenvögeln sowie vom Eichhörnchen bezieht. Im Kronenraum der Bäume geht er intensiv auf Jagd nach Vögeln (z.B. Staren). Gleichzeitig wird aber auch der Waldboden nach Nahrung abgesucht.

Ein interessanter Aspekt in der Ausbreitungsgeschichte beider Arten ist, dass der Baummarder im Gegensatz zum Steinmarder auf seiner nacheiszeitlichen Wanderung aus dem südlichen Europa England hat noch erreichen können, bevor die Landverbindung zwischen den Britischen Inseln und dem Kontinent durch den Meeresspiegelanstieg überflutet wurde.

Steinmarder in den Dioramen des Museums

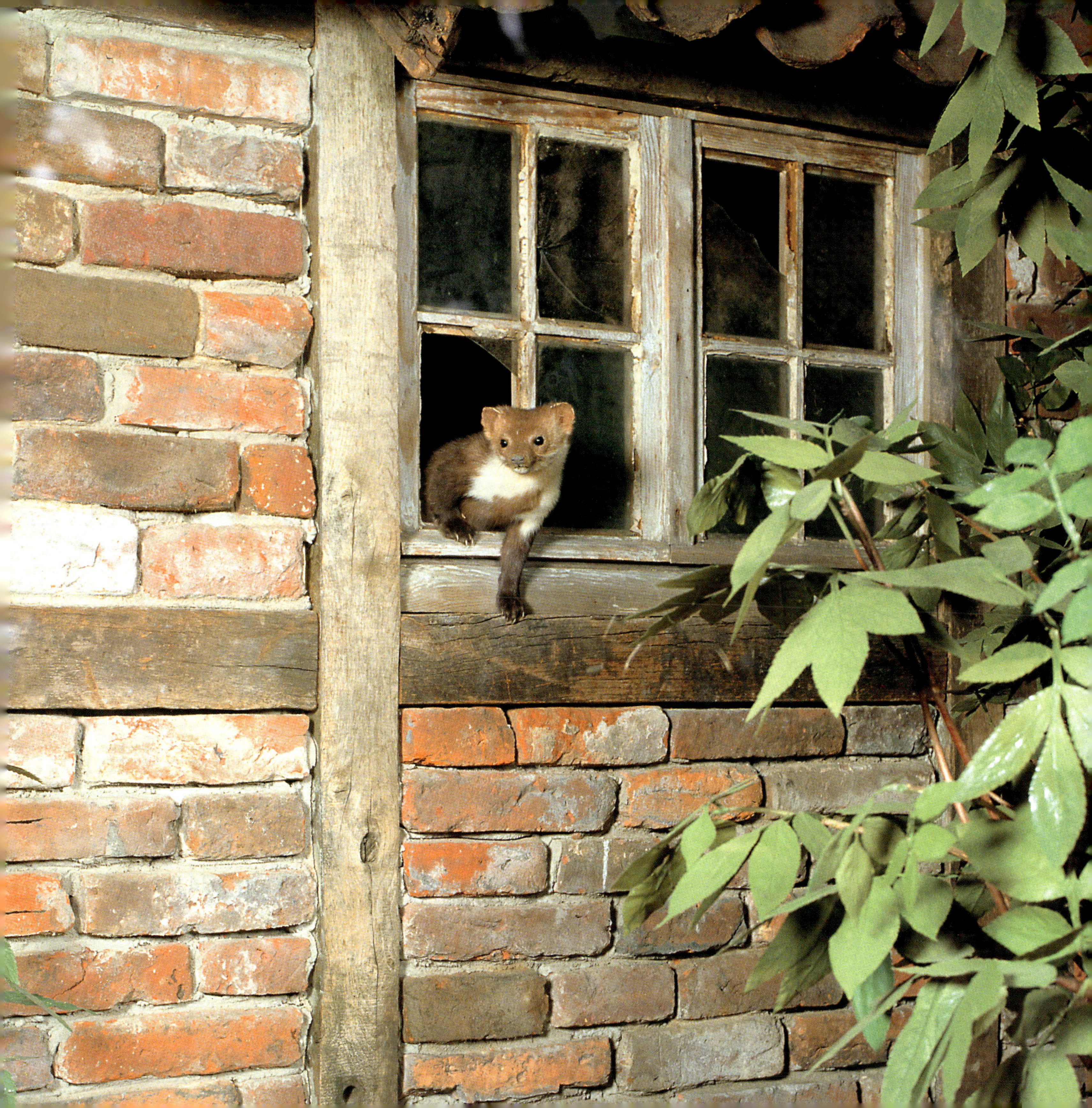

Lautstarker Einzelgänger –
Igel

Der **Igel** *(Erinaceus europaeus L.)* kommt überall in Westfalen vor, wobei er offenere Lebensräume bevorzugt. Sobald Gärten vorhanden sind, werden auch die Innenstädte von Großstädten, wie z. B. Dortmund oder Münster, besiedelt. Die Anzahl der Jungen beläuft sich auf 7–8 Tiere. Spätestens im November werden die Winterquartiere ausgesucht. Als Nahrung werden neben Insekten und deren Larven vor allem Schnecken, junge Mäuse, Regenwürmer sowie Jungvögel und Eier aus bodennahen Nestern verzehrt.

Den größten Teil ihrer aktiven Zeit verbringen Igel mit der Nahrungssuche, wobei der Igel auf seinen nächtlichen Zügen seine Beute nicht erjagt, sondern „erstöbert". Der Igel ist also eher ein Nahrungsfinder als ein Nahrungssucher. Tagesnester finden sich sehr häufig an bzw. in Strukturen wie Hecken, Hofgebäuden, Holzstößen, Straßenböschungen u.ä. Diese Stellen werden z.T. sehr kontinuierlich und regelmäßig genutzt. Untersuchungen bzw. Schätzungen der nächtlichen Gesamtlaufstrecke und Laufgeschwindigkeit ergaben, dass Igel durchschnittlich mehr als 600 m in einer Nacht zurücklegen. Es wurden aber auch Laufstrecken von mehr als 2 km in einer achtstündigen Nacht bestimmt. Die Abbildung zeigt am Beispiel von einer Intensivbeobachtung, die mit wiederholten Peilungen über 8 Stunden an markierten Igeln in der Bauerschaft Stevern bei Nottuln im Münsterland durchgeführt wurde, welche Wegstrecke von ein und dem selben Igel genommen wurde. Ausgangs- und Endpunkt seiner nächtlichen „Stöbertour" war ein Viehstall.

Erläuterung zu den Standortbestimmungen mit Hilfe von Peilungen:

In der Beobachtungsnacht verließ der Igel um ca. 21.35 Uhr den Viehstall, in dem sein Tagesnest lag. Zuvor war er schon mindestens eine halbe Stunde im Gebäude herumgelaufen. Nach einem kurzen Aufenthalt in einem Nebengebäude lief der Igel über eine Viehweide in ein dichter bebautes Gebiet. Der Igel hielt sich vor allem auf den kleinen Grünlandflächen auf, die als Schafweide bzw. Gänsekoppel dienten und teilweise mit Obstbäumen bestanden waren. Über zwei Stunden suchte er auf einem Misthaufen nach Nahrung und lief dann relativ zügig über Viehweiden zurück in die Nähe des Gehöftes, wo er nochmals unter einigen Obstbäumen kleinflächig nach Nahrung suchte. Gegen 5.30 Uhr kehrte der Igel nach 8 Stunden Aktivität in den Viehstall zurück.

Laufspuren eines Igels in der Bauerschaft Stevern bei Nottuln im Münsterland (nach GIESEKE 1994)

Igel mit zwei Jungtieren in einem Garten

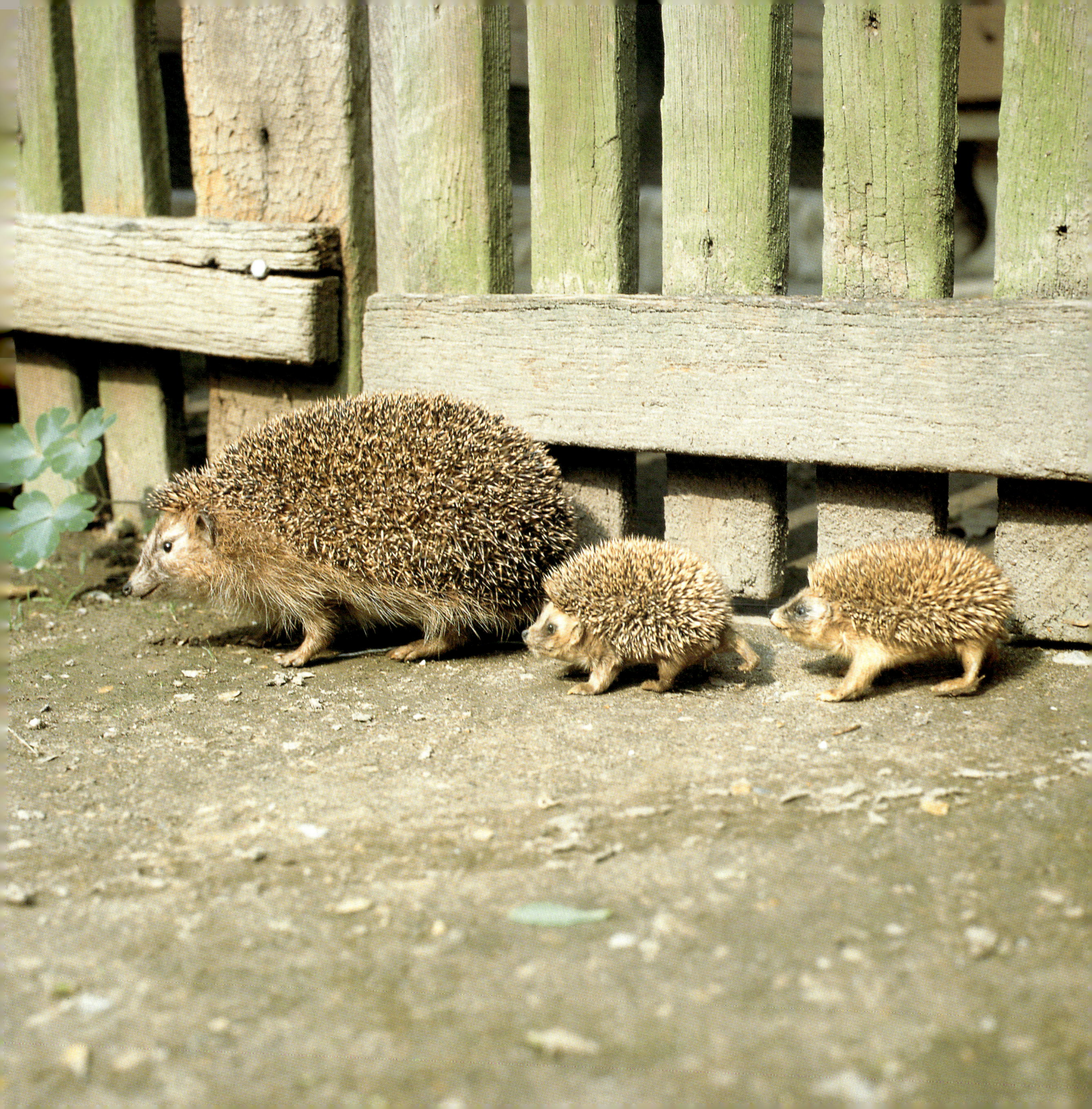

Dauermieter in Scheunen –
Die Schleiereule

Die Schleiereule ist ein charakteristischer Kulturfolger des Menschen, der in der traditionellen bäuerlichen Kulturlandschaft in Mitteleuropa und weit darüber hinaus in relativ hoher Dichte vorkam. Das Kleinsäugerangebot der Bauernhöfe und Dörfer sicherte ihr nicht nur ein reichliches Nahrungsangebot, sondern sie fand auch zahlreiche Tageseinstände und Brutplätze in Kirchen und landwirtschaftlichen Gebäuden. Besonders Feldscheunen und hofnahe Getreidespeicher, die in der Regel auch im Winter bei hoher Schneelage „mäusereich" waren, sicherten ihr Überleben.

Für die Schleiereule, die seit jeher mehr noch als alle anderen Eulenarten die Phantasie der Menschen angeregt hat, sind noch heute viele Namen gebräuchlich, die eng mit dem mittelalterlichen Aberglauben zusammen hängen. So geht z.B. der Name Feuereule auf die Annahme zurück, ihr Auftreten künde das Abbrennen eines Hauses an. Der Name Kircheule bzw. *Kerkuil* bezieht sich auf ihre Lebensweise und der englische Name *Barn Owl*, dessen Übersetzung Scheuneneule bedeutet, gibt ebenfalls Auskunft über den bevorzugten Aufenthaltsort.

Der unbemerkte Verlust von Feldscheunen und Weideställen

Mehr als die Hälfte aller Feldscheunen und Weideställe sind in den letzten 20 Jahren fast unbemerkt aus der westfälischen Landschaft verschwunden. Fast nirgendwo trifft man mehr auf Schafställe, die ursprünglich zu den ältesten Weideställen in der Region gehörten. Sie hatten eine Blütezeit im 17. und 18. Jahrhundert, als auf den unendlich erscheinenden Heideflächen keine andere Viehhaltung möglich war. Typisch für Schafställe ist, dass sie fast immer ein Steinfundament haben, da der aggressive Schafdung eine reine Holzkonstruktion sofort angegriffen hätte.

Die Mehrzahl der heute noch vorhandenen Weideställe entstand jedoch erst später, als zu Beginn des 19. Jahrhunderts die Marken aufgeteilt wurden und viele Bauern Flächen erhielten, die weit entfernt von ihrer Hofstelle lagen. Diese Flächen wurden im Gegensatz zur hofnahen Milchviehhaltung zur extensiven Rinder- oder Bullenhaltung genutzt. Eine ständige Betreuung der Tiere war nicht erforderlich und so wurden auf den Weiden Ställe und Viehunterstände errichtet. Das Baumaterial bestand meist aus Backstein oder weniger gutem Bauholz.

In den überwiegend ackerbaulich genutzten Gegenden, wie z.B. in der Soester oder Steinheimer Börde gab es dagegen zahlreiche und z.T. sehr große Feldscheunen in der Feldflur. Meist war es Platzmangel, der die in dicht bebauten Städten und Dörfern als Ackerbürger wohnenden Getreidebauern dazu veranlasste, diese Scheunen zu bauen. Zugleich ermöglichten es die Scheunen, die noch heute oft die einzigen Bauwerke inmitten weiter Ackerfluren sind, bei plötzlichem Wetterumschwung während der Ernte das Getreide rasch in Sicherheit zu bringen.

Für den Erhalt der Feldscheunen und Weideställe sprechen neben ihrer landes- und heimatkundlichen Bedeutung auch ökologische Gründe. Die Schleiereule ist beispielsweise auf solche Gebäude im Außenbereich angewiesen und auch die Bauern wussten früher mehr denn heute den Dienst der Schleiereule zu schätzen und brachten häufig ein entsprechendes „Uhlenloch" im Scheunengiebel an.

Schleiereule in einer Scheune

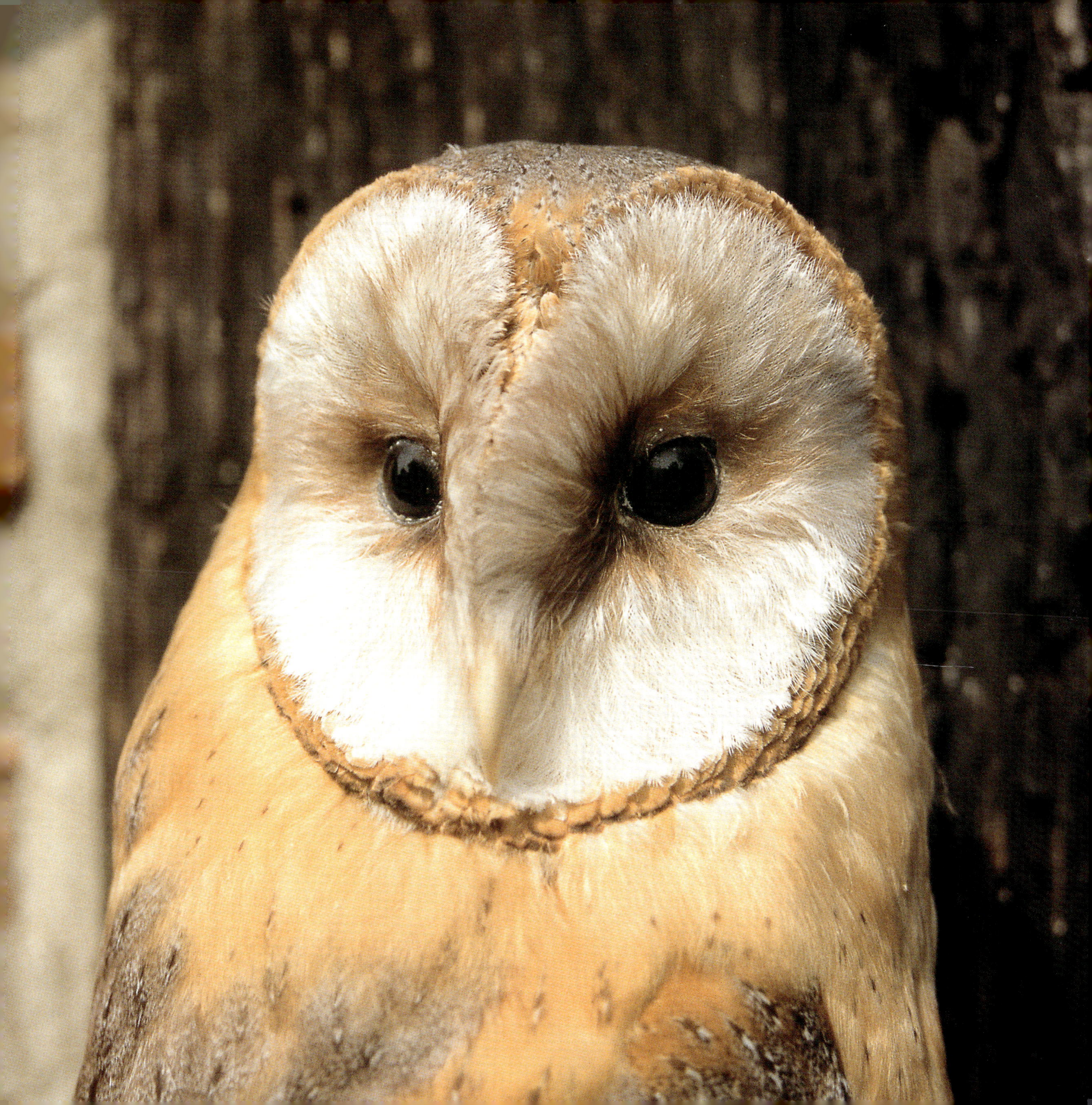

Der König der Wälder –
Rothirsche

Rothirsch im „Dülmener Tierpark", einem ehemals herrschaftlichen Tiergehege

Glücklicherweise haben sich die pessimistischen Stimmen, die dem Rotwild im 20. Jahrhundert *„die letzte Stunde in unserer Kulturlandschaft"* vorausgesagt haben, nicht bestätigt. Vielmehr hat das Rotwild – und nicht erst in den letzten 100 Jahren – eine enorme Anpassungsfähigkeit bewiesen. In vielen Gegenden Europas zeigt es sogar eine starke Ausbreitungstendenz, die u. a. auch mit bestimmten Veränderungen im Verhalten und insbesondere einer Zunahme von Wildschäden in Wald und in freier Landschaft geführt haben. Für Rotwild, eine Bezeichnung aus dem jagdlichen Sprachgebrauch, wird im allgemeinen der Begriff Edelhirsch verwendet, was auch die Wertschätzung dieser Wildart widerspiegelt. In der zoologischen Systematik wird aber der Begriff **Rothirsch** *(Cervus elaphus L.)* benutzt.

Durch Änderungen der nacheiszeitlichen Klima- und Biotopzustände ist das Rotwild vom Steppenbewohner zum Waldtier geworden. In Westfalen ist das Vorkommen des Rothirsches, das in der Vergangenheit starken Schwankungen unterlegen war, bis heute weitgehend das Ergebnis menschlicher Beeinflussung. Ursprünglich war der Rothirsch in den Mittelgebirgsregionen weit verbreitet, ist aber im Laufe der Zeit immer mehr zu einem Bewohner der noch verbliebenen großflächigen Waldgebiete geworden. Oft wurden Hirsche auch in der Nähe herrschaftlicher Wohnsitze in Gehegen gehalten. Historische Flurbezeichnungen wie „Wildpark" oder „Tiergarten" deuten noch heute darauf hin.

Ein Blick auf die Stammesgeschichte der Hirsche zeigt, dass vor etwa 22 bis 25 Millionen Jahren erste geweihtragende und -abwerfende Hirschformen auftraten. Die Entwicklungsgeschichte ging dann zunächst nur sehr langsam weiter, vollzog sich aber nach unserem heutigen Wissen bei der Gattung Cervus im Verlauf der letzten 1 bis 1,5 Mio. Jahre sehr rasch. Im Vergleich zu geologischen Zeiträumen und auch für das Evolutionsgeschehen ist dies eine verhältnismäßig kurze Zeitspanne.

Die meisten Riesenhirsche starben noch während des Pleistozän aus. Nur der **Riesenhirsch** *(Megaceros giganteus)*, der ein bis zu 4 Meter ausladendes Geweih besaß, konnte sich bis zur frühen Wiederbewaldung im Holozän halten. Wahrscheinlich war es sein überdimensioniertes Geweih, was in Verbindung mit Umweltveränderungen ebenfalls zu einem Aussterben führte.

Rothirsche in den Dioramen des Museums

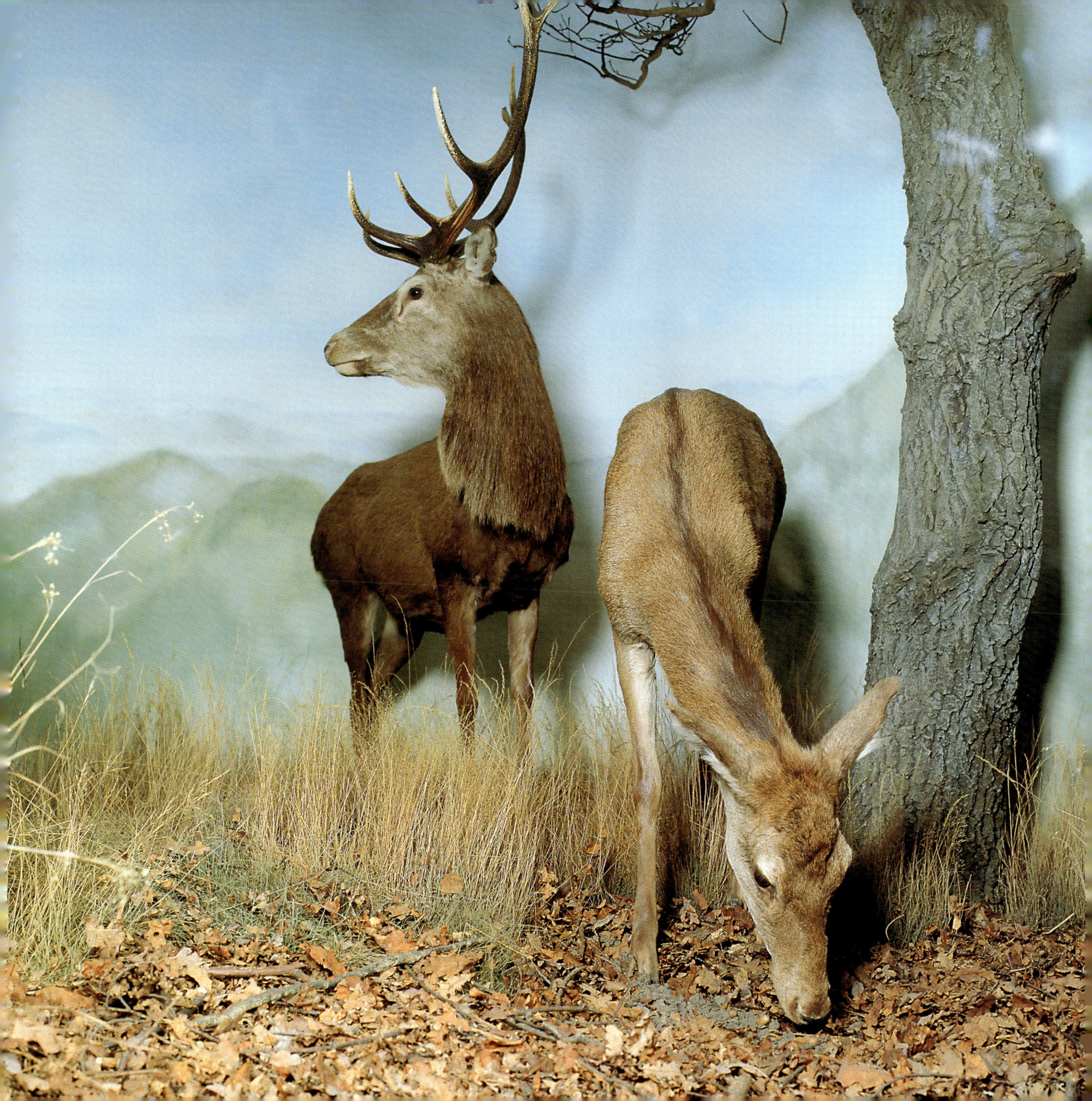

Eine echte Sauerei –
Wildschweine

Jäger mit Sauspieß, die ein von Hunden gestelltes Wildschwein töten (Aus: CRESCENTIIS (1583))

Wildschweine sind in Westfalen eine typische Art der Warmzeit. Mit Beginn der heutigen Warmzeit vor ca. 10.000 Jahren sind sie aus südlichen Gebieten nach Westfalen zurück gewandert. Wie man aus Höhlenfunden im Sauerland weiß, waren sie bereits die Jagdbeute der frühen Menschen. In Vorderasien wurde später aus der Wildform erstmals das Hausschwein gezüchtet.

Das Wildschwein, als typische Tierart der Wälder, gehört zu den verbreiteten, aber durchaus nicht überall häufigen Wildarten Westfalens. Während der Süden und Osten Westfalens relativ dicht besiedelt sind, gibt es im Norden und Süden erhebliche Verbreitungslücken. Vor allem gibt es im Arnsberger Wald, auf den Briloner Höhen, in den Wäldern des Hochsauerlandkreises, im Siegerland und in Wittgenstein die größten Schwarzwildvorkommen. Das Auftreten der Wildschweine unterlag in den letzten Jahrhunderten örtlichen und regionalen Schwankungen, wobei der Bestand im wesentlichen durch die Jagd reguliert wurde.

Nach Meinung des Jagdhistorikers Dr. Ueckermann ist keinem Tier im Laufe der Jahrhunderte so viel Unrecht angetan worden wie dem Schwarzwild, das z.T. bis heute als „Freiwild" angesehen wird. Ückermann berichtet über alte Aufzeichnungen, aus denen hervorgeht, dass man im Mittelalter, bei Parforcejagden, die Sauen in den 3. oder 4. Stock der Schlösser getrieben hat, dann durch die Fenster stieß und die schwer verletzten Tiere am Boden mit viel „Juchhuh und Geschrei" mittels Saufeder tötete.

Wildschweine bevorzugen als Lebensraum vor allem ausgedehnte Buchen- und Eichenwälder. Weiterhin gelten sumpfige und morastige Stellen sowie kleine Tümpel als typische Aufenthaltsorte der Tiere. Bei der Nahrungssuche wechseln sie aber gerne auch in waldnahe Felder. Als typischer Allesfresser können sie dann sowohl in Getreide wie Hackfruchtäckern erhebliche Schäden anrichten. Bei der Nahrungssuche durchwühlen die Wildschweine mit ihrer langgestreckten Schnauze den Boden. Im Wald sind sie nützlich, da sie so den Boden lockern. Auf landwirtschaftlichen Flächen können sie allerdings erheblichen Schaden anrichten.

Die scheinbar auffällige Zeichnung der jungen Tiere ist aus größerer Entfernung eine gute Tarnung im Licht- und Schattenspiel des Waldes.

Wildschweine in den Dioramen des Museums

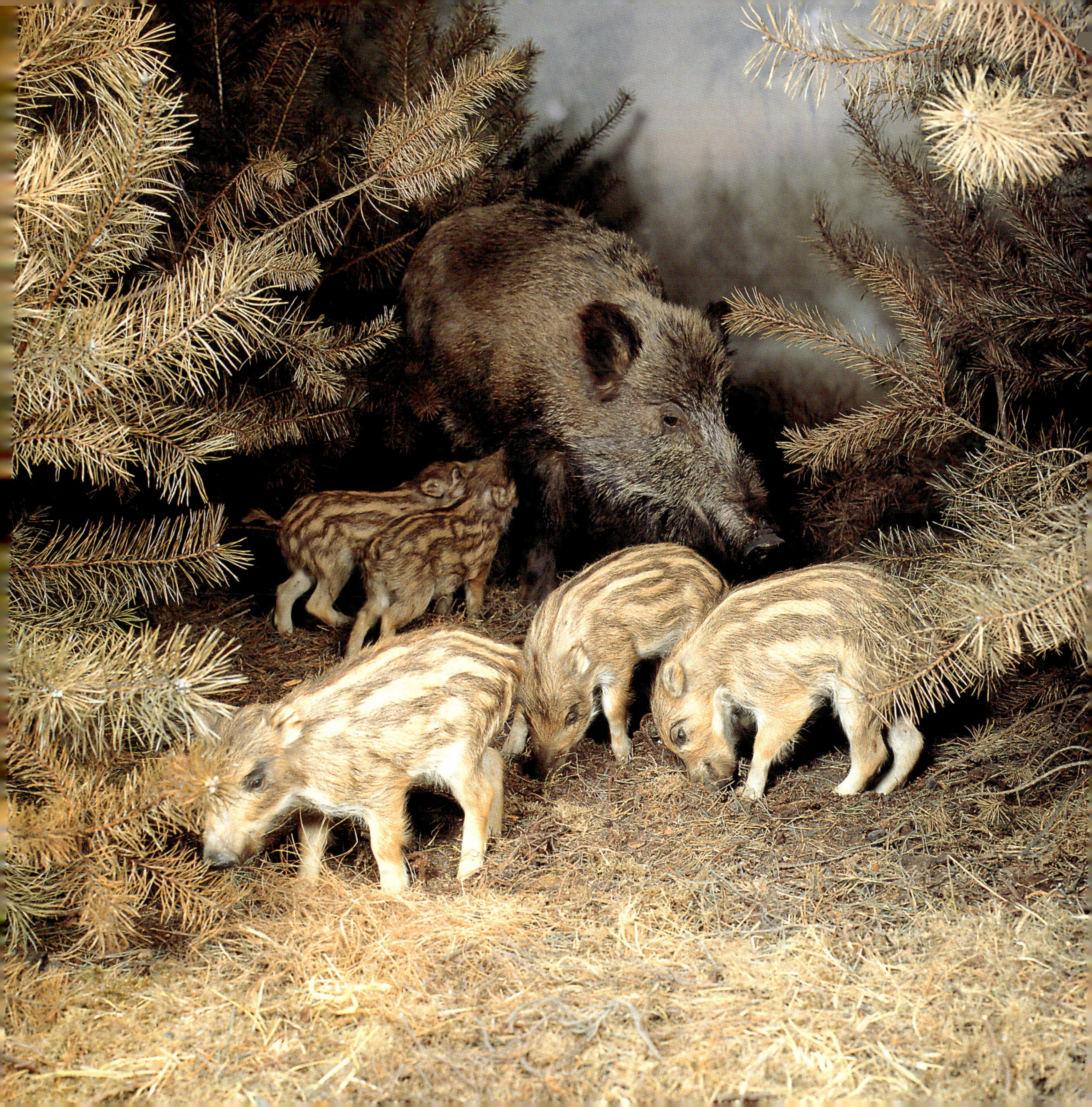

Richtig ausgefuchst –
Füchse

Füchse sind bei uns seit etwa 100.000 Jahren nachgewiesen. Sie sind sehr anpassungsfähig, leben meist in Wäldern und kommen sogar, wegen ihrer nächtlich Lebensweise und Vorsicht meist unbemerkt in den Städten vor. So findet sich der **Rotfuchs** *(Vulpes vulpes)* überall in Westfalen, sofern er genügend Nahrung findet. Seine Baue findet man im allgemeinen an besonders trockenen Standorten sowohl in geschlossenen Wäldern wie auch reich gegliederten (Park-)Landschaften. Manchmal werden von den Füchsen vorhandene Kaninchenröhren erweitert. Außer dem Menschen hat der Fuchs hierzulande keine Feinde. Das Nahrungsspektrum des Fuchses ist sehr weit, wobei vor allem Mäuse, aber auch Hasen und Kaninchen sowie Stockenten, Fasane, Elstern und Krähen zum „Speisezettel" gehören. In den Gebieten, wo der Fuchs ungestört leben kann (z. B. auf dem Truppenübungsplatz der Senne), ist er tagaktiv. Die Verlegung der Hauptaktivität in die Dämmerung bzw. in die Nacht scheint mit dem starken Verfolgungsdruck durch den Menschen zusammenzuhängen. Junge Füchse halten sich bis zu einem Alter von etwa 2 Monaten in und am Bau auf.

Seit dem Jahr 1939 gibt es in Europa die Tollwut. Bei der als „silvatische Verlaufform" bezeichneten Krankheit werden vor allem Wildtiere befallen. Der Fuchs ist dabei der Hauptüberträger der Krankheit. In Westfalen-Lippe hat sich die Tollwut seit ihrem ersten Auftreten im Jahr 1953 in den Altkreisen Höxter, Warburg und Lübbecke weiter nach Westen ausgebreitet. Die Bestände des Rotfuchses versuchte man dabei mit mehr oder weniger gutem Erfolg durch sog. Baubegasungen soweit auszudünnen, dass bei einem Stammbesatz (fortpflanzungsfähige Füchse im Frühjahr) von 2 – 3 Tieren pro 10 km^2 die Tollwutseuche zum Erliegen kam.

Der ortstreue Baumeister – Dachs

Auch der Dachs lebte im Eiszeitalter bereits in Westfalen und kommt heute überall in der Region vor. Die Art ist dabei sehr ortstreu. Dachse bewohnen weitverzweigte unterirdische Baue, die mehrere „Wohneinheiten" aufweisen können. Es wird berichtet, dass einige Baue über mehrere 100 Jahre von einer Dachsfamilie und ihren Nachkommen bewohnt werden. Zum Teil sollen sogar mehrere Familien in einem Bau leben und auch Kaninchen und Füchse als „Untermieter" akzeptieren. Dachsbauten kann man übrigens durch großen Erdauswurf vor dem Eingang von einem Fuchsbau unterscheiden. In Westfalen hat der Dachs heute keine natürlichen Feinde mehr.

Der Dachs ernährt sich oft von Regenwürmern, Insekten und deren Larven, die er teils durch grabende Tätigkeit erbeutet. Es stehen aber auch Mäuse, Kröten und Käfer auf dem Speisezettel. Im Herbst kommen noch Früchte und Beeren aller Art sowie Eicheln und Kastanien dazu.

Das Dachsfell ist langhaarig. Besonders die Schwanzhaare sind deshalb zur Herstellung von weichen Bürsten und Pinsel begehrt.

Füchse in den Dioramen des Museums

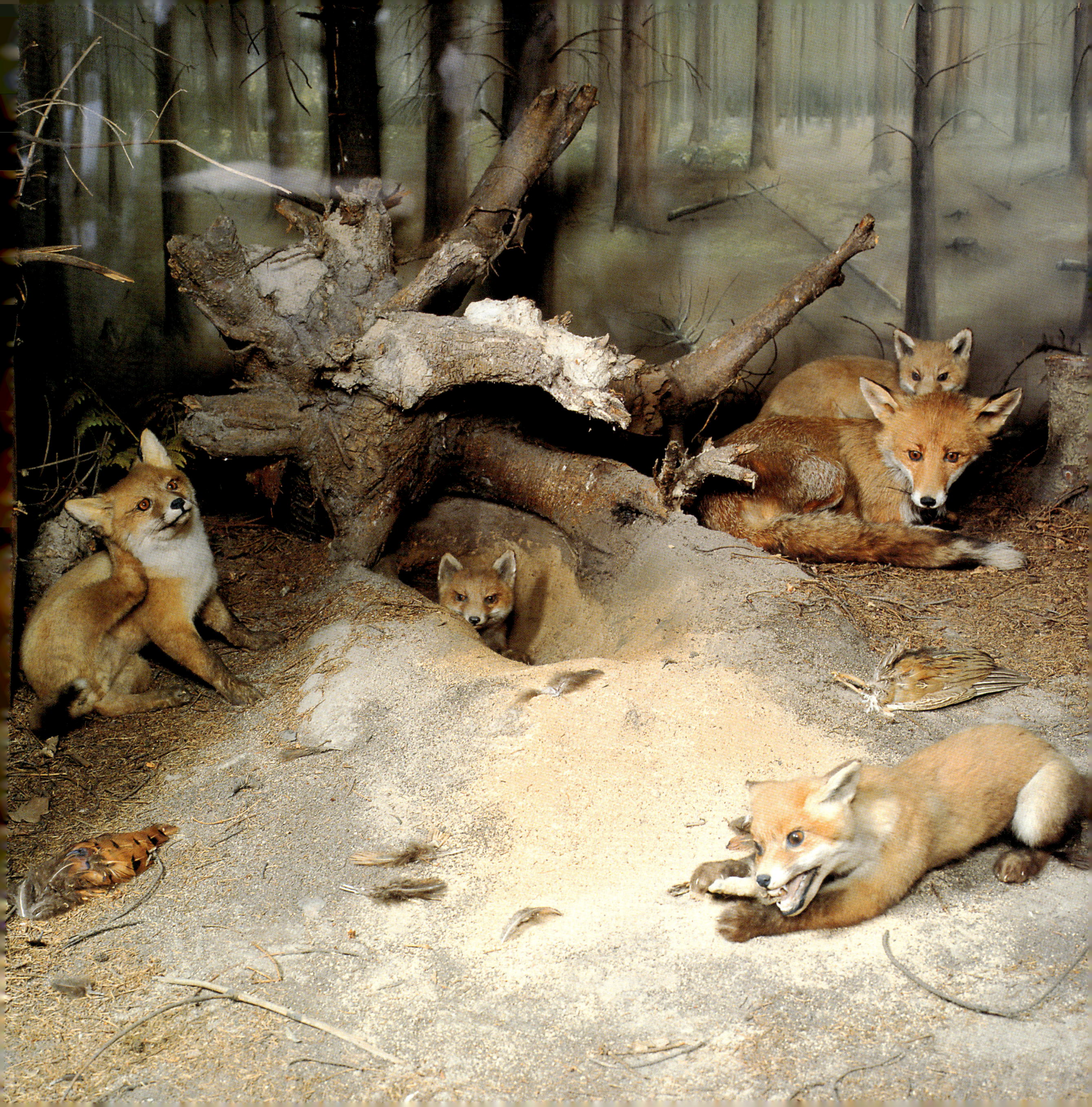

(K)ein Schäferstündchen –
Mufflons

Mufflons *(Ovis ammon L.)* sind Neubürger in Westfalen. Ursprünglich war diese Wildschafart auf den Mittelmeerinseln Korsika und Sardinien beheimatet. Als jagdbares Wild wurden Mufflons in den letzten zwei Jahrhunderten in Europa an verschiedenen Stellen ausgesetzt. Nach KÖNIG (1984) ist die erste Einbürgerung auf dem Festland durch den Grafen Forgach in der Slowakei vorgenommen worden. In den Jahren 1868 und 1869 wurden auf seinem Gutsbetrieb Ghymes drei Widderlämmer und sieben Schaflämmer in einem Gatter untergebracht. Die Tiere waren aus den zoologischen Gärten in Frankfurt und Brüssel bezogen worden. Im Jahr 1883 wurden die Wildschafe und ihre Nachkommen nach Öffnung des Gatters in die freie Wildbahn entlassen. Das Muffelwild verbreitete sich entlang des Neutra-Flusses und im Neutra-Gebirge der Slowakei. Von diesen geographischen Gegebenheiten ist die heutige Bezeichnung „Neutra-Stamm" für Wildschafe aus diesem Gebiet abzuleiten. Muffelwild des Neutra-Stammes baut in Westfalen mehrere Populationen auf. In Westfalen gibt es mehrere Hauptvorkommen, wobei Mufflons bis auf wenige Ausnahmen (z. B. im Raum Dortmund) nur in den waldreichen und höher gelegenen Gebieten der südlichen und östlichen Landesteile anzutreffen sind. Männliche und weibliche Tiere unterscheiden sich deutlich. Die Männchen besitzen geschwungene Hörner, sogenannte Schnecken. Die Weibchen haben keine oder nur sehr kleine Hörner. Von einer den Mufflons nahe verwandten Art aus Asien stammt übrigens unser Hausschaf ab.

Immer auf dem Sprung –
Rehe als Gewinner in der Kulturlandschaft

Das Reh war bereits in den vorangegangenen Warmzeiten mit den verwandten Arten Riesenhirsch, Elch und Rothirsch in Westfalen weit verbreitet. Heute ist es unsere häufigste Hirschart. Im Sommer leben Rehe meist allein oder in Mutter-Kind-Verbänden, im Winter schließen sich mehrere Tiere zu einem „Sprung" zusammen. Das Fell ist im Sommer kupferrot und im Winter graubraun. Einzelne Tiere sind aber auch dunkler gefärbt.

„*Den Rehen ging's noch nie so gut wie heute*" – so oder so ähnlich wird es derzeit in vielen Publikationen behauptet. Richtig ist, dass es z.B. vor gut 100 Jahren vergleichsweise wenige Rehe gab. Allein im heutigen Straßenverkehr werden mit derzeit mehr als 100.000 Tieren mehr Rehe „erlegt", als es früher in ganz Deutschland gegeben hat. Dies bedeutet, dass das Rehwild nach dem 2. Weltkrieg zu einer häufigen Art der Agrarlandschaft geworden ist. Einerseits wurde es durch besondere jagdliche Hege, andererseits durch eine deutliche Verbesserung der Nährstoffsituation in der Feldflur, wo Rehe auf Äckern und Grünlandflächen Nahrung aufnehmen, gefördert. Aufgrund vergleichsweise hoher Düngergaben stehen dem Rehwild Äsungsflächen, die in ihrer stickstoffbedingten Nahrungszusammensetzung um ein vielfaches reichhaltiger sind als früher, zur Verfügung. Zusammen mit der Winterfütterung und einem veränderten Jagdverhalten sind hierdurch ihre Überlebenschancen deutlich gestiegen, so dass die Rehe gebietsweise für die Gehölzverjüngung im Wald sogar zu einem großen Problem geworden sind.

Mufflons in den Dioramen des Museums

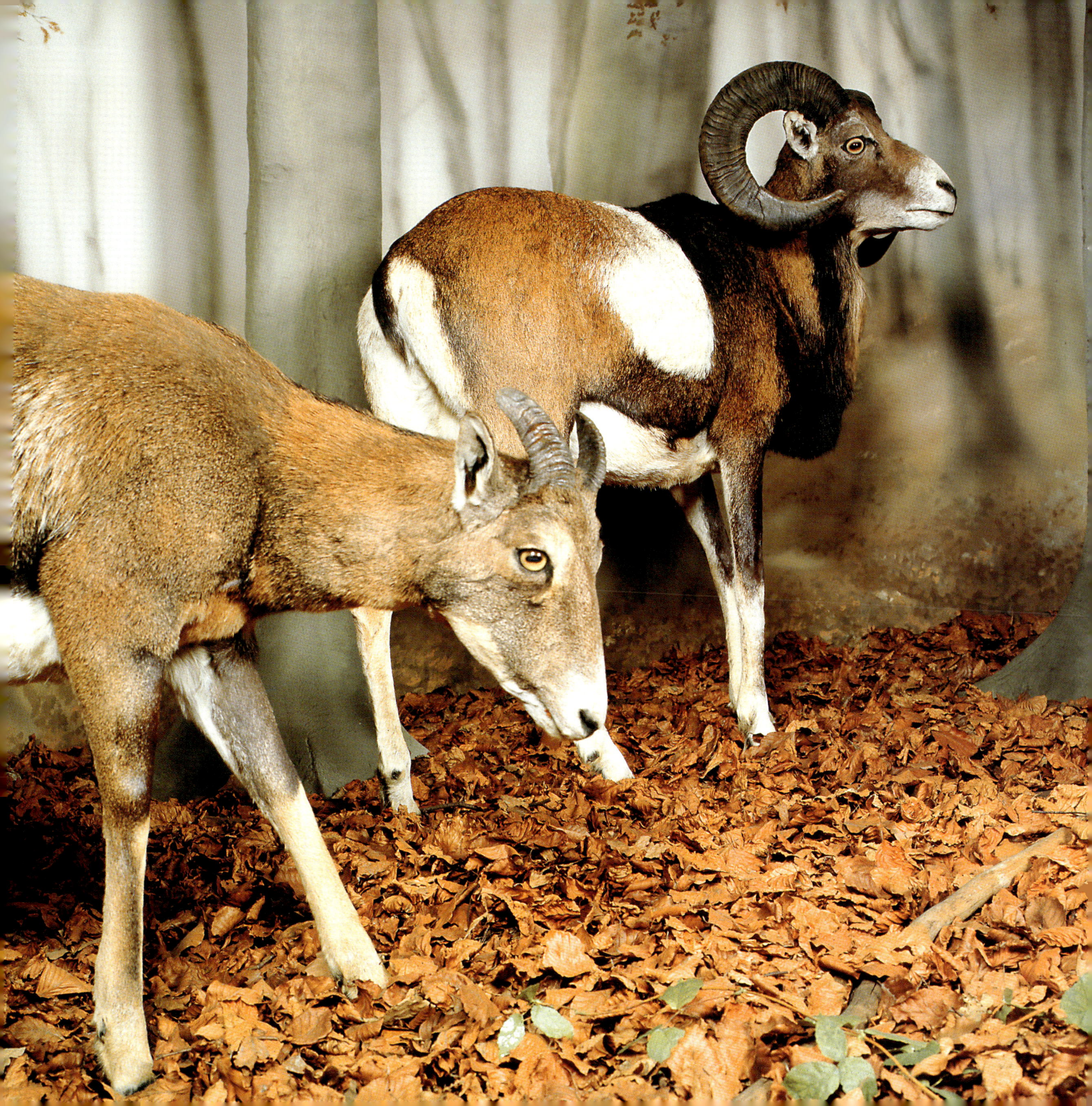

Warum kommen die Ostereier vom Osterhasen? –
Feldhasen

Hasen legen natürliche keine Eier! Es gibt verschiedene Erklärungen, wie dieser Osterbrauch entstanden sein könnte. Eine besagt, dass der Hase ein Symbol der Auferstehung geworden ist, weil er keine Augenlider besitzt und deshalb nie zu schlafen scheint.

Der **Feldhase** *(Lepus europaeus L.)* ist eine typische Art offener, waldarmer Landschaften. In größere geschlossene Waldgebiete dringt er so gut wie gar nicht vor. Getreidefelder und Mähwiesen werden dagegen sehr gerne aufgesucht. Hasen legen im Gegensatz zu Kaninchen keine unterirdischen Baue an. Sie leben meist einzeln. Während der Paarungszeit kann es zwischen den Männchen zu heftigen Raufereien kommen. Dabei stellen sich die Männchen aufrecht gegenüber und schlagen mit den Vorderpfoten wie bei einem Boxkampf aufeinander ein.

Hasen leben seit langer Zeit bei uns. Bereits in den Warmzeiten zwischen den einzelnen Eiszeiten lebten sie zusammen mit anderen Wildtierarten wie Mammut, Waldelefant, Wollnashorn, Auerochse, Wisent, Wildpferd, Moschusochse, Rotwild, Riesenhirsch, Elch, Rentier, Damwild, Rehwild, Wildschwein, Saigaantilope, Steinbock, Braunbär, Höhlenbären, Gämse, Biber, Schneehasen, Höhlenlöwen, Höhlenbär, Braunbär, Hyäne, Wolf, Luchs, Fuchs, Eisfuchs, Dachs und Wildkatze bei uns. Besonders viele dieser Tierarten wurden aus der Zeit der letzten beginnenden Vereisung z.B. aus dem Emschertal im nördlichen Bereich des heutigen Ruhrgebietes nachgewiesen.

Hasen waren regelmäßig ein Bestandteil menschlicher Ernährung und wurden daher schon immer mit unterschiedlichen Methoden bejagt. Eine Methode war die Beizjagd, die vor allem durch den Fürstbischof Clemens August, der von 1723 bis 1761 regierte, in der Region eingeführt wurde. Bei der Beizjagd wird mit gezähmten und abgerichteten Greifvögeln wie z. B. Habichten und Falken, aber auch mit Adlern gejagt. Hasen wurden in aller Regel mit Habichten erlegt. Die Falknerei war in landesherrlicher Zeit nicht nur auf den Landesherren beschränkt. In Westfalen war es u.a. auch Reichsgraf Alexander II. von Velen, der Erbauer von Schloß Raesfeld, der in der ersten Hälfte des 17. Jahrhunderts einen eigenen „Falconier" beschäftigte.

> *Ein Hase sitzt auf einer Wiese*
> *Des Glaubens, niemand sähe diese.*
> *Doch im Besitze eines Zeisses,*
> *Betrachtet voll gehaltnen Fleißes*
> *Vom vis-à-vis gelegenen Berg*
> *Ein Mensch den kleinen Löffelzwerg.*
> *Ihn aber blickt hinwiederum*
> *Ein Gott von fern an, mild und stumm.*
>
> Christian Morgenstern

Die „Mooshasen" der münsterländer Bauern

Hasen wurden auch gerne von den „einfachen Leuten" gefangen, obwohl dies als Wilddieberei verboten war. Ein Wilddieb wurde zwar bestraft, doch das Vergehen musste eindeutig nachgewiesen werden. Da die Menschen auf dem Lande durchweg gewitzt waren, war dies nicht leicht. So setzte man z. B. im Münsterland den Polizeiverordnungen gegen Wilddieberei ein einfaches, aber überzeugendes Gesetz entgegen: *„Den läwen Härn hew de Hasen för alle gemakt"* – der liebe Gott hat den Hasen für alle erschaffen. Vor allem im Winter, wenn die Zeit der „Mooshasen" gekommen war, wendete man dieses „Gesetz" an. Mooshasen begegnete man meist in hellen Mondnächten, wenn das „Moos", der Grünkohl im Garten „in Blüte stand". Wenn sich dann ein Hase an den Grünkohl im Garten machte, setzte der Bauer *„seinen eigenen, stark ausgeprägten Eigentumsbegriff dem entgegen, um diesen Wildschaden nicht zuzulassen."* Den Eigentumsbegriff beschränkte man nicht auf das „Moos", sondern erweiterte ihn im Verlauf der Handlung insbesondere auf den Hasen selbst, dem man habhaft werden wollte. So holte man entweder den „Püster" hervor, oder noch häufiger verbreitet war das Fangen der „Mooshasen" mit einer Schlinge. War niemand in der Nähe, der dies beobachtet hatte, so wanderte der Hase *„zur Strafe in'n Pott"*.

„Boxende" Hasen

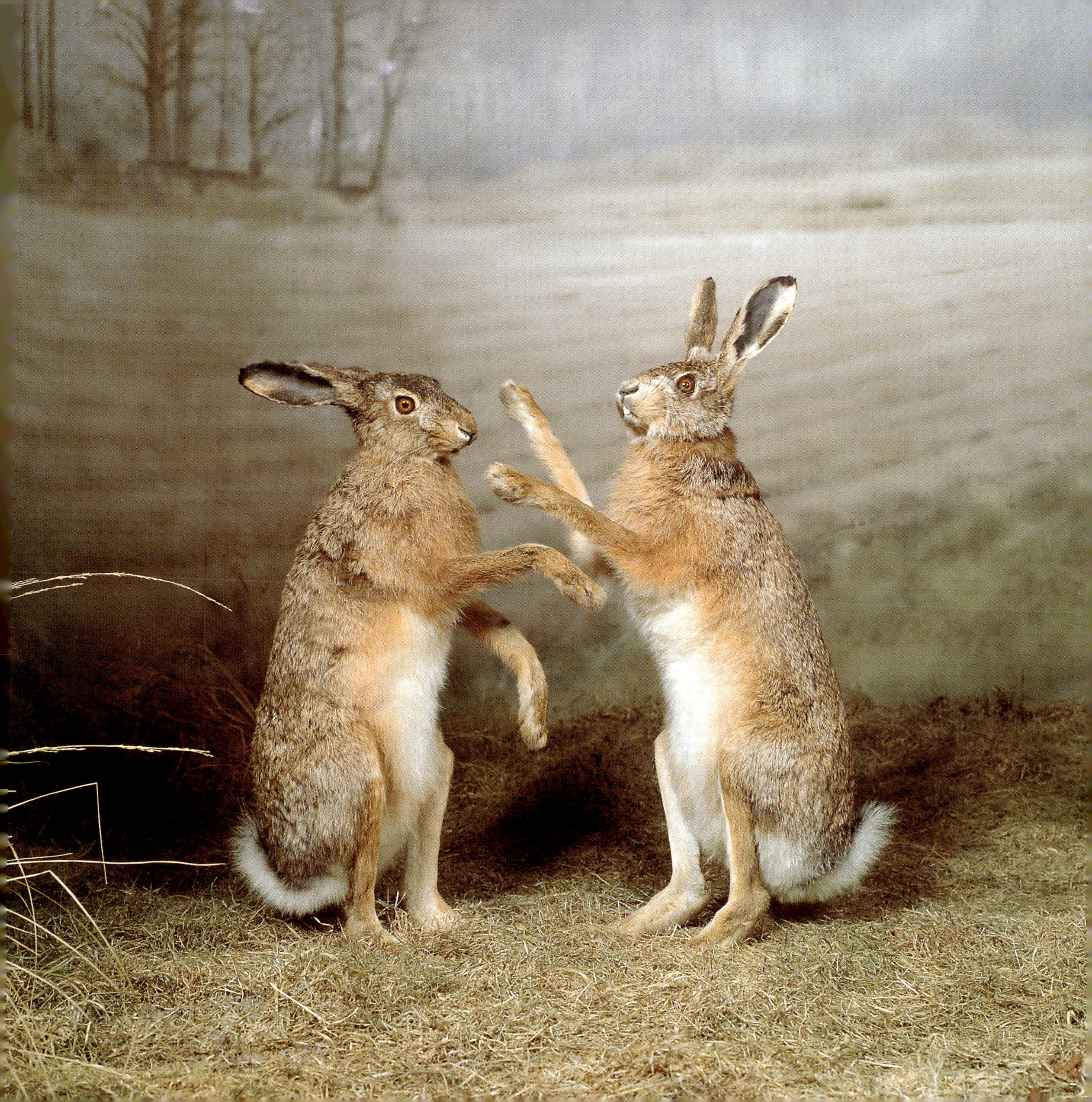

Neophyten –
Geliebte und ungeliebte Neuankömmlinge aus fernen Ländern

Neophyten sind Pflanzen, die nach 1500, also in der Neuzeit bei uns eingewandert sind. Mehr als 250 dieser Neubürger aus aller Herren Länder gelten heute als fester Bestandteil unserer Flora. Fast jede Art hat dabei ihre eigene Reisegeschichte, doch nur bei wenigen vollzieht sich die Einbürgerung so spektakulär wie bei der **Herkulesstaude** *(Heracleum mantegazianum)*, deren Pflanzensaft in Verbindung mit Licht zu schweren Hautverbrennungen führen kann.

Viele Pflanzenarten kamen als „blinde Passagiere" im Zuge des Überseehandels, andere waren ihres Daseins als Zierpflanzen überdrüssig und entwichen aus Botanischen Gärten oder Vorgärten. Ihre Samen hefteten sich an Autoreifen oder wurden durch Gartenabfälle verbreitet, kurzum – viele Wege führten in die Freiheit. Neophyten besiedeln gerne Bahnlinien, Wegränder oder die Ufer von Fließgewässern – fast durchweg Standorte, die der Mensch geschaffen oder stark verändert hat. Dort können sie sich auch auf Kosten der einheimischen Vegetation stark ausbreiten, und besonders dieser Mangel an Dankbarkeit gegenüber ihren Gastgebern hat den Neophyten nicht nur Freunde eingebracht.

Es sind eigentlich nur wenige Arten, die das negative Image der Neophyten bestimmen. Zu ihnen zählen neben dem aus dem Kaukasusgebiet stammenden Riesen-Bärenklau vor allem die Goldruten *(Solidago canadensis* und *S. gigantea,* Heimat Nordamerika), das Drüsige Springkraut *(Impatiens glandulifera,* Himalaya-Gebiet), der Japanische Staudenknöterich *(Reynoutria japonica)* oder die spätblühende Traubenkirsche *(Prunus serotina,* Nordamerika). Gemeinsam ist vielen Arten, dass sie sich bei ihrer Vermehrung nicht nur auf die umständliche Prozedur mit Blütenpollen, Fruchtknoten, Bienen etc. beschränken. Einigen Neophyten reicht es schon zur Arterhaltung, wenn ein abgebrochenes Stück Stängel oder Wurzel, das ins Wasser fällt, flussabwärts wieder angeschwemmt wird. Diese Doppelstrategie macht eine Bekämpfung der Art sehr schwierig. Aber ist dies überhaupt notwendig?

Neben ihrem Image als Unterdrücker der heimischen Vegetation haftet Neophyten vor allem das Vorurteil an, sie böten der an die heimischen Pflanzen angepassten Tierwelt keine Nahrung. Neuere Untersuchungen haben belegt, dass dies zumindest nicht verallgemeinert werden kann. Ein Neophyt wie das Kleinblütige Springkraut *(Impatiens parviflora)* kann durchaus ebenso vielen Tierarten als Nahrung dienen wie das heimische Großblütige Springkraut *(Impatiens noli-tangere)*. Gefährlich werden Neophyten dann, wenn beispielsweise Naturschutzgebiete mit seltenen Lebensgemeinschaften bedroht werden. Hier können gezielt Bekämpfungsaktionen gerechtfertigt sein, wobei immer das Risiko besteht, dass der entstandene Schaden größer ist als der vermeindliche Nutzen.

An die meisten Neophyten wird man sich gewöhnen müssen. Dass dies möglich ist, zeugen uns die Vertreter der Archäophyten, also der Pflanzen, die bereits vor 1500 zu uns gekommen sind. Zu ihnen gehören neben Klatschmohn, Kornblumen und Kamille eine große Zahl weiterer Arten, die heute kaum jemand missen möchte.

(Thomas Starkmann)

Einwanderer aus Jahrtausenden – Kornblume, Klatschmohn, Goldrute und Springkraut sind (fremde) Pflanzenarten, die im Laufe der Zeit nach Westfalen eingewandert sind

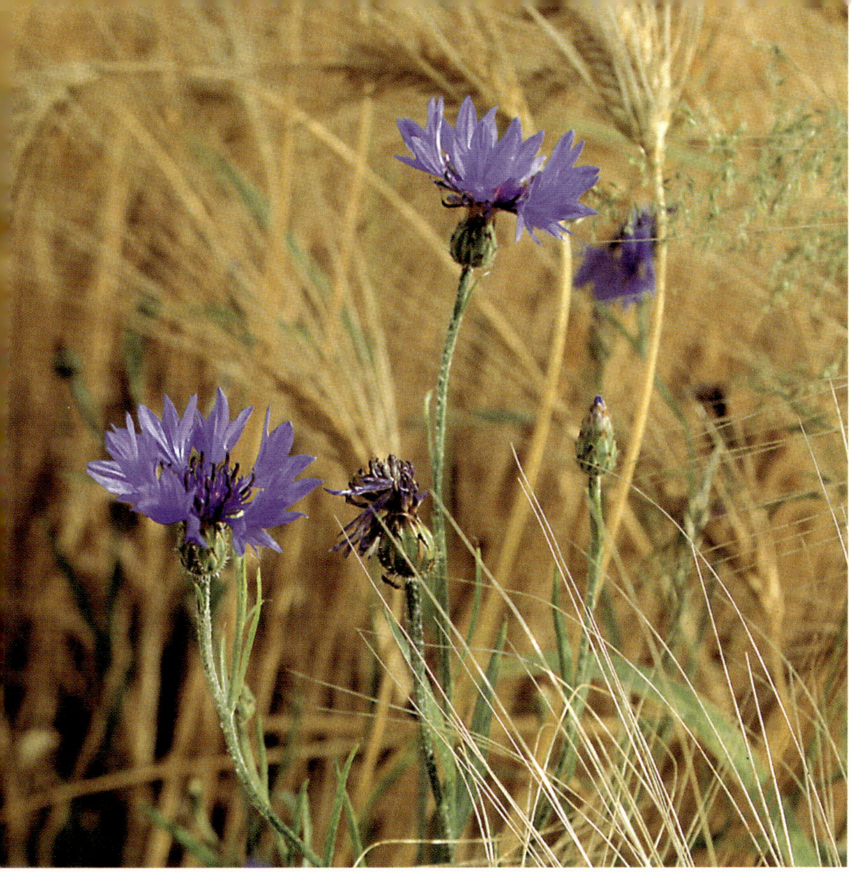
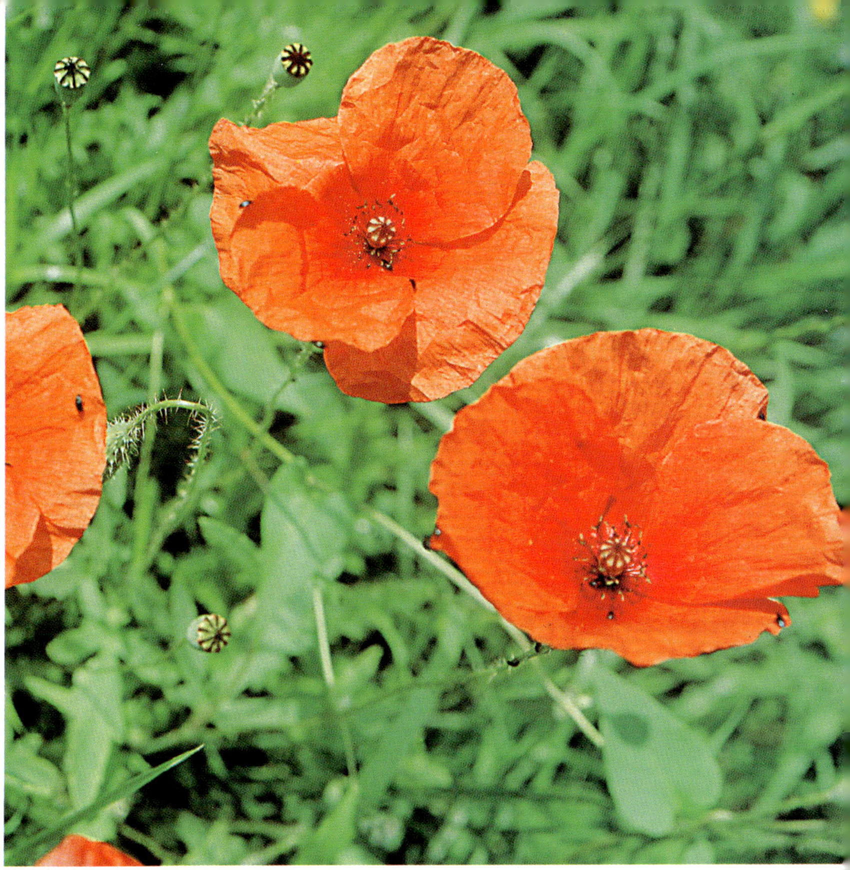
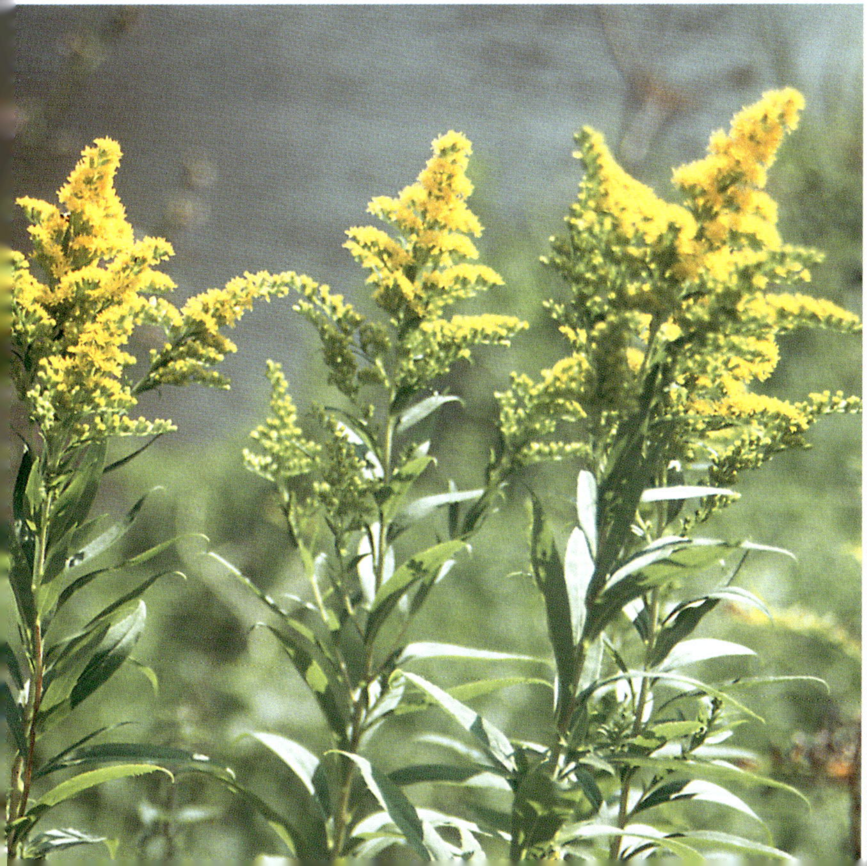
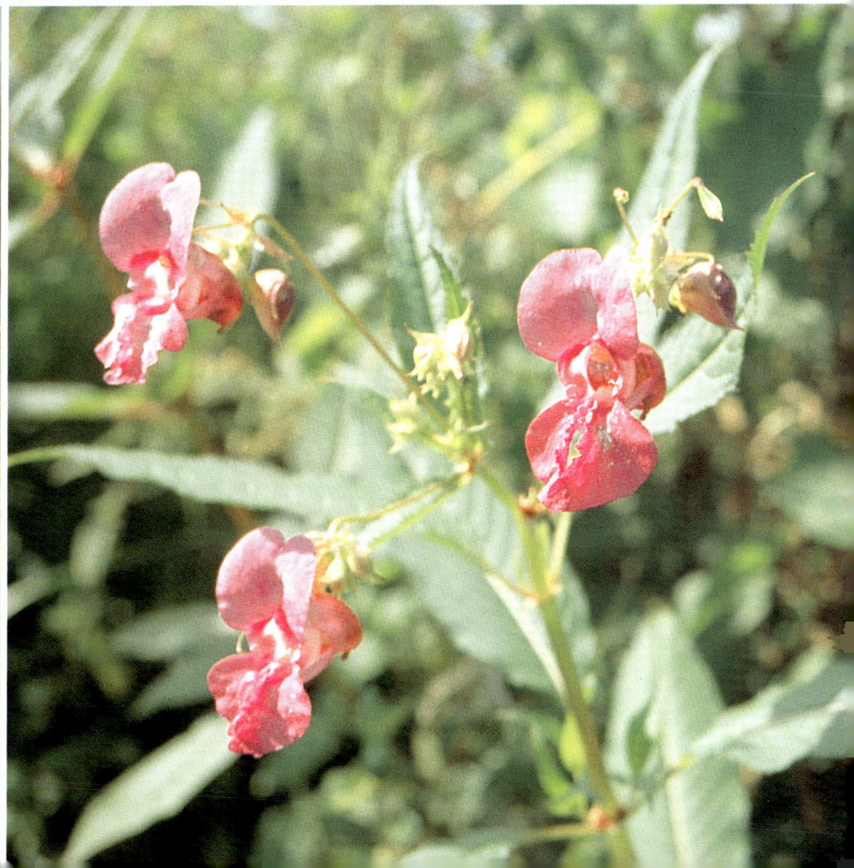

Der Bisam –
Wie aus einem willkommenen Neubürger ein gehasster Schädling wurde

Die ersten **Bisame** *(Ondathra zibethicus)* in Europa wurden im Jahr 1905 bei Prag ausgesetzt. Ziel war es, die Bestände an jagdbarem Wild zu vergrößern. Gleichzeitig wollte man damit das Jagdvergnügen steigern. Die Ausbreitung dieser fünf ersten Tiere und weiterer ausgesetzter Tiere in Finnland und der Sowjetunion, lässt sich zumindest für Westfalen relativ gut rekonstruieren, denn ihre Nachkommen breiteten sich schnell über weite Gebiete Mitteleuropas aus.

Die westfälische Grenze wurde im Jahr 1960 im Raum Höxter erreicht. Ein weiteres Vordringen erfolgte ab 1963 von Nordhessen aus in die Kreise Brilon und Wittgenstein sowie seit 1965 vom Unterlauf der Sieg her in den Kreis Siegen. Bereits 1967 war das gesamte Südwestfälische Bergland und seit 1970 ganz Westfalen besiedelt. Schon früh setzte eine mit hohem Aufwand betriebene Verfolgung der Bisamratte ein, die jedoch aufgrund der ungewöhnlich hohen Anpassungsfähigkeit keinen Erfolg hatte. Nur in Großbritannien gelang es, den Bisam wieder auszurotten. Bisamratten können aufgrund ihrer Grabtätigkeit insbesondere im Uferbereich erhebliche Schäden verursachen, weshalb sie als Schädlinge bezeichnet werden.

Eigentlich ist der Bisam eine Wühlmaus. Sein Beiname „Ratte" ist daher zoologisch nicht korrekt. Statt einer öffentlich finanzierten Bekämpfung wäre auch eine wirtschaftliche Nutzung denkbar, da sein Fleisch wohlschmeckend ist. Seine Einstufung als „Schädling" und sein Beiname „Ratte" haben aber in Westfalen eine wirtschaftliche Nutzung bisher noch nicht möglich gemacht. In den benachbarten Niederlanden wird dagegen der Bisam auch als „Wasserkaninchen" bezeichnet, was schon allein ausreicht ihn positiver darzustellen.

Nutria, Mink und Marderhund – Heimisch gewordene Neubürger

Als Pelztiere in Zuchtfarmen gehalten entkamen Nutria, Mink und Marderhund in den letzten Jahrzehnten immer wieder und gliederten sich in die heimische Fauna ein. Während der **Nutria** *(Myocastor copius)* aus Südamerika stammt und der Marderhund *(Nyctereutes procynoides)* aus dem fernen Osten Asiens kommt, stammt der **Mink** *(Mustela vison)* ebenso wie der Bisam und der Waschbär aus Nordamerika. Bei Nutria, Mink und Marderhund hat es längere Zeit gedauert, bis sich überlebensfähige Populationen im Freiland gebildet hatten. Inzwischen haben die Nutria und auch der Bisam Lücken innerhalb der Säugetierwelt aufgefüllt, die wie bei diesen beiden Arten zwischen der deutlich kleineren Schermaus und dem deutlich größeren Biber liegen. Der Mink, der auch als Amerikanischer Nerz bezeichnet wird, hat in seinem Lebensraum dabei den schon vorher weitgehend ausgerotteten Europäischen Nerz ersetzt, dem er auch zum Verwechseln ähnlich sieht. In Westfalen tauchte der Mink erstmals im Jahr 1966 bei Siegen auf. Seit 1974 wird er auch regelmäßig im Münsterland nachgewiesen. Die genannten „neuen" Säugetierarten sind nicht grundsätzlich als gefährlich oder schädlich für unsere Fauna anzusehen. Daher gibt es auch keinen Grund, die Tiere wieder auszurotten, was auch in der Praxis für Mitteleuropa nicht mehr möglich sein dürfte.

Bisam und Nutria zwei Neubürger in Westfalen

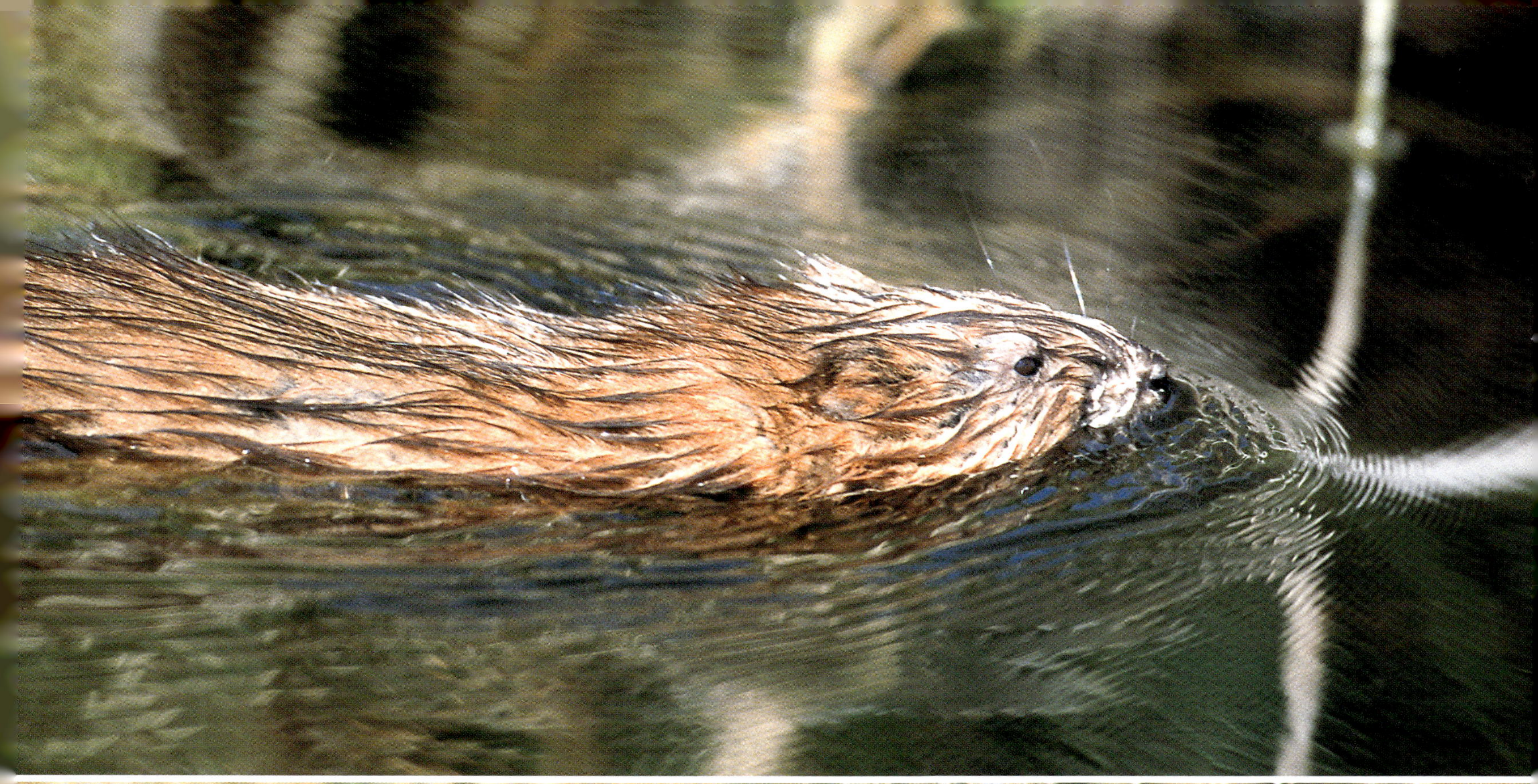

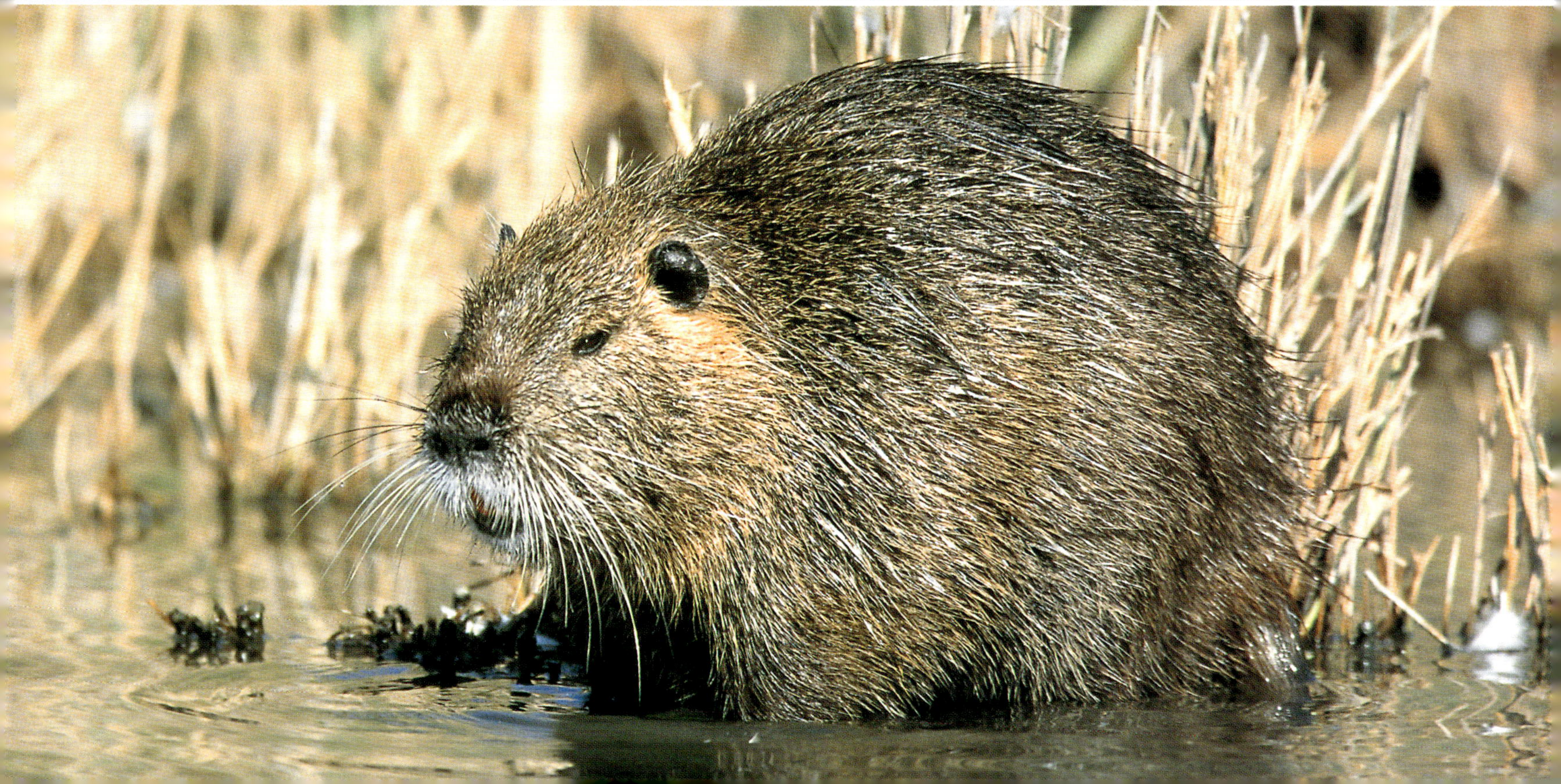

Amerikaner in Westfalen –
Waschbären

Waschbären kommen heute verbreitet in den Waldlandschaften Westfalens vor. Dabei ist das süd- und ostwestfälische Bergland weitgehend geschlossen besiedelt. Die heute in Deutschland frei lebenden Waschbärpopulationen gehen auf entwichene und ausgesetzte Tiere zurück. Diese Tiere waren ursprünglich aus Nordamerika eingeführt worden. In dem Namen Waschbär kommt nicht etwa eine besondere Reinlichkeit zum Ausdruck, sondern er beschreibt eine Verhaltensweise bei der Nahrungssuche: Mit seinen Vorderpfoten dreht er im Wasser liegende Steine und sammelt Kleintiere von der Unterseite ab. Dies erscheint wie ein Waschen und brachte ihm so diesen Namen ein.

Die dauerhafte Besiedlung von Westfalen begann im Jahr 1945, nachdem in Hessen einige Tiere von Jägern ausgesetzt worden waren. Die heimliche Lebensweise macht zwar detaillierte Angaben sowohl über die Verbreitungswege als auch die Bestandsgrößen schwierig, aber inzwischen hat sich der Raccoon – so der amerikanische Name – über die ganze Region ausgebreitet. Da erst 1977 der Waschbär in Nordrhein-Westfalen zum jagdbaren Wild erklärt wurde, sind die in den Jagdausweisungen enthaltenen Zahlen für die Ausbreitungsgeschichte kaum verwertbar.

Waschbären sind in der Regel nachtaktiv. Als Tagesaufenthaltsplätze benutzt der Waschbär Hohlräume aller Art (so z. B. Fuchsbaue, Holz- und Reisighaufen, hohle Bäume, Hochsitze, Schuppen und Scheunen, Stollen oder Kanalisationsröhren. Erwachsene Waschbären haben in Westfalen so gut wie keine natürlichen Feinde. Dezimiert wird die Art meist nur durch Fang, Abschuss oder durch Unfälle im Straßenverkehr. Gelegentlich erkranken die Tiere auch an Tollwut, tragen aber selbst nicht zur weiteren Verbreitung der Krankheit bei. Der Waschbär gilt als Allesfresser, was ausführliche Untersuchungen von Magen- und Darminhalten bestätigt haben.

Karte der Einwanderung des Waschbären in Westfalen mit Jahren der Erstnachweise. Die gestrichelten Linien geben für 1960 und 1968 die Grenze des Vordringens an. (aus: Die Säugetiere Westfalens, S. 280)

Waschbär in den Dioramen des Museums

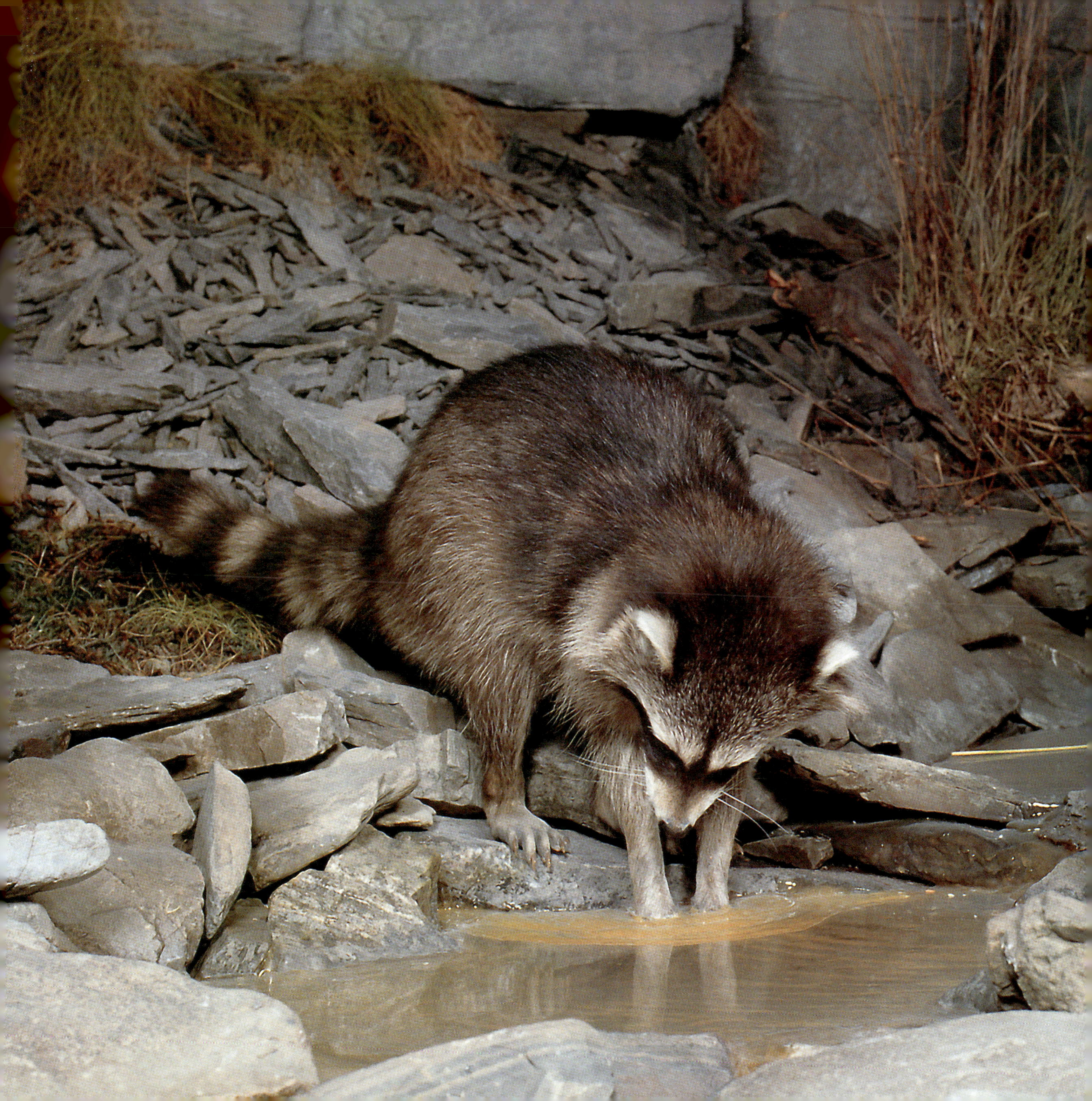

Durchstarter –
Fasane in der Agrarlandschaft

Der Fasan wurde von den Römern, die die Fasanenzucht und -haltung sehr gut beherrschten, in das Rheinland gebracht. Als Luxusvogel und als Leckerbissen wurde er zunächst nur in Volièren gehalten. Mit gleicher Zielrichtung hielten später die Klöster und Fürstenhöfe Fasane. Sichere Hinweise bezüglich des Vorkommens freilebender Fasane in unserem Raum gibt es erst für das 12. und 13. Jahrhundert. Vermutlich ausgehend vom Rheinland wurden auch in Westfalen Fasane verbreitet. Allmählich hat der Fasan, der ursprünglich Brutvogel in den Trockengebieten Asiens, d.h. von Kleinasien bis nach Japan hin war, viele Teile Mitteleuropas „erobert". Ältere Angaben zu diesen Vögeln beziehen sich vor allem auf Tiere, die in Fasanerien erbrütet und dann freigelassen wurden. Zahlreiche Bestände, die heute in der Feldflur anzutreffen sind, können sich heute aber selbst erhalten. Dennoch werden die Fasanenbestände durch jägerische Hegemaßnahmen oft künstlich in der Höhe gehalten, um sie für Jäger noch interessant zu gestalten.

Bei uns ist der Fasan als häufigster Großvogel der Feldmark vor allem in den Niederungsgebieten verbreitet. In höher gelegenen Gebieten müssen bei ungünstiger Witterung ständig Fasane im Sommer neu ausgesetzt werden, um sie dann im Herbst bei der Jagd zusammen mit anderem Niederwild schießen zu können.

Die Nester der Fasane liegen gut versteckt am Boden. Nach etwa 23 Tagen sind die Eier ausgebrütet. Sobald die Jungen trocken sind, verlassen sie als sogenannte Nestflüchter den Brutplatz. Die Jungen sind bereits mit 10 bis 12 Tagen flugfähig, bleiben aber danach noch fast 2½ Monate bei der Mutter.

Die Nahrung der Fasane ist sehr vielseitig. Überwiegend werden Kleintiere und Sämereien bis hin zur Größe von Eicheln und Beeren gefressen.

Für den Fasan scheint, ebenso wie für andere Tiere der Feldflur, der Höhepunkt der Bestandsentwicklung überschritten zu sein. Die Strukturverarmung in der Agrarlandschaft macht ihm ähnlich wie seinen einheimischen Artgenossen sehr zu schaffen. Hinzu kommt, dass sein Verhalten seinem ursprünglichen Lebensraum in den Trockengebieten Asiens entspricht und er sich trotz lange zurückreichender Einbürgerungsversuche noch nicht an die mitteleuropäische Agrarlandschaft angepasst hat.

Fasan an der Nieheimer Flechthecke in der Ausstellung

Agrarlandschaft östlich Havixbeck (Kreis Coesfeld)

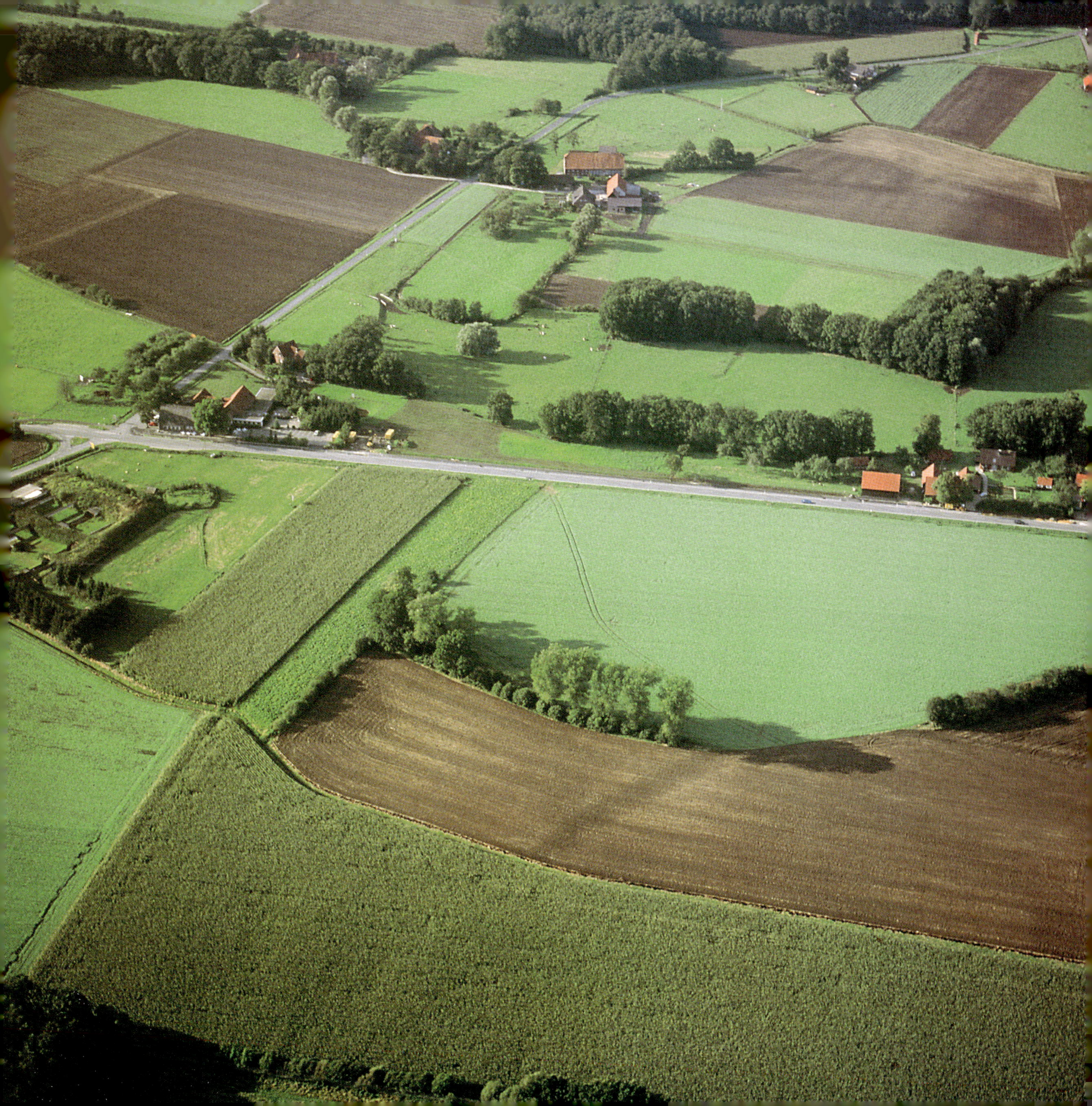

Die Dänen kommen! –
Das Dänische Löffelkraut wandert entlang der Autobahnen nach Süden

Das **Dänische Löffelkraut** *(Cochlearia danica)* ist derzeit auf dem Vormarsch und quert entlang der Autobahnen Westfalen von Norden nach Süden. Die Pflanze gehört zu der Familie der Kreuzblütler und kommt ursprünglich auf salzhaltigen Böden als sogenannte Vorlandpflanze an der Nord- und Ostseeküste auf Salzwiesen und Strandwällen vor. Das Dänische Löffelkraut ist eine zweijährige Pflanze, die verzweigte, kahle und sowohl aufrechte wie niederliegende Stängel aufweist. Die grundständigen Blätter sind lang gestielt, während die Stängelblätter keine Blattstiele haben. Die kleinen Blüten stehen in dichten endständigen Trauben und die Früchte entwickeln sich zu Kugelschötchen. Die Blütezeit liegt zwischen Mai und Juni, wobei die Blüten meist weiß, aber auch rötlich sein können. In der Größe variieren die Pflanzen sehr stark. Sie können zwischen ca. 2 und 15 cm Höhe erreichen. Seit etwa 10 Jahren breitet sich die Pflanze über Westfalen aus, wobei sie vor allem entlang der Mittelstreifen der Autobahnen nach Süden wandert. Der leicht salzhaltige Boden, bedingt durch das Aufbringen von Auftausalzen im Winterhalbjahr, fördert das Wachstum der Art und sichern Ihr so im Gegensatz zu manch anderen Pflanzenarten einen gewissen Standortvorteil in diesem sicherlich auf den ersten Blick ungewöhnlich erscheinenden Lebensraum.

Das Dänische Löffelkraut hat inzwischen den Mittelstreifen der Autobahn A1 verlassen und ist nach Osten in die Soester Börde abgebogen. Von der A44 ist es inzwischen auch schon wieder auf die Bundesstraßen abgebogen und befindet sich nun beispielsweise entlang der Bundesstraßen auf dem Weg durch das Sauerland.

Das Dänische Löffelkraut (weiße Blüten) hat sich auf den mit Streusalzen angereicherten Mittelstreifen der Autobahnen von Norden kommend auch in das südliche und östliche Westfalen hin ausgebreitet. Inzwischen wurde es auch an zahlreichen Bundes- und Landstraßen beobachtet

Mittel- und Randstreifen von Autobahnen wie hier die A 44 sind typische Verbreitungswege von Pflanzen wie dem Dänischen Löffelkraut

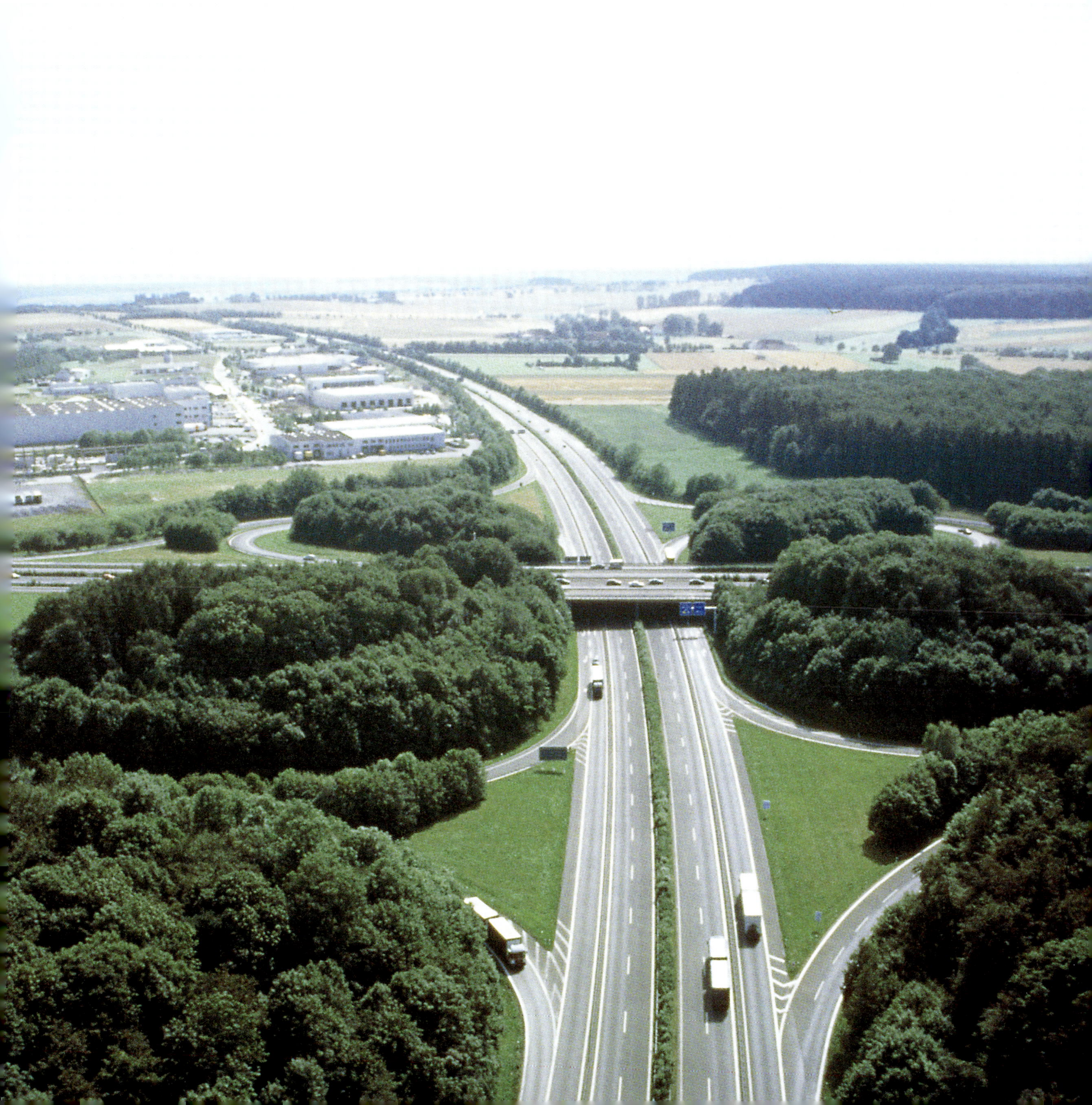

Typisch westfälisch! –
Landschaftselemente mit hoher ökologischer und ortsgeschichtlicher Bedeutung

Westfälische Landschaften heute

Was ist eigentlich typisch für Westfalen? Einerseits sind es die bekannten „Sehenswürdigkeiten" angefangen bei den Wasserschlössern im Münsterland, den Zeugnissen der Industriegeschichte im Ruhrgebiet oder den historischen Ortkernen in Städten wie Soest, Paderborn und Münster. Typisch für Westfalen sind aber auch die vielen kleinen Dinge am Wegesrand. Bekanntes und Denkmalgeschütztes, liebevoll Restauriertes und Verborgenes. Jeder westfälische Landschaftsraum hat dabei sein eigenes unverwechselbares Gesicht und weist ganz typische Elemente aus Jahrhunderten auf, die in dem einen oder anderen Fall bis heute erhalten geblieben sind. Viele von diesen Landschaftselementen sind zu wichtigen Lebensräumen für unsere Tier- und Pflanzenwelt geworden und damit sowohl aus ökologischer wie auch aus kulturgeschichtlicher Sicht besonders beachtens- und schützenswert.

So wie wir unserer Umwelt über Jahrhunderte ihre Identität gegeben haben, so bestimmt diese Umwelt maßgeblich unsere eigene Identität.

Im folgenden sollen in Form einer Bilderreise durch Westfalen typische Landschaftseindrücke wiedergegeben werden, die jeder bei einer Spurensuche in ähnlicher Weise in seiner Region entdecken kann. Bei den Bildern handelt es sich um aktuelle Aufnahmen. Sie zeigen eine Fülle von Landschaftselementen der historischen bäuerlichen und gewerblichen Kulturlandschaft, die es heute noch in Westfalen-Lippe zu entdecken gibt. Außerdem machen sie bei einem Verschwinden deutlich, wie massiv und nachhaltig der Landschaftswandel allein in den letzten Jahrzehnten in unserer Region gewesen ist.

Landschaftsbilder (links) und typische Landschaftselemente (rechts) der (historischen) westfälischen Kulturlandschaft

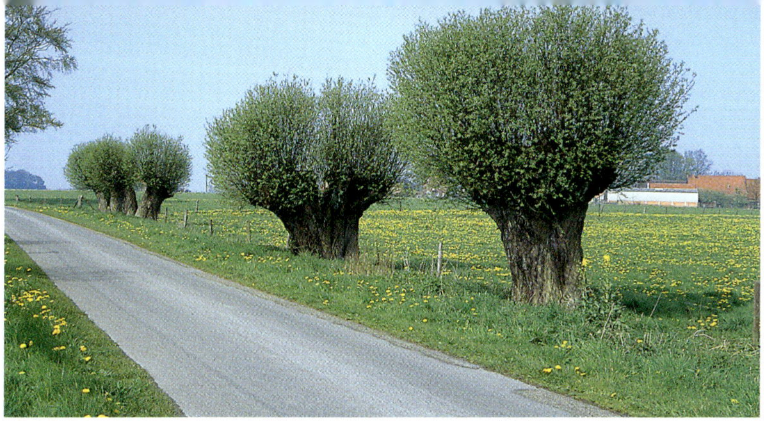
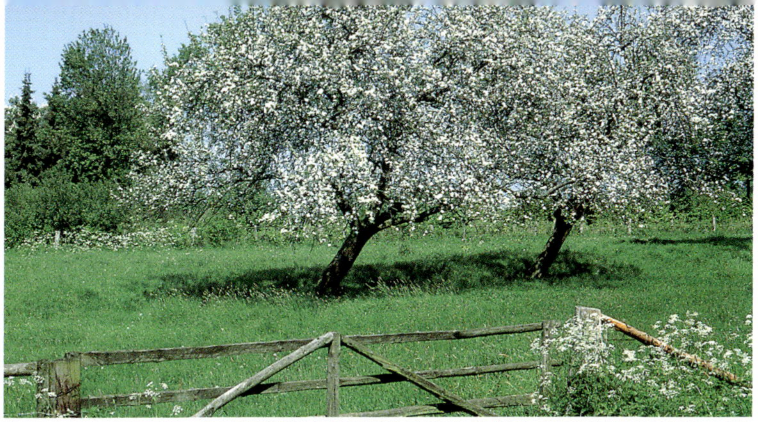
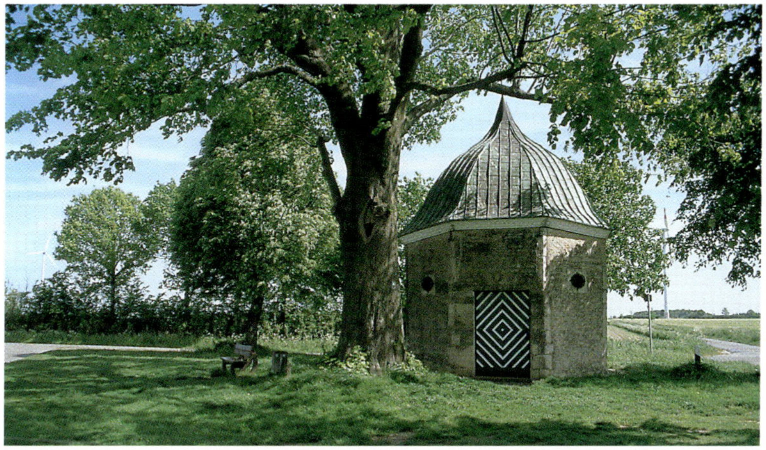
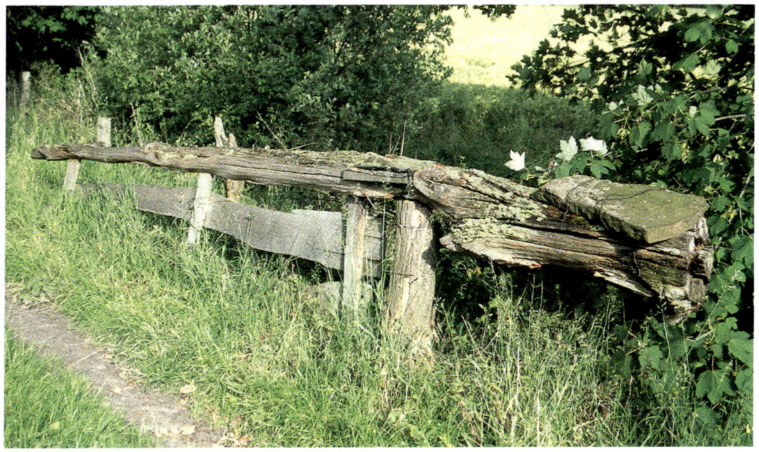
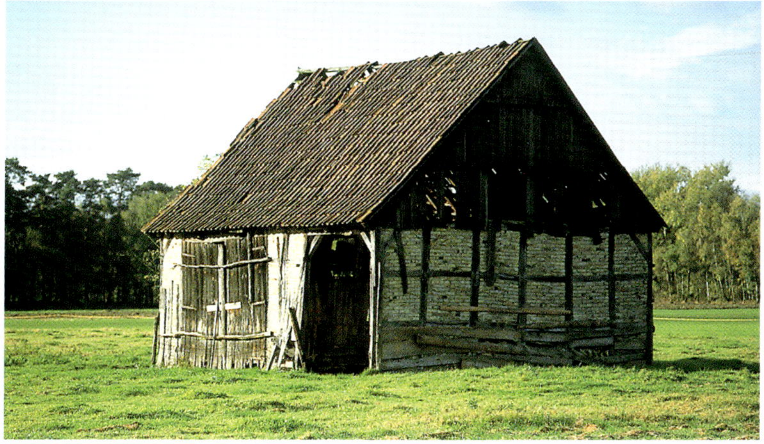
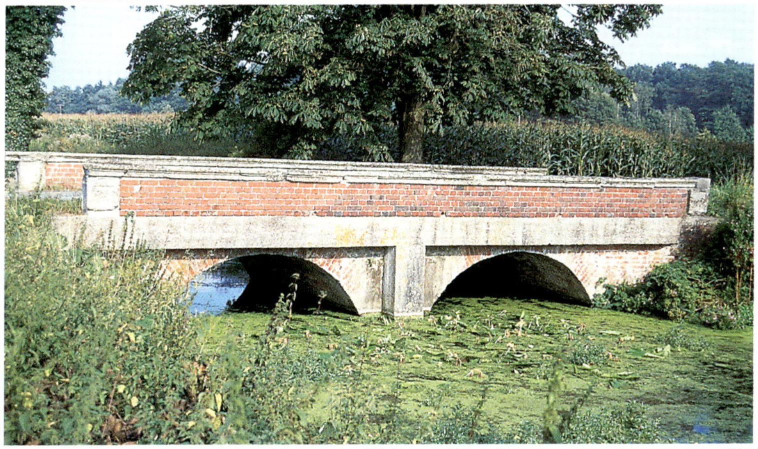
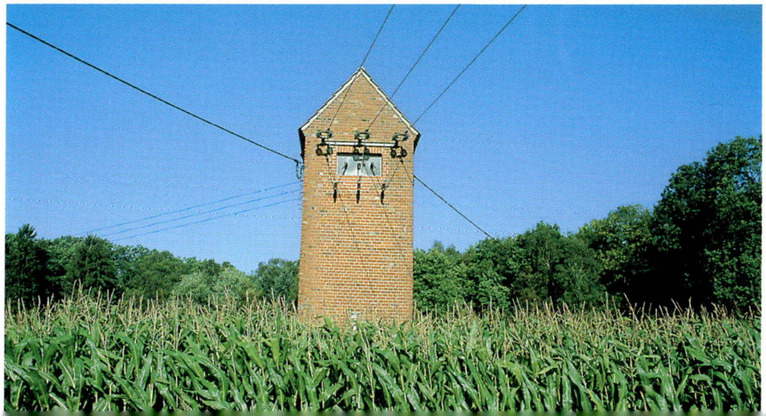
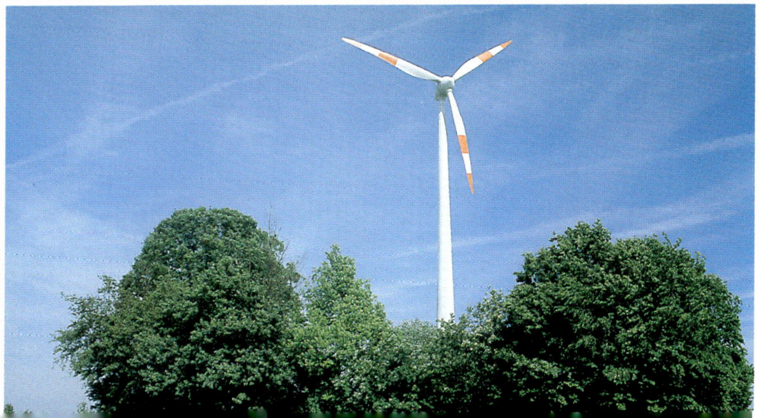

Von Weidewäldern und Wirtschaftswiesen –
Entstehung des Grünlandes

Wiesen und Weiden im heutigen Sinne standen dem vor- und frühgeschichtlichen Menschen nicht zur Verfügung. Vom Neolithikum bis ins Mittelalter hinein wurde für die Versorgung der Haustiere mit Futter der Wald genutzt. Waldweide und die Gewinnung von Laubfutter von bestimmten Baumarten (Schneitel-Wirtschaft) und das Sammeln von Laubstreu bestimmten über Jahrtausende hinweg, neben der Versorgung mit Bau- und Brennholz, die Nutzung der Wälder. In weiten Teilen Europas entwickelte sich seit dem Mittelalter eine mehr oder weniger geregelte extensive landwirtschaftliche Waldnutzung.

Reste dieser als Hudewaldwirtschaft bezeichneten Nutzung vermitteln dem heutigen Betrachter den Eindruck einer urwüchsigen Naturlandschaft, obwohl es sich in Wirklichkeit um Reste einer alten Kulturlandschaft handelt. Die Mast im Freiland und die Laubstreugewinnung für die Stallhaltung standen bei dieser extensiven Waldnutzung im Vordergrund. Dabei entstanden die für Hudewälder typischen Vegetationskomplexe, die sich aus Waldresten, Mantel- und Saumgesellschaften und Magerrasen zusammensetzten.

Die anthropogenen Grünlandgesellschaften, die wir heute kennen, verdanken ihre Existenz ausschließlich der regelmäßigen Mahd bzw. Beweidung. Zum Teil haben sie sich dabei auch aus den aufgelichteten Wäldern, in denen Waldweide betrieben wurde, entwickelt.

Natürliche Grünlandgesellschaften gab es dagegen ohne den Einfluss des Menschen in den potentiellen Waldregionen Mitteleuropas nur in sehr geringer Ausdehnung. Solche „Naturwiesen" fanden sich nur an flachgründigen Felsstandorten, an Seeufern und Moorrändern sowie im Küstenbereich.

Anthropogene Wiesen entstanden erst in der Bronzezeit und der anschließenden Eisenzeit, als die Heugewinnung für die winterliche Stallfütterung des Viehs wichtig wurde. Vorzugsweise handelte es sich auch in den nachfolgenden Jahrhunderten um extensiv bewirtschaftete, ungedüngte Magerwiesen. Fettwiesen, die intensiv bewirtschaft und gedüngt wurden, bildeten sich wohl erst vom ausgehenden Mittelalter an, wobei insbesondere in den Sandgebieten des Münsterlandes größere Grünlandflächen erst nach der Heidekultivierung zu Beginn des 20. Jahrhunderts entstanden.

Vor allem in den Mittelgebirgen sind Grünlandflächen wieder selten geworden, da sie in den Talbereichen oftmals nach Nutzungsaufgabe aufgeforstet werden

Drubbelsiedlung Siele, Stadt Enger, Kreis Herford

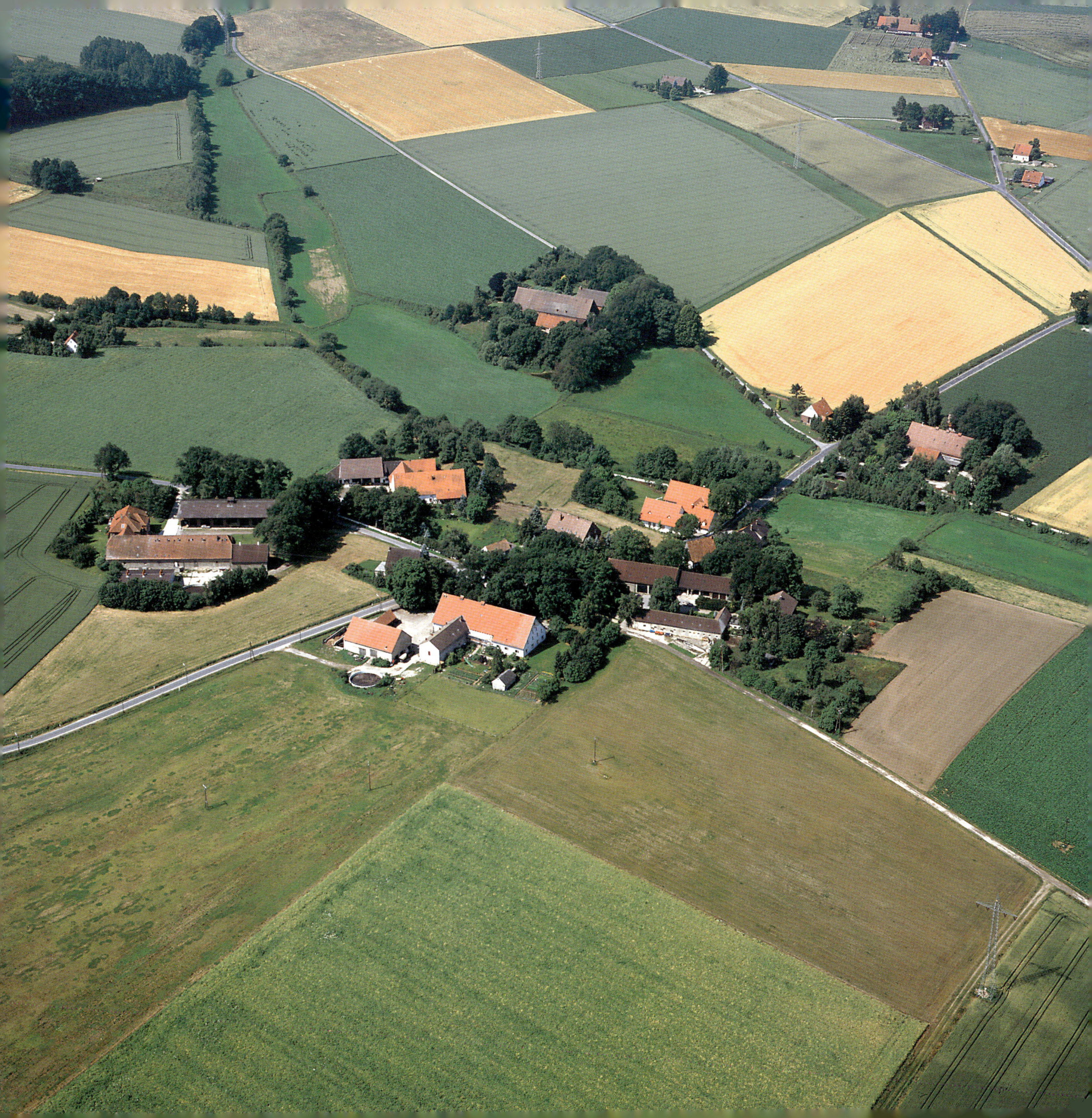

Auf dem Holzweg? –
Die emotionale Bindung der Menschen an den Wald

Der Wald ist für unsere Regionen die ursprünglichste Form der Natur. Aus dem Urwald wurde der Sekundärwald, Wirtschaftswald oder Kulturwald und obwohl der Mensch nach seinen Bedürfnissen fast alle Wälder umfunktioniert hat, ist und bleibt der Wald eines der wichtigsten, wenn nicht sogar das wichtigste und bekannteste Segment der Landschaft. Als Holzlieferant, Erholungsort, Gasaustauscher und Wasserspeicher ist er in seinem Wert heute unumstritten. Tieren und Pflanzen bietet er einen einzigartigen Lebensraum; diese wertvollen ökologischen Gegebenheiten werden von der Gesellschaft zunehmend beachtet, insbesondere wenn man die Diskussionen bei den Themen Waldsterben, Regenwald oder Tropenholz verfolgt.

Die emotionale Bindung der Menschen an den Wald ist ein traditionsreiches und besonderes Phänomen. Als Spezifikum deutscher Landschaften hat der Wald eine besonders symbolträchtige Bedeutung vor allem in der Literatur der Romantik gefunden. Die Sehnsucht nach dem „Deutschen Wald" oder der „Deutschen Eiche" wird auch im Sprachschatz sehr deutlich, wo viele Worte bezüglich des Waldes symbolischen Charakter haben. Man spricht emotionsbeladen und mit nachvollziehbaren Stimmungsbildern vom „Grünen Dom", vom „Dunklen Wald", vom „Tiefen Wald", von „Waldesruh", von „Waldeinsamkeit", vom „Waldesrauschen", von „Grüner Hölle" oder von „Waldeslust". Dieser Mythos, der sich im Laufe der Zeit um unseren Wald aufgebaut hat, hat Figuren wie Zwergen, Riesen, Elfen und sonstigen Fabelfiguren einen festen Platz im Wald eingeräumt. Diese Mystik um den Wald hat dazu geführt, dass die deutsche Literatur mit Prosa und Lyrik von Dichtern wie Goethe, Schiller, Lessing, Claudius, Eichendorff, Uhland u. a. bereichert wurde.

Auch haben sich Komponisten aller Zeitepochen vom Wald inspirieren lassen. Liszt, Mendelssohn, Schumann, Wagner und Beethoven haben romantische Gefühle, Lust oder Schwermut in ihrer Musik zum Ausdruck gebracht und schufen Kunstwerke, die vom getragenen Volkslied oder Vogelstimmenwalzer über ergreifende Symphonien, bis hin zum tosenden Thannhäuser reichen.

Der Mythos Wald hat auch vor der Malerei nicht halt gemacht. Caspar David Friedrich ist einer der bekanntesten Vertreter dieser romantisch verklärten Malerei, aber letztlich haben sich alle Stilepochen vom Wald und dessen Mythos „befruchten lassen". Selbst der Weihnachtsbaum signalisiert, dass an diesem hohen christlichen Fest „Waldduft und Waldleben zu uns gehört".

Der Wald wird heute einerseits als Natur- und Kulturgut als wichtiger und schöner Landschaftsbestandteil anerkannt. Andererseits ist er über einen naturnahen und zukunftsweisenden Waldbau sowie eine angepasste und ökologische Nutzung von Flora und Fauna ein, wenn nicht sogar das wichtigste Standbein der nachhaltigen Landschaftsnutzung.

Zur Schonung des Waldbodens werden heute wieder vereinzelt Rückepferde bei der Waldarbeit eingesetzt.

Rückepferdeinsatz im Wald

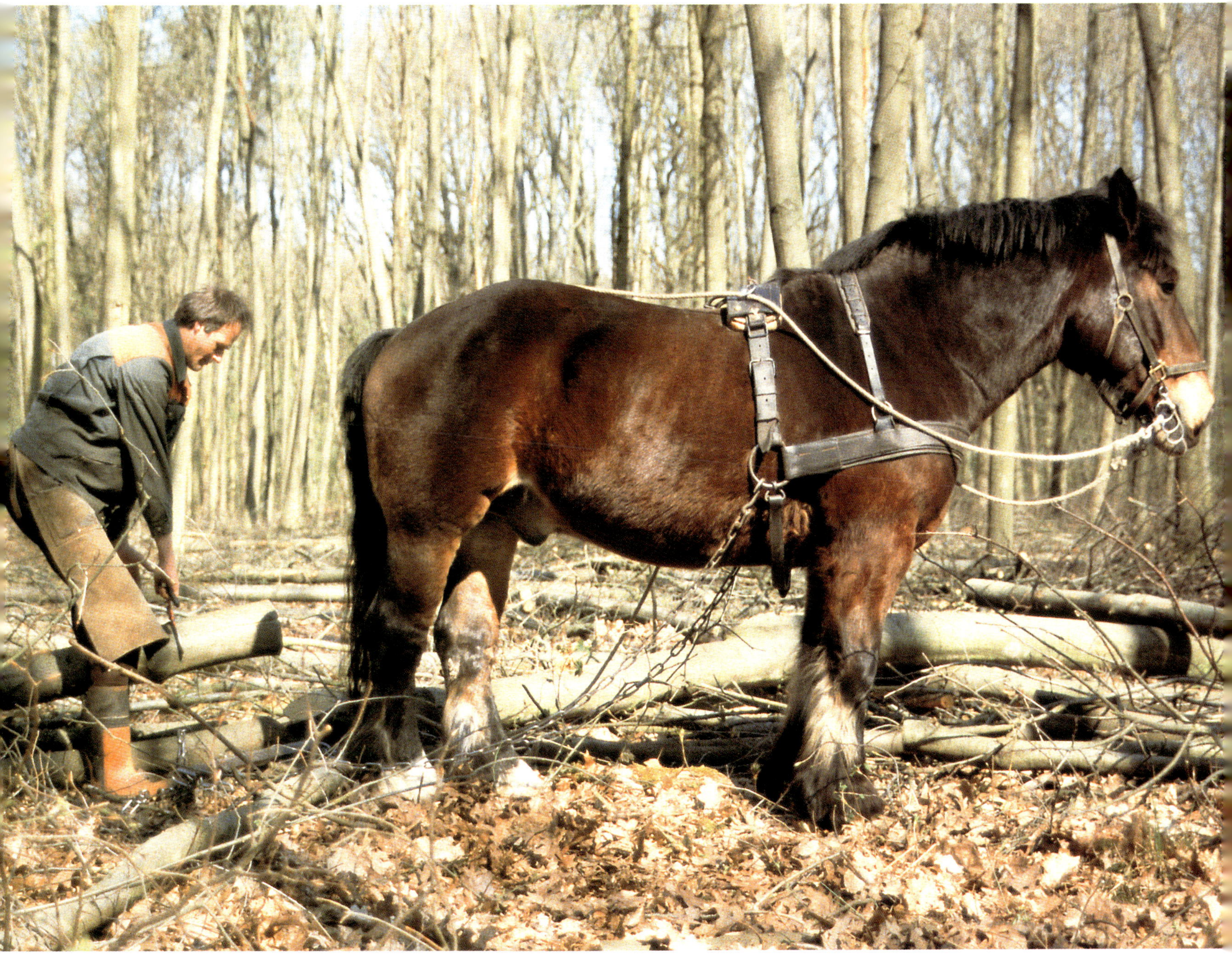

Lebender Stacheldraht –
Wallhecken im Münsterland

Überall in Westfalen, jedoch besonders häufig im Münsterland stößt man auf Hecken. Diese wichtigen und prägenden Bestandteile der Parklandschaft werden im Münsterland traditionell als Wallhecken bezeichnet, sofern der Grabenaushub eines parallel verlaufenden Entwässerungsgrabens zu einem Wall aufgeschüttet und dieser bepflanzt wurde. Hecken wurden früher vor allem dort angelegt, wo die Anlage von Zäunen geboten war. Man wollte Vieh entweder auf bestimmten Flächen einpferchen, oder ihm den Zutritt auf bestimmte Flächen, wie z. B. den mit Plaggen gedüngten Esch, verwehren. Mit Wallhecken wurden aber auch die in Privatbesitz befindlichen Wälder (oft als „Sundern" bezeichnet), umgeben.

Aber nur eine gleichmäßig dichte Hecke war ein wirkliches Hindernis für das Vieh und so war eine regelmäßige Pflege („auf-den-Stock-setzen") unumgänglich. Seitdem der Stacheldraht die Hecke überflüssig gemacht hat, und auch das bei der Heckenpflege anfallende Holz kaum noch genutzt wird, haben viele Hecken ihren typischen Charakter und ihre hohe ökologische Bedeutung, z. B. als Lebensraum für Vogelarten wie den Neuntöter oder die Goldammer verloren. Während früher die Heckenpflege zu den typischen Arbeiten eines Landwirtes in der Winterzeit gehörte, übernehmen nun Mitarbeiter der Städte und Gemeinden oder ehrenamtliche Naturschutzgruppen die Heckenpflege.

Nicht genau rekonstruieren lässt sich, wie lange es schon Wallhecken gibt. Zu den ältesten Hecken im Münsterland gehören sicherlich die Landwehren, deren Vorkommen bereits seit dem Hochmittelalter belegt ist. Diese Landwehren wurden zumeist als doppelte oder vierfache Wallhecken mit beidseitigen Gräben angelegt. Sie hatten in erster Linie eine Schutzfunktion für z. B. eine Stadt (Stadthagen), ein Kirchspiel (Kirchspiellandwehr), einen Gerichtsbezirk (Gogerichtslandwehr) oder eine größeres Territorium (Territoriallandwehr). Reste dieser mittelalterlichen Landwehren sind heute noch in der Landschaft zu entdecken, wenn gleich sie ihren wehrhaften Charakter, der von tiefen Gräben und einer ursprünglich dichten Bepflanzung mit bewehrten Sträuchern wie Schlehe, Weißdorn, Hundsrose oder Brombeere herrührte, verloren haben.

Der größte Teil der Hecken im Münsterland entstand aber erst in der ersten Hälfte des 19. Jahrhunderts, als die mit der Markenteilung verbundene Privatisierung der Grundstücke die Bauern verpflichtete, ihr Land einzugrenzen. Das Vieh sollte daran gehindert werden, in fremde Grundstücke einzudringen. Da in ganz Westfalen akute Holzknappheit herrschte, errichtete man keine Holzzäune, sondern pflanzte anstelle „toter Zäune" „lebende" Hecken, was gleichzeitig mit notwendigen Entwässerungsmaßnahmen feuchter Flächen verbunden wurde und so zu dem typischen Wallheckennetz im Münsterland führte.

Neben der Erfindung des Stacheldrahtes hat vor allem auch die zunehmende Mechanisierung der Landwirtschaft mit einer Zusammenlegung kleiner Flächen zu großen Schlägen zu einem Niedergang der Hecken in Westfalen geführt. In der Zeit umfangreicher Flurbereinigungsverfahren in der Zeit nach dem zweiten Weltkrieg bis etwa 1975 wurden in einzelnen Gebieten zuweilen mehr als 70 % der Hecken beseitigt. An weniger störenden Standorten wurden zwar auch zahlreiche Neuanpflanzungen vorgenommen, doch haben diese die alten Hecken nur selten ersetzen können.

Alte Wegeverbindungen wie hier der Rüschhausweg in Münster-Gievenbeck werden noch heute von Wallhecken gesäumt. Rechts neben dem Radweg ist noch ein alter Entwässerungsgraben zu erkennen

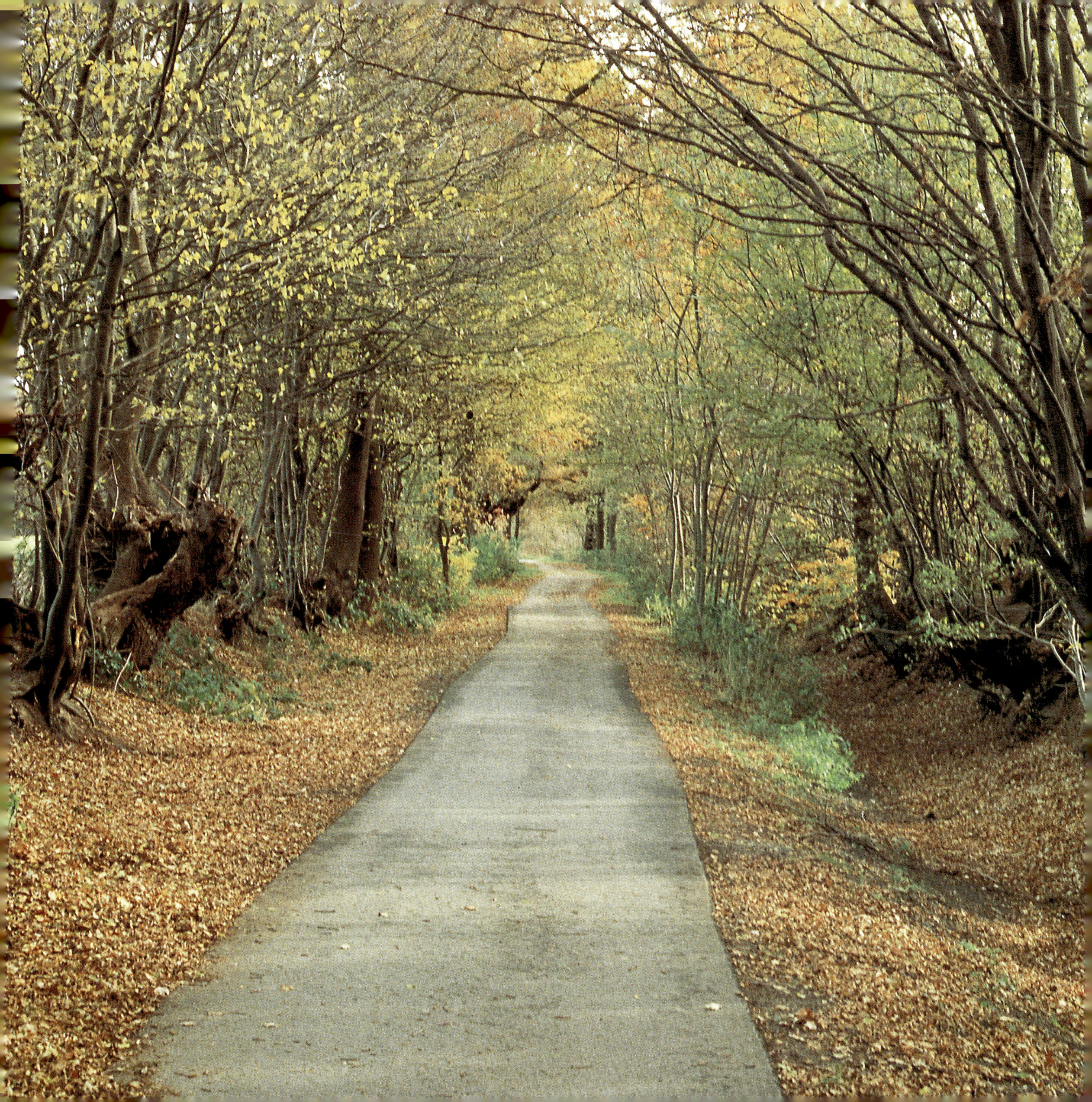

Mais –
Fluch oder Segen?

Der Mais ist das einzige Getreide, das aus der „Neuen Welt" stammt. Ihren Ursprung hat die Pflanze, die wie Weizen und Roggen zur Familie der Gräser gehört, im heutigen Mexiko. Kolumbus brachte den Mais von seiner Entdeckungsreise mit nach Europa. Abgeleitet von der indianischen Bezeichnung „mahiz" oder „marisi" wurde die neue Pflanze „Mais" genannt. Von Spanien aus verbreitete sich der Mais innerhalb weniger Jahrzehnte über die ganze Welt. In Deutschland wurde Mais zunächst nur in wärmeren Gegenden als Gartenpflanze angebaut und führte so lange Zeit ein eher stiefmütterliches Dasein. Heute zählt Europa zusammen mit den USA und Südostasien zu den wichtigsten Anbauregionen dieser neben Reis und Weizen weltweit bedeutendsten Nutzpflanze.

Zum entscheidenden Durchbruch des Maises hat die Züchtung von Hybridmais beigetragen, der innerhalb von 50 Jahren eine Ertragssteigerung um das Fünf- bis Sechsfache einbrachte. Von anderen Getreidearten unterscheidet sich der Mais durch den getrenntgeschlechtlichen Blütenstand mit der endständigen männlichen Blütenrispe und den seitenständigen weiblichen Kolben.

In Deutschland war das Interesse an dem neuen Getreide zunächst nur gering. Noch in den 30er Jahren nahm der Mais lediglich 0,6 % der gesamten Ackerbaufläche in Deutschland ein.

Seit Mitte der 60er Jahre des letzten Jahrhunderts kam es dann zu einer explosionsartigen Ausweitung der Anbaufläche. Ursachen waren neben Züchtungserfolgen die Einführung chemischer Unkrautbekämpfungsmittel sowie verbesserte Produktionstechniken.

Die Hauptbedeutung des Maises liegt bei uns in Westfalen in seiner Verwendung als Futterpflanze. Über 90 % der Produktion werden für die Tierfütterung verwendet. Als sogenannte C4-Pflanze kann der Mais das CO_2 der Luft besser verwerten als unsere einheimischen Pflanzen und übertrifft somit in seiner Ertragsleistung alle anderen Getreide- und Futterpflanzen. In der durch Viehwirtschaft geprägten Landwirtschaft des Münsterlandes verdrängt der Mais seit Beginn der 60er Jahre nach und nach den bisherigen Ackerfutterbau und auch Wiesen und Weiden.

Die Vorteile des Maises als Futterpflanze sind neben seiner hohen Ertragsfähigkeit, seine geringen Ansprüche an den Boden, der hohe Mechanisierungsgrad bei der Ente, hervorragende Silciereigenschaften und eine ausgezeichnete Gülleverwertung. Gerade der letztgenannte Punkt zeigt aber auch, wie zwiespältig der Maisanbau in seiner jetzigen Form ist. Einerseits besteht für den Landwirt der Vorteil, dass ein großer Teil der anfallenden Gülle auf Maisfelder ausgebracht werden kann. Die späte Aussaat des Maises hat andererseits zur Folge, dass die in der Gülle enthaltenen Nährstoffe wie Nitrat von Pflanzen nicht vollständig aufgenommen werden und das Grund- und Trinkwasser erheblich belastet werden kann.

Zugleich wird für den vermehrten Anbau von Mais immer mehr Ackerfläche benötigt, was zu Lasten des Grünlandes geht. Nicht zuletzt dem Mais ist es zu verdanken, dass sich das Acker/Grünlandverhältnis in vielen Teilen Westfalens eindeutig zugunsten des Ackerlandes verschoben hat. Der hohe Mechanisierungsgrad führte zur Zusammenlegung kleinerer Felder, ein Prozess, dem viele landschaftsprägenden Elemente wie Hecken, Feldgehölze und Einzelbäume zum Opfer fielen. Vor allem im Spätsommer hat man gelegentlich den Eindruck, als fahre man durch schmale Schneisen innerhalb riesiger Maisfelder statt durch die vielgepriesene Münsterländer Parklandschaft. Die aufgeführten Probleme sind dabei nicht auf den Maisanbau an sich zurückzuführen, sondern Folge des Anbauumfangs und der Art und Weise der Bewirtschaftung.

(Thomas Starkmann)

Flurbereinigte Agrarlandschaft im Kreis Warendorf

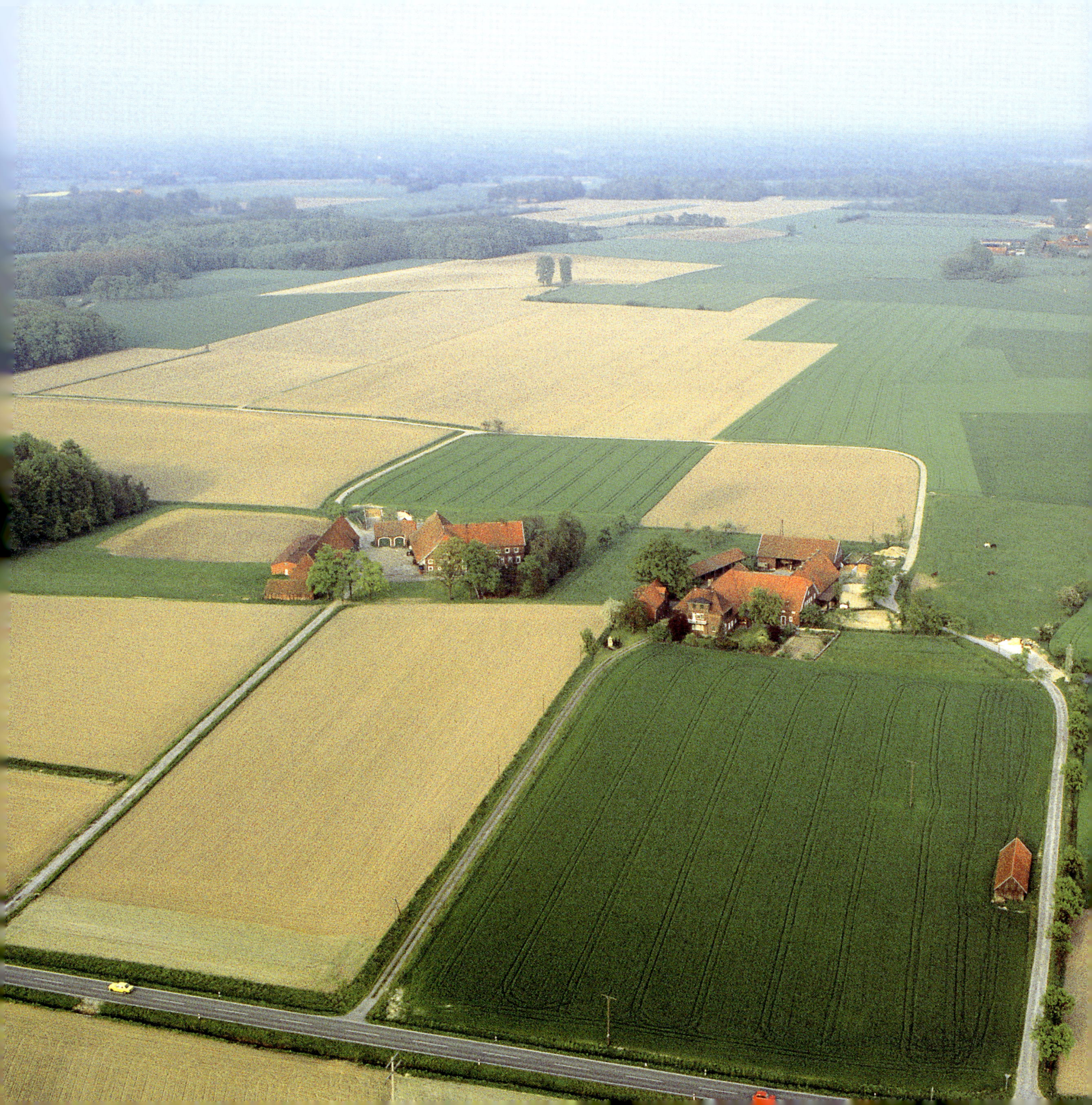

Grünland für den Naturschutz –
Feuchtwiesen im Münsterland

Viehweiden gab es in Mitteleuropa schon relativ früh, Wiesen mit den zum Mähen notwendigen Werkzeugen entstanden dagegen erst viel später. Die Sicheln, die man bereits in der Bronzezeit kannte, nutzte man nur zur Getreideernte und nicht zum Mähen von Wiesen. Während in Süddeutschland die Heugewinnung eine längere Geschichte hat, traf man diese Arbeitsweise im westfälischen Raum bis in das 19. Jahrhundert hinein nur relativ selten an. Ältere Quellen aus dem Münsterland besagen, dass es vor allem die Niederungs- und Flussauen waren, in denen sich vor allem eine extensive Weidewirtschaft entwickelte.

Feuchte Wiesen und Weiden sind inzwischen nicht nur im Münsterland selten geworden, so dass man heute Restbestände unter Naturschutz gestellt hat, um dieses Kulturbiotop und die daran angepassten Tierarten zu schützen. Der besondere floristisch-vegetationskundliche Wert der Feuchtweiden, die durch den Viehtritt und den hohen Selektionsdruck relativ artenarm sind, liegt vor allem in der Kombination unterschiedlicher Biotope. So wird die Artenzusammensetzung der Grasnarbe einerseits von Arten der Niedermoore und Kleinseggensümpfe in den Nasszonen geprägt, andererseits treten Arten der Borstgras- und Sandtrockenrasen sowie der Heiden auf nährstoffärmeren und trockeneren Böden auf. Viele Tier- und Pflanzenarten konnten sich an diesen extensiv genutzten anthropozoogen entstandenen Lebensraum anpassen. Seit einigen Jahren gehen aber diese Lebensräume in der Kulturlandschaft mehr und mehr verloren, wobei sich ständig verändernde und intensiver werdende Wirtschaftsweisen in der Landwirtschaft sowie der Einsatz von hohen Düngergaben, aber auch Entwässerungsmaßnahmen zu einem Wandel in den ehemals ausgedehnten Feuchtwiesengebieten des Münsterlandes geführt haben.

Am Beispiel der Feuchtwiesen wird deutlich, dass bei einem erfolgreichen Naturschutz Landwirte und Ökologen zusammenarbeiten müssen, denn nur die Beibehaltung einer extensiven Nutzung kann den Fortbestand der Feuchtwiesen und der zahlreichen Tier- und Pflanzenarten, die hier ein Ersatzbiotop (z.B. für verlorengegangene Niedermoore und Borstgrasrasen), gefunden haben. Aber auch die Landwirte können auf diese Flächen nicht verzichten, da sie oft einen beträchtlichen Teil ihres Gesamtbesitzes ausmachen. Der Kompromiss liegt dabei im sogenannten „Vertragsnaturschutz", bei dem Landwirte, die ihr Land freiwillig nach den Richtlinien des Feuchtwiesenschutzes bewirtschaften, Ausgleichszahlungen erhalten. Das Feuchtwiesenschutzprogramm stieß zwar anfänglich bei den Landwirten auf große Skepsis, mittlerweile stellen einzelne Landwirte von sich aus Förderanträge, da die Ausgleichszahlungen bei den schrumpfenden Preisen für landwirtschaftliche Erzeugnisse eine verlässliche Einnahmequelle darstellen. Von dem Feuchtwiesenschutz profitieren heute nicht nur die „publikumswirksamen" Vögel wie Großer Brachvogel, Rotschenkel, Bekassine und Kiebitz, sondern auch viele Käfer, Libellen- und Schmetterlingsarten. Trotz der Schutzmaßnahmen konnte der Artenrückgang nicht überall gestoppt werden. Viele Feuchtwiesen werden auch heute noch in Maisäcker umgewandelt, wodurch die typische Tier- und Pflanzenwelt verloren geht.

Der Rotschenkel ist ein typischer Bewohner der Feuchtwiesen

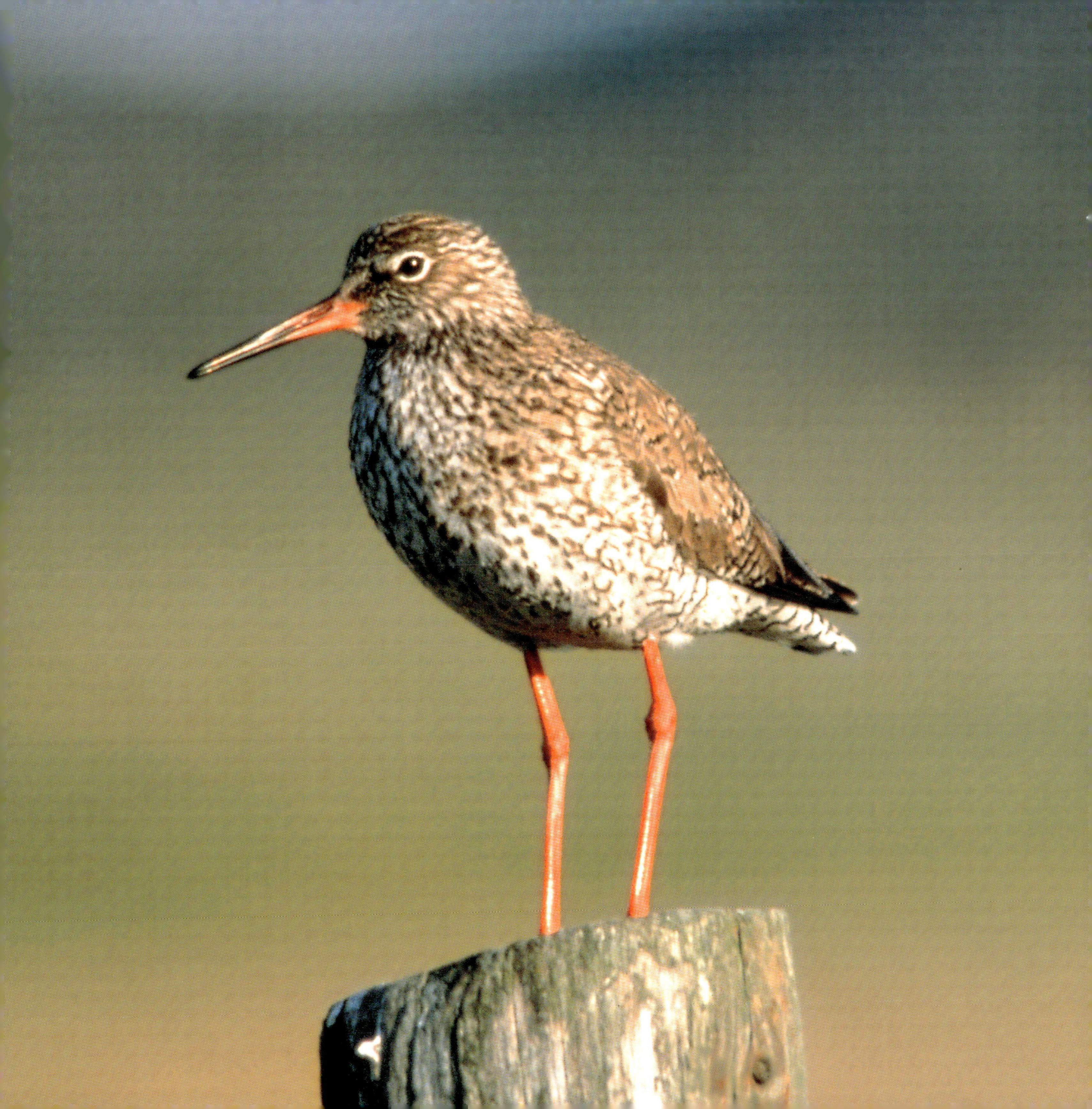

Die Spitznamen der Äcker –
Flurnamen sind das mündlich überlieferte Geschichtsbuch der Landschaft

„Flurnamen sind die Spitznamen meiner Äcker," so hat ein Bauer einmal die Bedeutung der Flurnamen in seiner Umgebung charakterisiert. Fast alle Bereiche einer Gemarkung hatten früher ihre feste Bezeichnung und aus den Namen lässt sich noch heute viel über den Zustand des dazugehörigen Gebietes ableiten.

Orts- und Flurnamen verraten eine Menge über das Landschaftsbild früherer Jahrhunderte. Durch mündliche und schriftliche Überlieferungen und die damit verbundenen ständigen Weiterentwicklungen in der Sprache, den Dialekten etc. ist die vollständige und sichere Deutung von Flurnamen meist nur selten zu erreichen. Eine absolute Sicherheit gibt es nicht. Generell kann man aber sagen, dass die meisten Namen von der Form und der Beschaffenheit des Geländes, von der Nutzung des Bodens und den Pflanzen, die auf ihm wuchsen, abgeleitet werden. Seltener lassen sich dagegen Zusammenhänge zu den Sitten und Gebräuchen einer Region herstellen.

Flurnamen sind sprachliche Gebilde und wurden meist in Niederdeutsch (im Volksmund auch „Plattdeutsch" genannt) dokumentiert. Mit sprachwissenschaftlichen Methoden (z. B. Lautveränderungen) lässt sich mit gewisser Wahrscheinlichkeit ableiten, wie ein Wort z. B. im Mittelalter ausgesehen hat.

Der Strukturwandel in der Landwirtschaft, die fortschreitende Zersiedlung der „freien" Landschaft, die Flurbereinigungen insbesondere in den 60er und 70er Jahren des letzten Jahrhunderts sowie der zunehmende Bedeutungsverlust der Mundart sind Gründe, weshalb ein noch vor wenigen Generationen allseits bekanntes Alltagswissen der ortsansässigen Bevölkerung mehr und mehr in Vergessenheit geraten ist.

Straßennamen und historische Flurbezeichnungen

Wahrscheinlich haben Sie sich schon einmal gefragt, was der Name ihres Stadtteils oder manch ein Straßenname in ihrer Nachbarschaft bedeutet. Für viele Menschen sind Flurnamen, die zahlreichen Orten und Straßen ihren Namen gegeben haben, heute ein Buch mit sieben Siegeln geworden. Früher war dies anders. Die ständige Benutzung der gültigen Flurbezeichnungen war eine Selbstverständlichkeit. Mit Flurnamen wurde das unmittelbare Arbeits- und Wohnumfeld der ländlichen Bevölkerung sprachlich eindeutig strukturiert und die Flurnamen einer Gemarkung bildeten das räumliche Ordnungssystem für die Menschen eines Hofes, einer Bauerschaft oder eines Ortes.

Mit der Erstellung moderner Katasterunterlagen im beginnenden 19. Jahrhundert (Preußisches Kataster), wodurch exakte Fluraufteilungen mit unverwechselbaren Kennzeichnungen (Flur- und Flurstücksnummer) gebräuchlich wurden, wurden konkrete Flurnamen prinzipiell überflüssig. Bei der ländlichen Bevölkerung in Westfalen hat sich der Gebrauch von alten Flurnamen aber noch über lange Zeit erhalten.

Mit der beginnenden Industrialisierung wuchsen vielerorts die Städte. Neue Straßen wurden angelegt und mit Bezeichnungen versehen. Beliebt waren in dieser Zeit erster großer Siedlungserweiterungen die Vornamen gekrönter Häupter und so gab es in jeder Gemeinde eine Karlstraße, Friedrichstraße oder eine Wilhelmstraße. In der Zeit erster großer Eingemeindungen in den 20er Jahren des letzten Jahrhunderts ergaben sich daraus große Probleme, da es nun mehrfach im Stadtgebiet die gleichen Straßennamen gab.

Man machte aus der Not eine Tugend und gab zahlreichen Straßen alte Flurnamen, die sonst in Vergessenheit geraten wären. Solche Namen sind nicht nur eine nostalgische Erinnerung an vergangene Zeiten. Sie geben vielmehr, sofern sie richtig gedeutet werden, auch Auskunft darüber, wie eine Landschaft vor hundert, zweihundert oder mehr Jahren ausgesehen hat. Die Namen lassen erkennen, wo Wald war, welche Bäume und Hecken wuchsen, wie der Boden beschaffen war, ob er nass oder trocken, ob er als Ackerland, als Viehweide oder gar nicht genutzt wurde.

Beispiele für Straßennamen in Westfalen, die auf alte Flurbezeichnungen zurückgehen:

An der Landwehr
(Mittelalterliche, mit Heckensträucher und Gräben versehene Verteidigungsanlage)

Poggenpohl
(Tümpel mit Fröschen (Poggen) und Kaulquappen)

Saurer Esch
(Südlich gelegener guter Ackerboden)

Galgenheide
(Heidefläche auf der der Galgen stand)

Telgenkamp
(Fläche auf der junge Eichen (Telgen) gepflanzt wurden)

Utzenkutewiese
(Ütze bedeutet Kröte; Krötenlochwiese)

Bellwiese
(Hinweis auf eine Wiese mit Pappeln)

Paradies
(Ironisch gemeinte Bezeichnung für ein sehr schlechtes Stück Land)

Megelkuhle
(Mergel wurde als Dünger auf die Äcker gestreut)

Taigelbrink
(Hier fand Feldbrand zur Herstellung von Ziegeln statt)

Fohrenbreide
(Fläche, die mit Farnkraut bewachsen war)

Elskämpken
(Else ist ein plattdeutsches Wort für Erle)

Rengarten
(Hinweis auf das Vorkommen von Eisenerz)

Zur Bleiche
(Weg zum Ort, wo früher die Wäsche gebleicht wurde)

Die Ems –
Eine Flusslandschaft im Wandel

Der längste in Westfalen entspringende Fluss ist die Ems. Mit 371 Kilometern legt sie heute von der Quelle bei Hövelhof in der Senne bis zur Mündung in den Dollart eine Strecke zurück, die früher einmal 441 km betragen hat. Der Fluss in seiner heutigen Form ist das Ergebnis der großen Emsregulierung, die vor allem in den 30er Jahren des letzten Jahrhunderts durchgeführt wurde. Im Rahmen der Regulierung wurde die Ems in ein kanalartiges Bett „gezwängt". Von den weiten Schleifen, die sich über die gesamte Aue erstreckten, ist nicht viel übrig geblieben, da mit zahlreichen Durchstichen in den Schleifenhälsen der Flusslauf deutlich verkürzt wurde. Viele Altarme, die dabei entstanden waren, sind verfüllt worden. Die Nutzung der Talaue, die zuvor von Feuchtwiesen, wassergefüllten „Laaken" und Resten natürlich entstandener Altarme geprägt war, konnte intensiviert werden. Inzwischen hat das Ackerland alle anderen Nutzungen verdrängt und vielerorts bestimmt der Mais das Bild der Aue.

Mit der Regulierung der Ems sind zahlreiche Tier- und Pflanzenarten verschwunden. Uferschwalbe, Eisvogel oder Flussuferläufer, die früher an den Steilufern oder auf den sich immer wieder neu bildenden Sandbänken geeignete Brutplätze fanden, kann man heute kaum noch antreffen. Ebenso sind die Bewohner der Feucht- und Sumpfwiesen wie Gelbe Wiesenraute (Thalictrum flavum), Langblättriger Ehrenpreis (Veronica longifolia), Blaukehlchen und Krickente verschwunden.

Der Konflikt zwischen Ökologie und Ökonomie wird am Beispiel der Emsrenaturierung deutlich. Heute versucht man die Emsaue ökologisch zu verbessern. Es ist geplant, den gesamten Verlauf der Ems innerhalb Nordrhein-Westfalens unter Naturschutz zu stellen. Der Ackerbau soll durch die früher betriebene Grünlandwirtschaft ersetzt werden. Bei den Landwirten stoßen diese Pläne nicht überall auf Gegenliebe. Trotz Ausgleichszahlungen wollen die meisten lieber hochmechanisierten Ackerbau anstatt arbeitsintensive Grünlandwirtschaft betreiben.

Der Grundwasserstand in der Aue ist durch die höhere Fließgeschwindigkeit der Ems und der damit einhergehenden und verstärkten Tiefenerosion deutlich abgefallen. Neben den angestrebten Nutzungsänderungen ist daher geplant, den Emsverlauf wieder zu verlängern. So sollen einige der noch vorhandenen Altarme wieder angebunden und durchströmt werden.

Ein Zustand wie vor der Regulierung ist natürlich nicht mehr zu erreichen und wird auch nicht angestrebt, denn langandauernde Hochwasser sind den Anliegern nicht zuzumuten. Allerdings ist die Hochwassergefahr durch den Ausbau nicht gebannt worden, denn auch in den letzten Jahren wurden immer wieder Rekordwasserstände gemessen. Da auch im Einzugsgebiet der Ems fast alle Gewässer ausgebaut wurden, fließt das Niederschlagswasser heute viel schneller ab als früher, so dass Hochwässer plötzlich auflaufen. Die in der Landwirtschaft besonders gefürchteten Sommerhochwasser, denen früher 80 % der Ernte zum Opfer fielen, sind dagegen durch den Ausbau zurückgegangen. Bis der Konflikt zwischen Ökologie und Ökonomie, der am Beispiel der Emsrenaturierung besonders deutlich wird, vollständig ausgeräumt ist, wird sicherlich noch einige Zeit vergehen.

(Thomas Starkmann)

Eine Flusslandschaft im Wandel:
Historische Aufnahmen der Ems aus der Zeit um 1930,
d. h. vor, während und nach dem Ausbau

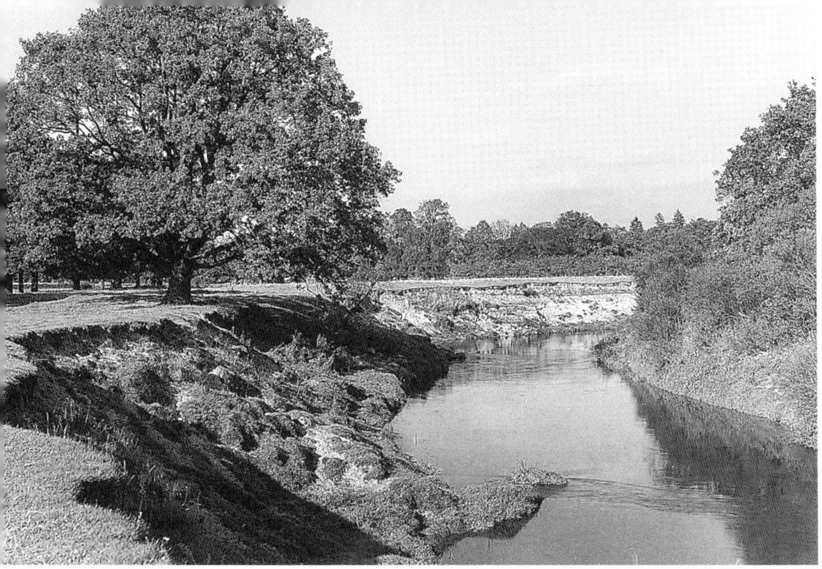
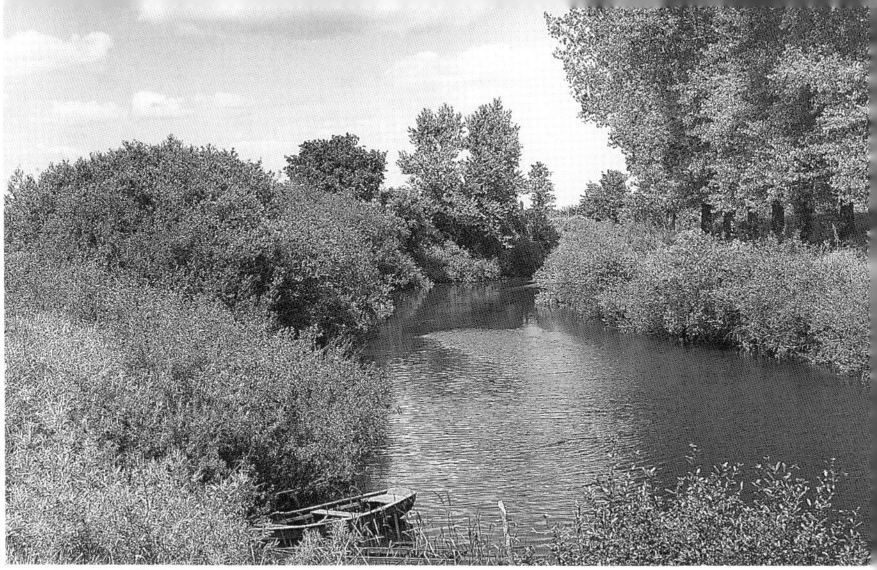
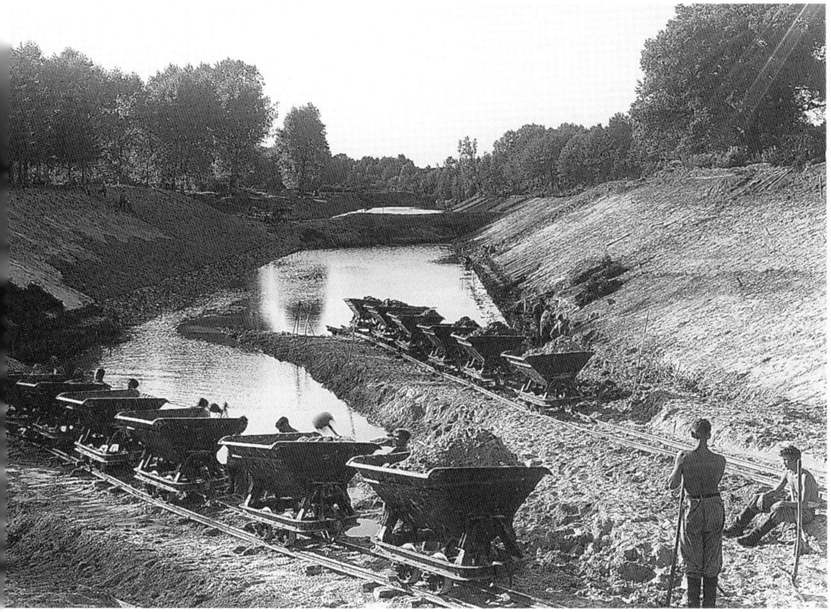
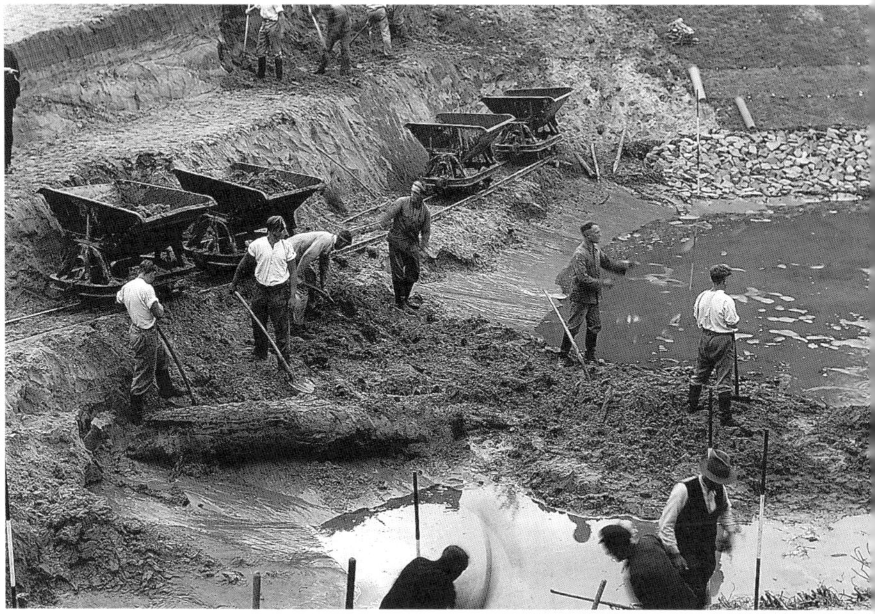
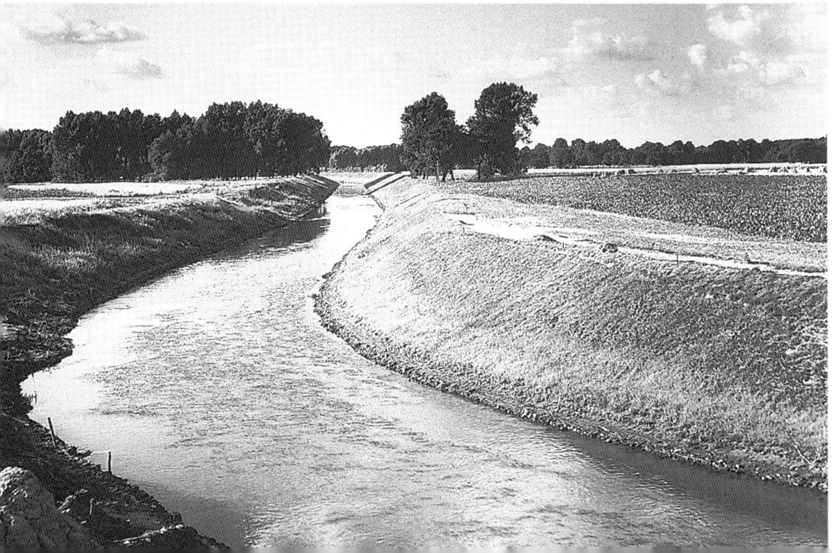
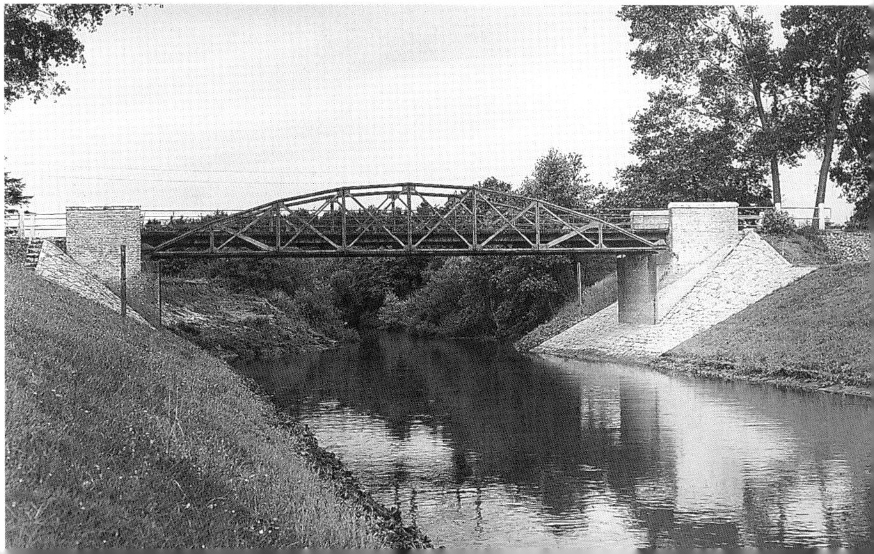

Für immer aus Westfalen verschwunden?
Fischotter

Lutra lutra, so heißt der Fischotter auf lateinisch. Er gehört zu den marderartigen Raubtieren und war bis in das 19. Jahrhundert in Westfalen relativ häufig. Bis zu 14 kg wird der Fischotter schwer, wobei seine Nahrung nicht nur aus Fischen, sondern auch aus Amphibien, Reptilien und Insekten besteht. Mit Vorliebe jagt der Fischotter aber auch Bisamratten. Der Fischotter stellt hohe Ansprüche an seinen Lebensraum. Er lebt bevorzugt in nahezu unberührten, ruhigen und sauberen Gewässern. Während er früher in fast allen geeigneten Bächen und Flüssen vorkam, haben verschiedene Ursachen zur Verminderung der Bestände und schließlich zum Erlöschen aller Populationen in Westfalen geführt. Insbesondere die intensive Bejagung mit Fallen und Hunden spielte hier eine wichtige Rolle. Historische Quellen zeigen, dass gebietsweise sehr große Populationen bestanden haben müssen, denn beispielsweise im Jahr 1800 scheiterte noch die Einstellung eines hauptamtlichen Otternjägers und man beschloss, diese Aufgaben den zuständigen Forstbediensteten zu überlassen. Im Jahr 1804 wird vom Forstkolleg in Arnsberg „*der eigenmächtige Fang von Fischottern bei 10 Taler Strafe verboten*". Einige Jahre später wird den Eigentümern oder Pächtern von Ottergewässern zwar der Fang erlaubt, nicht aber der Abschuss.

Auch Gewässerverschmutzungen und eine Abnahme des Fischbestandes, mit einem damit verbundenen reduzierten Nahrungsangebot für die Tiere, führten zu einer deutlichen Reduzierung des Bestandes. Hinzu kamen Gewässerregulierungen, Uferbefestigungen und die Beseitigung des Bewuchses, die zu einer deutlichen Einschränkung des Lebensraumes des Fischotters und letztlich zur endgültigen Ausrottung in der Mitte des 20. Jahrhunderts führten. Ein letzter Nachweis aus dem südwestfälischen Raum stammt aus dem Jahr 1906. Um 1951 ist der Otter das letzte Mal im Kreis Wittgenstein festgestellt worden.

Auch in der nächsten Zeit kann man wahrscheinlich nicht von einer dauerhaften Wiederansiedlung von Fischottern im dicht besiedelten Nordrhein-Westfalen ausgehen. Mit einem vereinzelten Auftreten im Nordosten des Landes kann jedoch in den kommenden Jahren gerechnet werden, da Niedersachsen noch Vorkommen aufweist.

Berühmte Otterjäger in Westfalen

Zu Ruhm und Ansehen im Verständnis der Zeitgenossen gelangten die Otterjäger Ewald und Wilhelm Schmidt aus Schalksmühle im heutigen Märkischen Kreis. Sie wuchsen in dem von den Flüssen Volme und Hälver durchzogenen fischreichen Gebiet auf, in dem auch der Fischotter zahlreich war. Früh entwickelten sie sich zu gesuchten Otterjägern. Als solche wurden sie 1878 beim Lenne-Fischereiverein hauptberuflich angestellt und machten sich bereits 1880 selbstständig. In ganz Deutschland und Österreich forderte man ihren Einsatz. Fürsten und Prinzen, so die von Österreich, Schaumburg-Lippe, Thurn und Taxi, Salm-Salm und Wied waren ihre Auftraggeber... Die Jagdausübung der märkischen Otterjäger entsprach auch im 19. Jh. noch der mittelalterlichen Darstellung. Aufgesucht und gehetzt wurden die Otter mit speziellen Otterhunden... Getötet wurde der Fischotter mit Gabeln... Eine andere bereits 1583 beschriebene Methode ist das Treiben in Netze, unten mit Bleiklötzen beschwert, die man vor den Schlupfwinkel des Otters spannte. Auch die Schmidts pflegten mit drei Hilfsjägern und fünf Otterhunden zu Werke zu gehen... Verbissen sich die Otter und Hunde, tötet man den Otter mit einem starken Genickfänger. Das Schussbuch der Gebrüder Schmidt weist etwa 1700 getötete Otter auf, ein Streifzug im Ruhrgebiet brachte als Resultat 58 Stück. 1878 beschloss die Generalversammlung des Vereins zum Schutze und zur Förderung der Fischerei in Ruhr und Lenne „um die Nachstellung der gefährlichsten Feinde aus der Tierwelt, Fischotter und Fischreiher mehr anzuregen, vom Verein für jeden erlegten Fischotter 5 Mark und jeden Reiher 1 Mark zu zahlen". Die Otterjäger Schmidt wurden zu dieser Zeit geradezu verherrlicht... Am Ende des 19. Jhs. war der Otterfang insgesamt nicht mehr ergiebig und Wilhelm Schmidt musste nach dem Tod seines Bruders im Jahr 1887 den Beruf wechseln und seine Otterhunde abgeben, da der Westfälische Fischereiverein und die Regierung ab 1897 sein Gehalt nicht mehr zahlte (nach Grübbert (1957) und Ueckermann (1994)).

Fischotter in den Dioramen des Museums

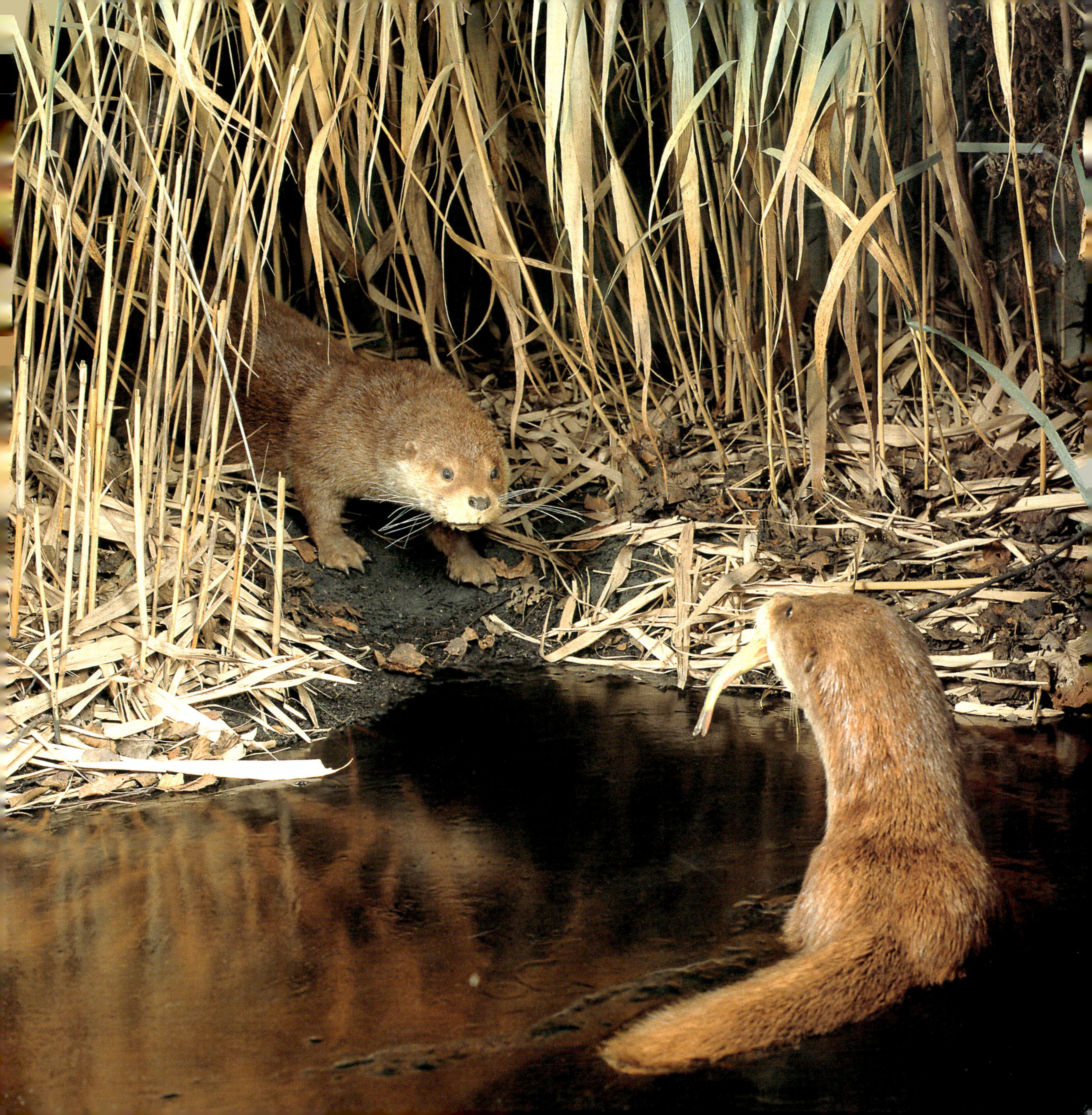

Amphibien und Reptilien –
Bioindikatoren für die Veränderungen der Umweltqualität

Amphibien und Reptilien spielen eine wichtige Rolle in der Nahrungskette, als biologische Schädlingsbekämpfer und als Bioindikatoren für Veränderungen der Umweltbedingungen. Die Erkenntnis, dass es sich bei den Lurchen, wie die Amphibien auch genannt werden, um eine ganz andere Klasse der Wirbeltiere handelt als bei den Kriechtieren, d. h. den Reptilien, ist noch gar nicht so lange her. Es waren die Biologen Blainsville und Merrem, die zu Beginn des 19. Jahrhunderts die beiden sehr unterschiedlichen Klassen der Wirbeltiere trennten. Vereinfacht gesagt sind die Reptilien eher mit den Vögel und Säugetieren verwandt, da sie eine vergleichbare Keimlingsentwicklung in einer speziellen Embryonalhülle im Ei durchmachen. Dieser wesentliche Fortschritt in der Entwicklung der Wirbeltiere stellt die Grenzlinie zwischen Lurchen und Kriechtieren dar, denn die Amphibien sind eher mit den Fischen verwandt. Dennoch werden diese so unterschiedlichen Wirbeltiergruppen noch heute in einem Wissenschaftsgebiet und zwar der Herpetologie (abgeleitet von dem griechischen Wort „herpeton" = kriechendes Tier) in der Regel zusammen abgehandelt, was vor allem die o.g. historischen Gründe hat.

Die Herpetofauna Westfalens ist mit etwa 23 Arten verhältnismäßig arm. Als bodenbewohnende Festlandstiere stellten Meere und Hochgebirge für die wechselwarmen Organismen, die auf günstige Umgebungstemperaturen angewiesen sind, natürliche Ausbreitungsgrenzen dar. Während der Eiszeiten hatten die Amphibien und Reptilien keine Überlebensmöglichkeiten und verlagerten ihr Areal in den Süden Europas. Da nur wenige „Pforten" für das Zurückweichen und die spätere Wiederbesiedlung vorhanden waren, zeigen noch heute Verbreitungskarten den nacheiszeitlichen Besiedlungsverlauf, der vor allem aus dem äußersten Südwesten durch die sog. Pyrenäen-Pforte oder von Südosten her durch die Donau-Pforte erfolgte. Die Alpen waren und sind dagegen immer die am schwersten zu überwindende Barriere gewesen.

Für alle Lebensaktivitäten spielt die Temperatur für die Tiere eine wichtige Rolle. Dies bedeutet u.a. auch, dass sie eine mehr oder weniger lange Winterruhe einlegen, die im nördlichen Europa etwa 6 Monate dauert und im wärmeren Südeuropa dagegen nur 4 bis 6 Wochen andauert. Unmittelbar nach der Winterruhe beginnt für viele Amphibienarten die Fortpflanzungsperiode, wobei die Froschlurche z.T. längere Wanderungen unternehmen. Meist suchen sie zeitlebens das Gewässer auf, in dem sie bereits als Larven lebten. Die Beseitigung von Kleingewässern trotz zahlreicher Neuanlagen an anderen Orten sowie der „Straßentod" haben daher oftmals zur Folge, dass sich Populationen deutlich verringern.

Nach der Fortpflanzungszeit beginnt eine Phase intensiver Nahrungsaufnahme, wobei sowohl Amphibien als auch Reptilien besonders in trockenen Lebensräumen innerhalb von 2 bis 4 Monaten den größten Teil der ganzen Jahresnahrungsmenge aufnehmen. Diese Reserven ermöglichen den Tieren das Überdauern der Ruheperioden und sind die Voraussetzung für das Wachstum und die Reifung der Eier. Neben einer ausgeprägten Jahresrhythmik wird bei vielen Arten auch eine deutliche Tagesrhythmik beobachtet. Insgesamt gesehen haben Umweltfaktoren einen deutlichen Einfluss z. B. auf die Fortpflanzungsrate der Tiere. Zusammen mit einigen anderen Faktoren sowie überhaupt ihrem Auftreten, gelten sie als gute Bioindikatoren.

Blindschleiche, Kreuzotter, Laubfrosch und Grasfrosch

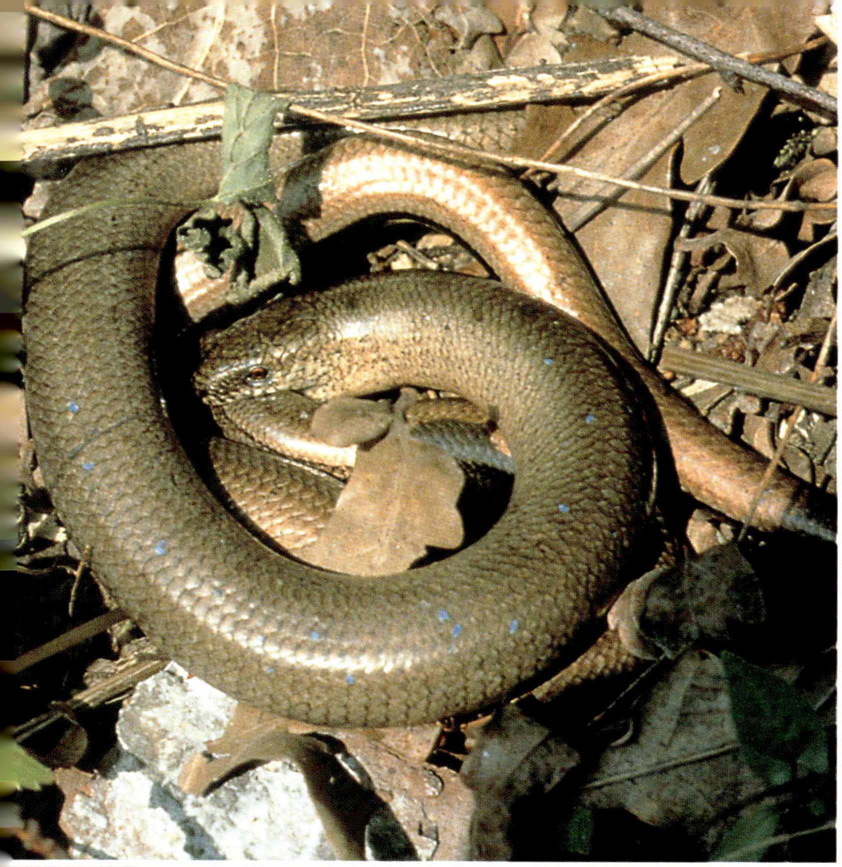
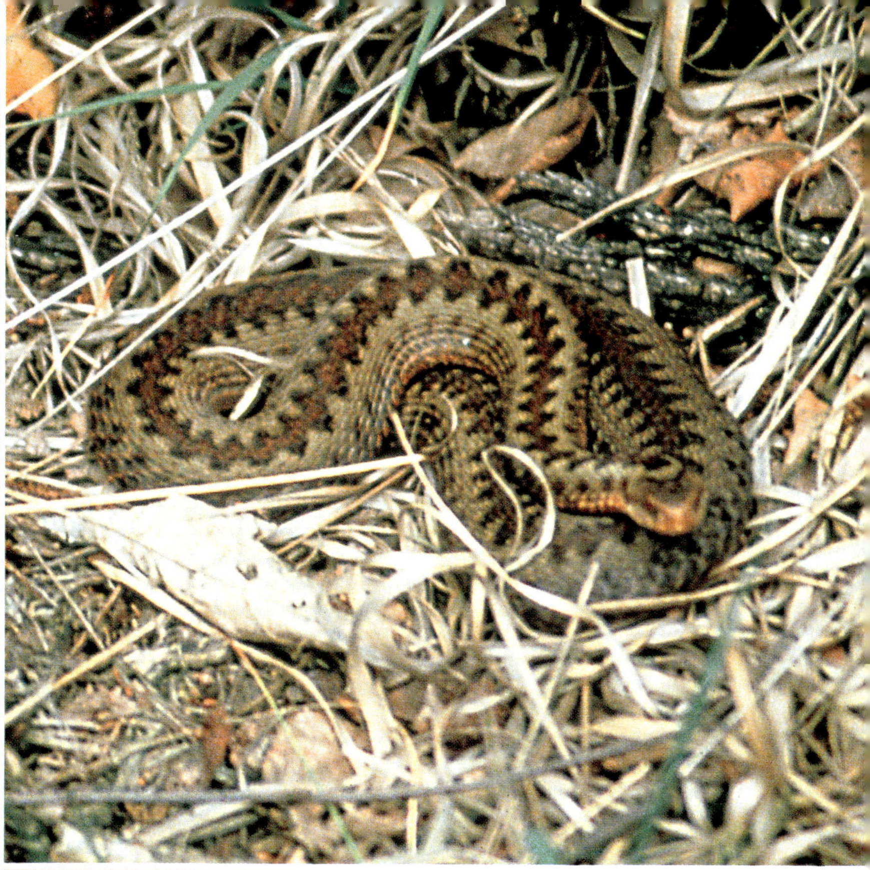
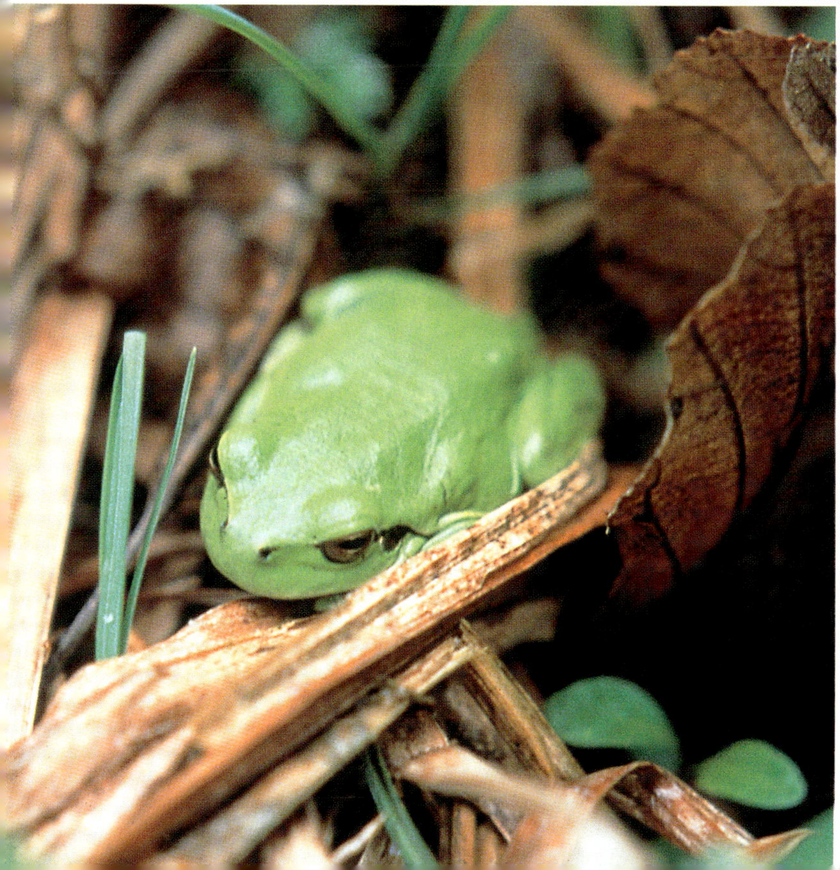
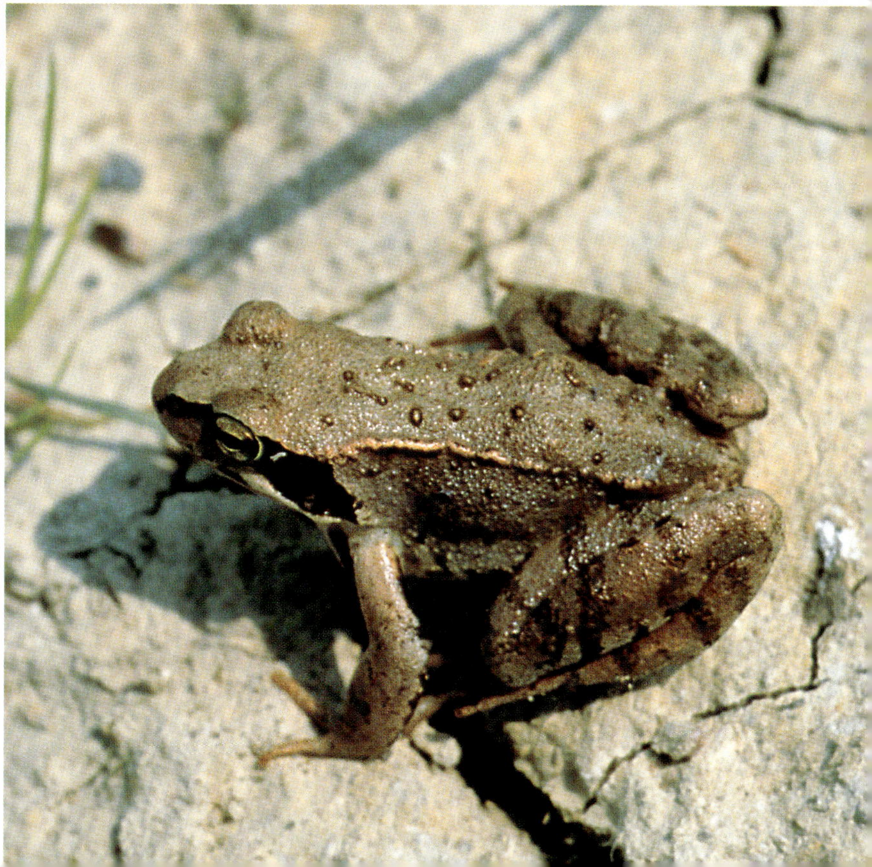

Rückkehr der Störche? –
Weiß- und Schwarzstörche fliegen wieder in Westfalen

Störche gelten als das Symbol für eine intakte Umwelt und signalisieren für den Naturschutz und die Heimatpflege eine landschaftliche Idylle, die vielen von uns heute so nicht mehr präsent zu sein scheint. Störche waren und sind Sympathieträger, sei es, dass sie als „Kinderbringer" oder „Frühlingsboten" mythologische Bedeutung erlangt haben oder weil man sie zu Sympathievögeln mit menschlichen Zügen hat werden lassen. Heute gilt der Kreis Minden-Lübbecke als die Region in Westfalen mit der größten Weißstorchpopulation. Umfangreiche Naturschutzbemühungen haben dazu geführt, dass der Weißstorch wieder mit einigen wenigen Brutpaaren in Westfalen vorkommt. Auch wenn der Storch nie in allen Landesteilen häufig vorkamen, so gilt er dennoch im allgemeinen Sprachgebrauch als „typisch" für die Region. Ginge es aber nach den Storchenzahlen und Bestandsdichten, so müsste der Storch sicherlich eher als typisch „türkisch", „spanisch" oder „polnisch" bezeichnet werden. Hinzu kommt, dass seine Lebensräume, d.h. die feuchten offenen Grünlandflächen als vom Menschen geschaffene Lebensräume aus Sicht der Evolution erst recht kurz in Mitteleuropa existieren.

Als Baum- und Felsbrüter konnte sich der Weißstorch vermutlich erst seit dem Mittelalter von Süd- und Osteuropa aus in den noch nicht entwässerten Wiesen- und Niederungsgebieten ausbreiten. Gleichzeitig fand eine engere Bindung des Storches an menschliche Siedlungen statt. Auch wenn Störche in der freien Landschaft immer eine gewisse Distanz zwischen sich und den Menschen benötigen und sogar als scheu gelten, akzeptieren Störche auf einem Hausdach eine erstaunliche Nähe zum Menschen. Als „Kulturfelsen" ersetzen menschliche Wohn- und Wirtschaftsgebäude den Steinfelsen. Schon seit dem Mittelalter förderte man die Ansiedlung von Störchen in unmittelbarer Nähe des Menschen, was sicherlich wesentlich zu seinem vergleichsweise hohen Ansehen über die Jahrhunderte hinweg beigetragen hat.

In Westfalen gibt es neben dem Weißstorch noch eine weitere Storchenart. Es ist der in Wäldern lebende Schwarzstorch, der wahrscheinlich früher in größeren Populationen bei uns verbreitet war. Lange Zeit galt der Schwarzstorch als ausgestorben. Nur vor dem Jahr 1890 brütete er noch vereinzelt im Lipperland und im Münsterland. Danach kam er nur noch mit wenigen Exemplaren im Sauer- und Siegerland vor, bevor er im Jahr 1910 letztmalig bei Hilchenbach (Kreis Siegen) bei einer Brut beobachtet werden konnte. Erfreulich ist, dass seit dem Jahr 1969 wieder Beobachtungen aus vor allem östlichen Teillandschaften Westfalens vorliegen, welche auf eine beständige Neuansiedlung dieser Art hindeuten. Heute leben bereits wieder mehr Schwarz- als Weißstörche in Westfalen.

Eine Rückkehr der Weißstörche wird es vermutlich nicht geben, solange sie eine entwässerte, überdüngte und von Nahrungsarmut geprägte Agrarlandschaft vorfinden. Fuß fassen können sie nur dann, wenn sie auch in einer hochtechnisierten Landschaft das entsprechende Nahrungsangebot finden. Auf Grünlandflächen, die heute oft intensiv genutzt und artenarm sind sowie jährlich drei- bis viermal gemäht und in mehrjährigem Turnus neu eingesät werden, findet der Storch, ebenso wie viele andere Vögel, keine geeignete Nahrung, auch wenn er gelegentlich hinter einem pflügenden Traktor herschreitend als „Kulturfolger" gesichtet wird.

Weißstorch

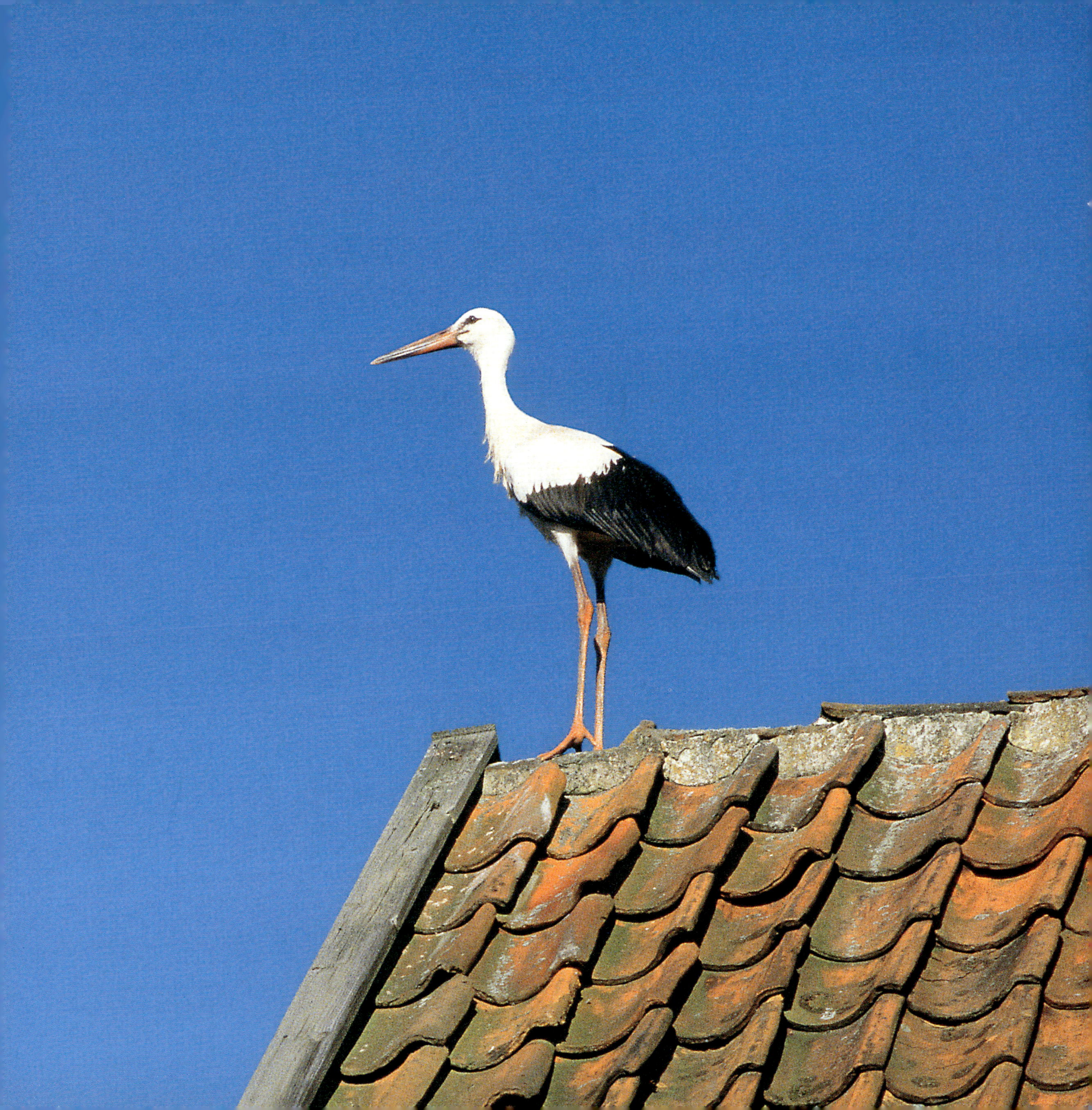

Kulturlandschaft – Quo vadis? –
Von unseren Vätern geerbt, von unseren Kindern geliehen

Die Verteilung der natürlichen Gegebenheiten hat bereits seit dem Neolithikum dazu geführt, dass es in Westfalen sogenannte Gunst- und Ungunsträume gab, die, wie am Beispiel der fruchtbaren Bördenlandschaften (z. B. Soester Börde) zu sehen, über Jahrhunderte hinweg gewisse Standortvorteile mit sich brachten. Ebenso hat das unterschiedliche Vorkommen von Rohstoffen den Bergbau und das Gewerbe im Siegerland gefördert. Siedlungsplätze an den Flüssen waren prädestiniert für Handel und Verkehr sowie die Fischerei. Weiterhin hatten die unterschiedlichen Bodenverhältnisse, die Geländemorphologie und das Klima Einfluss auf die Land- und Forstwirtschaft, was zu bestimmten Raumnutzungen führte, die sich noch heute in vielfältiger Weise in der westfälischen Landschaft widerspiegeln.

Veränderungen in einer Kulturlandschaft sind und waren immer etwas ganz Normales. Auch in Zukunft werden sich die verschiedenen Landschaftsräume nach einzelnen, z.T. heute noch nicht vorhersehbaren Kriterien weiter verändern. Einen Weg zurück in die vermeintlich „gute alte Zeit" wird es so nicht geben. In gleicher Weise wie Menschen ihre Umwelt verändern, wird es auch zu einer Veränderung der Lebensbedingungen für Tiere und Pflanzen kommen. Naturschutzmaßnahmen können dabei helfen, vom Aussterben bedrohte Arten in ihren Biotopen – zumindest noch für einen gewissen Zeitraum - zu erhalten. Manchen Arten wird es gelingen, sich weiter an den Menschen und seinen ständig expandierenden Lebensraum anzupassen. Andere werden im Zuge der „Globalisierung" neu zu uns kommen und in dem einen oder anderen Fall massive und heute noch nicht vorhersehbare Auswirkungen auf unsere heimische Flora und Fauna haben.

Viele Elemente und Relikte der historischen Kulturlandschaft (z. B. Heiden, Niederwälder, Streuobstwiesen, Wallhecken, mittelalterliche Landwehre, Teiche) sind noch immer wichtige Biotope für die heimische Tier- und Pflanzenwelt. Arten und Lebensgemeinschaften hatten Zeit, sich an die traditionelle Kulturlandschaft und deren Bewirtschaftungsweisen anzupassen. Naturschutz und Landschaftspflege, aber auch heimatkundlich Interessierte müssen sich auch in Zukunft darum bemühen, entsprechende Lebensräume zu sichern und möglichst auch (extensiv) zu nutzen, da jedes dieser Elemente eine gewisse Nutzung und Funktion verkörpert. Historische Kulturlandschaften und ihre einzelnen Elemente sind ein Teil unserer Geschichte und veranschaulichen, wie frühere Generationen mit der Natur und den Ressourcen umgegangen sind. Tiere und Pflanzen im Gefolge des Menschen haben viele dieser Habitate als „Dauermieter" entdeckt. Degradierte Lebensadern und Einheitsgrün, wie sie heute noch das Bild mancher Siedlung und Landschaft prägen, können nicht dazu beitragen, Räumen und Regionen einen gewissen Wiedererkennungswert zu geben und den Menschen das Gefühl von Vertrautheit zu vermitteln. Für unser Handeln sollte daher der Begriff der Nachhaltigkeit zunehmend eine Rolle spielen, denn wir haben unseren Lebensraum nur von unseren Eltern geerbt und sollten ihn als geliehen von unseren Kindern betrachten.

Bilder aus der Ballonfahrt über Westfalen:
Desenberg mit Burgruine bei Warburg, Kreis Höxter (o.l.)
Burg Hülshoff bei Havixbeck im Kreis Coesfeld (o.r.)
Möhnetalsperre im Kreis Soest (u.l.)
Innenstadt von Gelsenkirchen (u.r.)

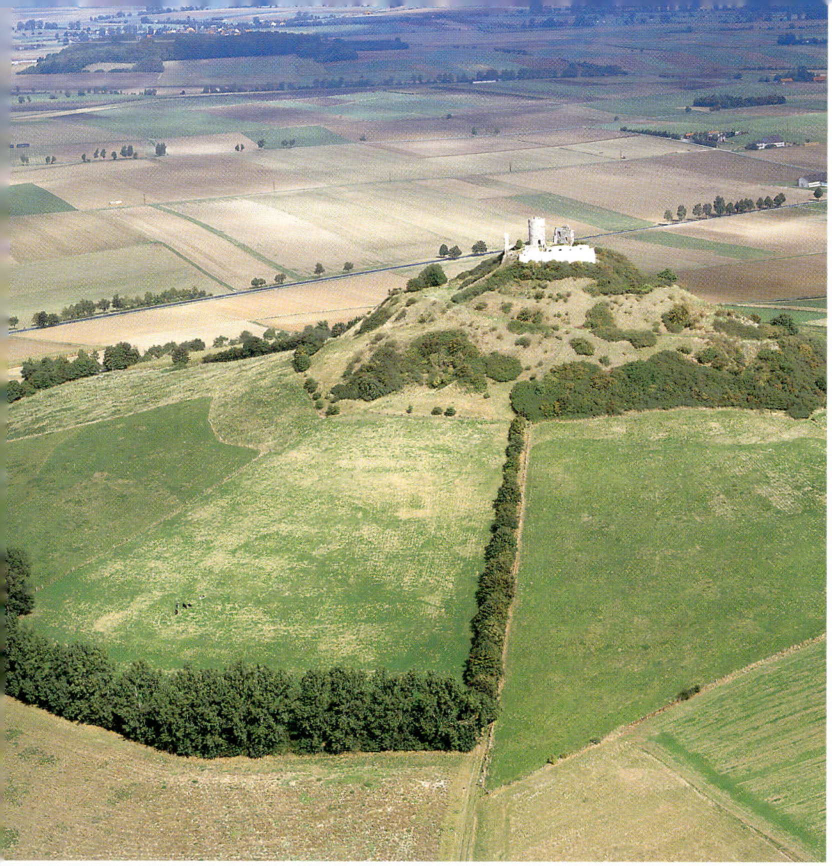
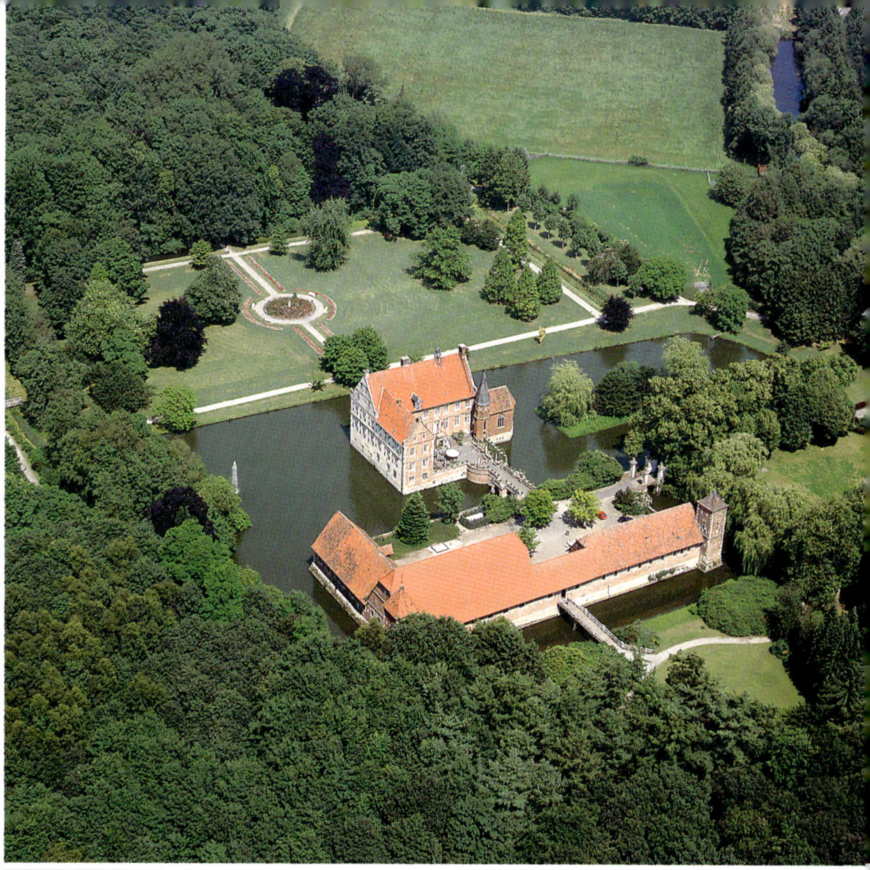
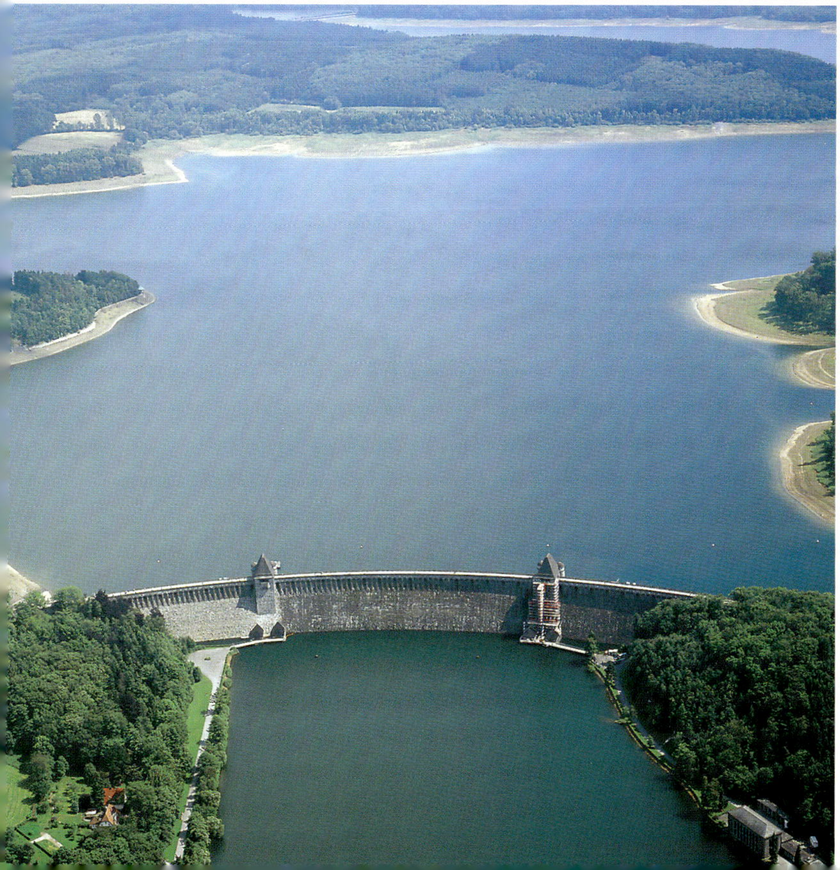
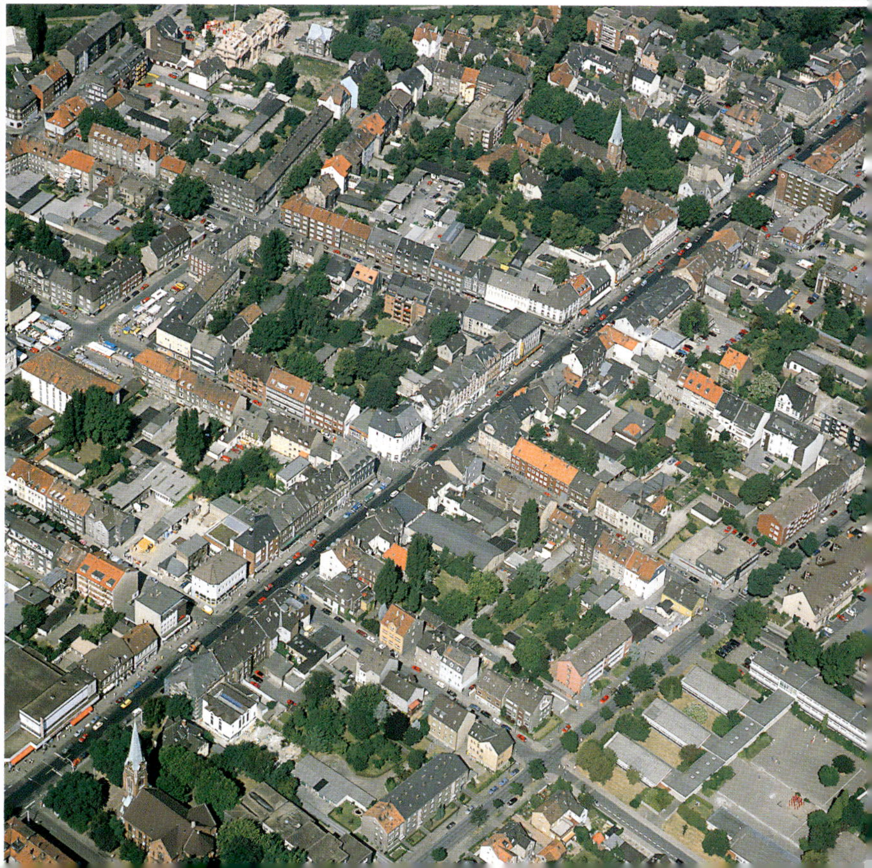

Schätze im Verborgenen –
Die wissenschaftlichen Sammlungen im Westfälischen Museum für Naturkunde

Als Westfälisches Landesmuseum verfügt das Naturkundemuseum in Münster über einige der umfangreichsten und ältesten Sammlungsbestände von Pflanzen und Tieren in Deutschland, die permanent erweitert und aktualisiert werden. Die verschiedenen Sammlungen beziehen sich im wesentlichen auf den gesamten Naturraum Westfalen-Lippe. Sie stellen einzigartige naturkundliche Archive dar, die Veränderungen im Naturraum dieses Landesteils dokumentieren und bei zukünftigen Fragestellungen wichtige Entscheidungskriterien liefern. Als wissenschaftliche Grundlage des Museums ermöglichen es sowohl die zoologische Sammlung wie auch das Herbarium, Veränderungen in Natur und Landschaft langfristig zu dokumentieren. Bei gezielter wissenschaftlicher Bearbeitung ist dieser Fundus von unschätzbarem Wert nicht nur für den Natur- und Landschaftsraum Westfalen-Lippe. Die wissenschaftlichen Sammlungen des Museums sind dabei in drei Großbereiche zu untergliedern:

Herbarium

Das Herbarium umfasst ca. 300.000 Pflanzen, die im 19. und 20. Jahrhundert überwiegend in Westfalen gesammelt wurden. Das Herbarium verfügt über die größte und wissenschaftlich wertvollste Sammlung von Pflanzen aus Westfalen-Lippe. So umfasst allein die Flechtensammlung über 9.500 Proben, die sich auf ca. 220 Gattungen verteilen. Die Flechtensammlung stellt ebenso wie die Sammlungen der übrigen Pflanzengruppen ein einzigartiges Archiv der vergangenen zwei Jahrhunderte für Westfalen dar. Die Sammlungen des Herbariums werden von verschiedenen Wissenschaftlern bei unterschiedlichen Fragestellungen zu Rate gezogen. Hierbei handelt es sich sowohl um grundlegende wissenschaftliche Fragestellungen, als auch um aktuelle praxisorientierte Projekte.

Zoologische Sammlung

Die zoologische Sammlung umfasst mehr als eine Million Exemplare, wobei die Insektensammlung die größte und wissenschaftlich wertvollste Sammlung darstellt. Auch diese Sammlung wurde überwiegend in den letzten zwei Jahrhunderten von verschiedenen Sammlern in Westfalen-Lippe zusammengetragen und dem Museum übereignet. Neue Methoden oder Erkenntnisse machen im Hinblick auf aktuelle Fragestellungen wissenschaftliche Untersuchungen und Überprüfungen am Originalmaterial erforderlich. Insofern ist diese Sammlung einzigartig und von unschätzbarem Wert.

Geowissenschaftliche Sammlungen

Etwa 30.000 Objekte gehören zu den geologischen, mineralogischen und paläontologischen Sammlungsbereichen des Museums. Vor allem die paläontologische Sammlung erfährt seit mehr als 10 Jahren große Zuwächse, da das Museum auch gleichzeitig Amt für Paläontologische Bodendenkmalpflege in Westfalen-Lippe ist. Bei der Rettung und Dokumentation der Zeugnisse tierischen und pflanzlichen Lebens aus erdgeschichtlicher Zeit nimmt das Museum im Interesse der Öffentlichkeit und auf Grundlage des Denkmalschutzgesetzes NRW wichtige Funktionen wahr.

Blick in einen der zahlreichen zoologischen Sammlungskästen des Museums

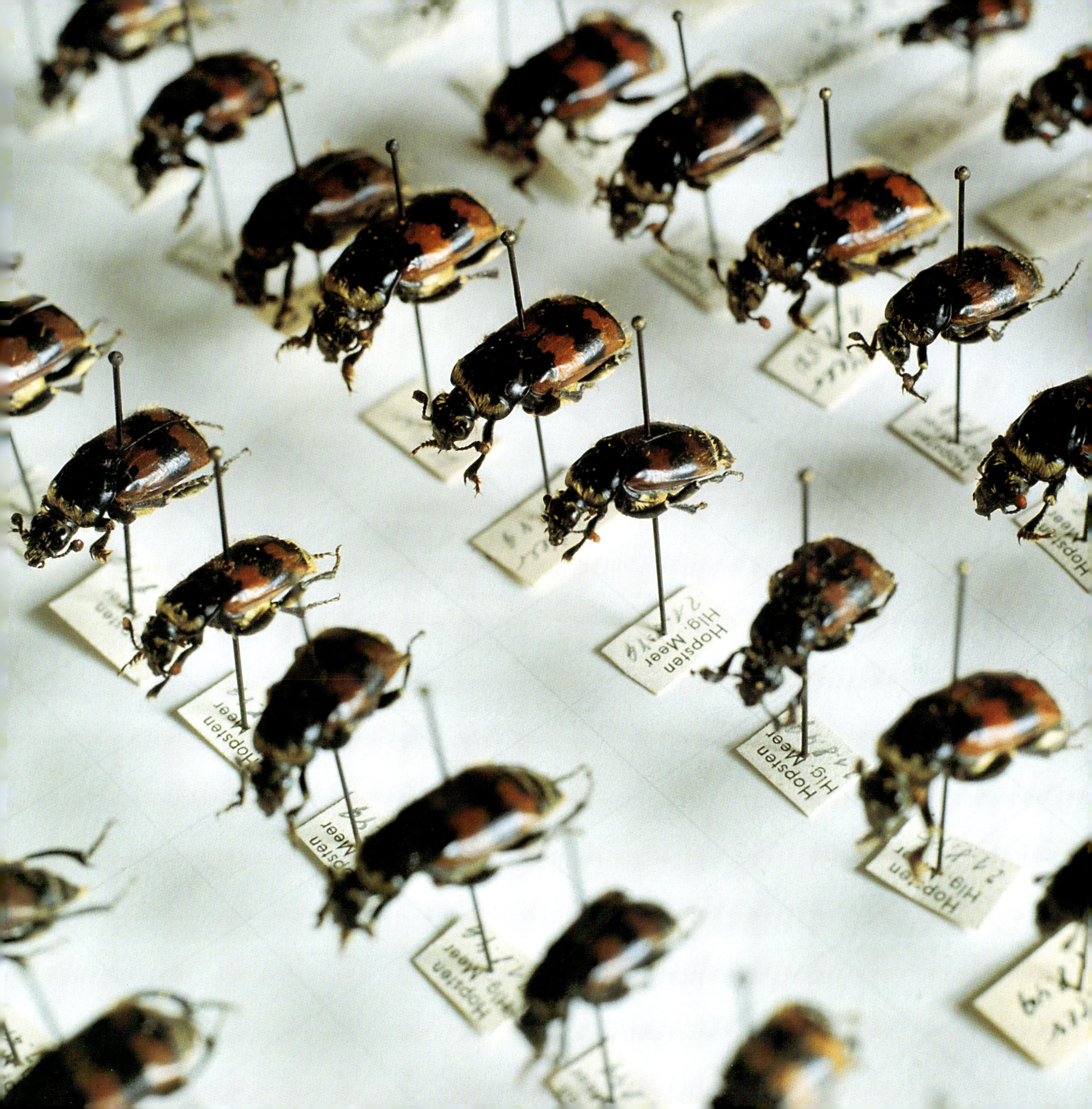
Hopsten
Hlg. Meer
Hopsten
Hlg. Meer
Hopsten
Hlg. Meer

Eine Perle in Westfalen –
Das Naturschutzgebiet „Heiliges Meer"

Das Westfälische Museum für Naturkunde unterhält das heute ca. 90 ha große Naturschutzgebiet „Heiliges Meer" und betreibt am Rande des Naturschutzgebietes eine Außenstelle. Das Gebiet wird durch unterschiedliche alte und große Erdfallseen geprägt, die sich durch unterschiedlichen Nährstoffgehalt auszeichnen. Für die naturkundliche Wissensvermittlung bietet der unmittelbare Vergleich zwischen nährstoffreichen und nährstoffarmen Lebensräumen hervorragende Beispiele. Auch lassen sich viele ökologische Probleme des Naturschutzes und der Landschaftspflege im Naturschutzgebiet und seiner Umgebung erläutern.

Mit einer Größe von 11 ha und einer Tiefe von fast 11 m ist das „Große Heilige Meer" der größte natürliche See in Westfalen. Zusammen mit dem „Erdfallsee" und dem „Heideweiher" wurde das „Große Heilige Meer" im Jahr 1930 unter Naturschutz gestellt. Heute stehen nach mehreren Erweiterungen, die u.a. auch einen vierten See, das „Kleine Heilige Meer", mit einschließen, zusammenhängend 142 ha Land unter Schutz, wovon 90 ha im Eigentum des Landschaftsverbandes Westfalen-Lippe sind.

Interessant am „Großen Heiligen Meer" ist z.B., dass nahezu exemplarisch die gesamte Abfolge der typisch eutrophen Verlandungsserie eines Sees ausgeprägt ist. Diese reicht von der Freiwasserzone über die kleinräumig entwickelten bis gürtelartig ausgebildeten Schwimmblattgesellschaften der aquatischen Zone, die Röhrichte und Seggenriede der aquatischen und semiterrestrischen Zone und die Weidengebüsche bis zur Schlussformation des Bruchwaldes.

Das „Große Heilige Meer" hat ein Alter von etwa 1.250 – 1.500 Jahren. Dies bedeutet, dass es in der Sachsenzeit zu einem Erdfall und damit zur Seebildung kam. Den jüngsten Erdfall gab es am 14.04.1913, als durch die Auslaugung von wasserlöslichen Gesteinsschichten (Steinsalz, Anhydrit und Gips) im Untergrund ein etwa 11 Meter tiefes Loch entstand. Auf den historischen Fotos des frisch entstanden Erdfalls sind noch die steilen Abbruchkanten zu sehen. Innerhalb weniger Tage füllte sich der Erdfall mit Grundwasser und die natürliche Bildung eines neuen Gewässers war damit in ihrer ersten Phase abgeschlossen.

Historische Aufnahmen vom Erdfall im heutigen Naturschutzgebiet „Heiliges Meer" im Jahre 1913

Das Naturschutzgebiet Heiliges Meer: Eines der am besten untersuchten Schutzgebiete in Deutschland

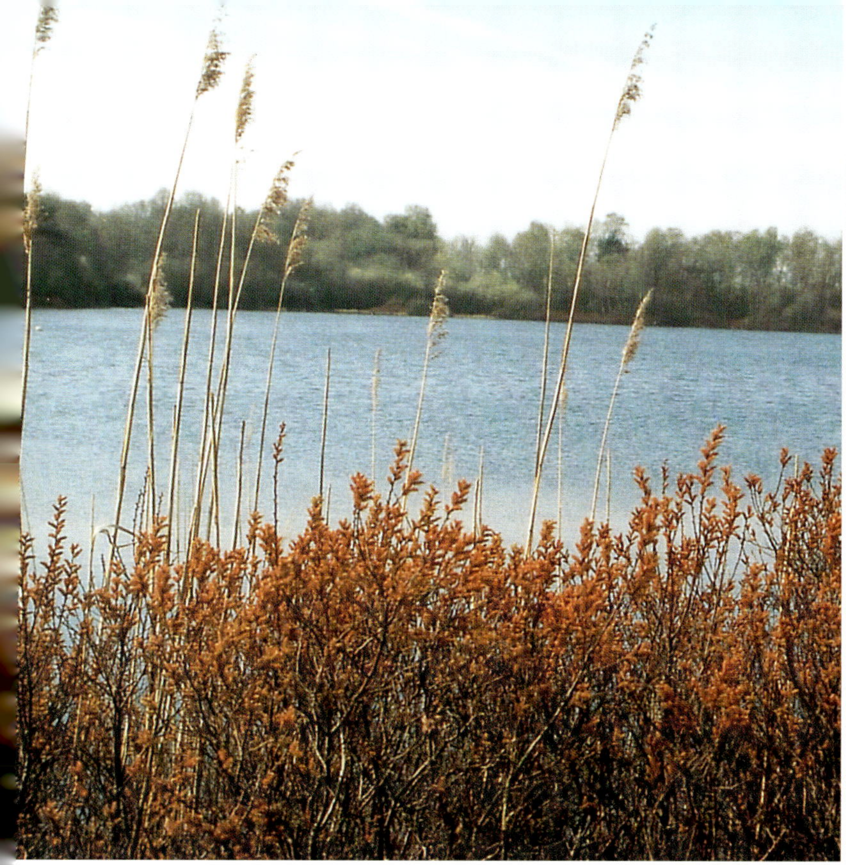
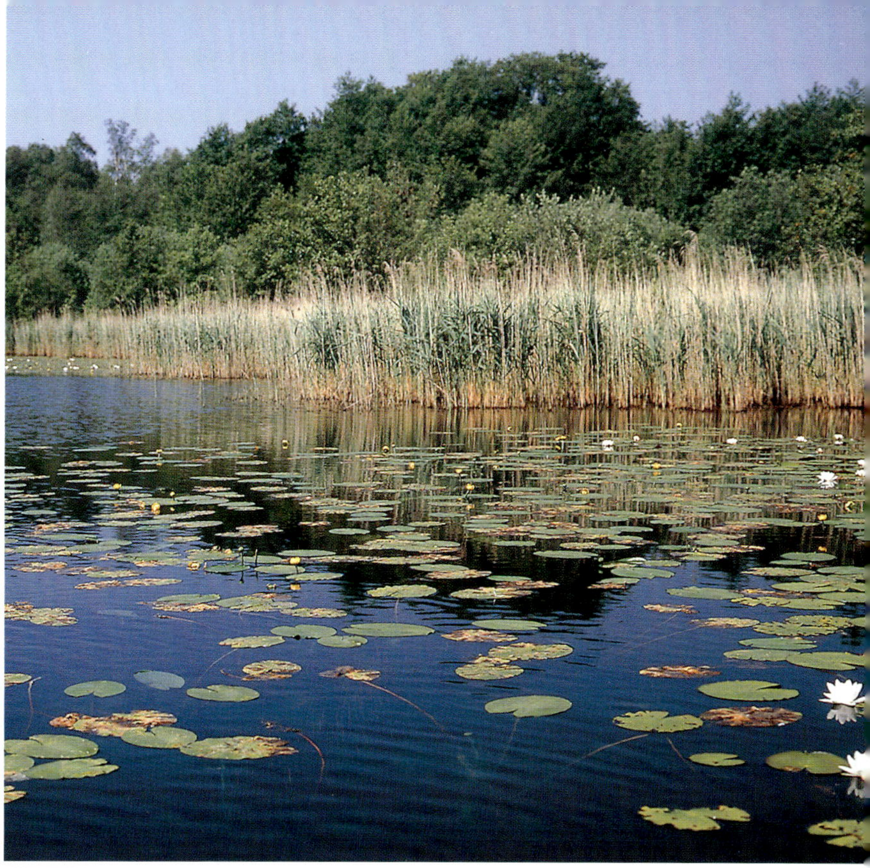
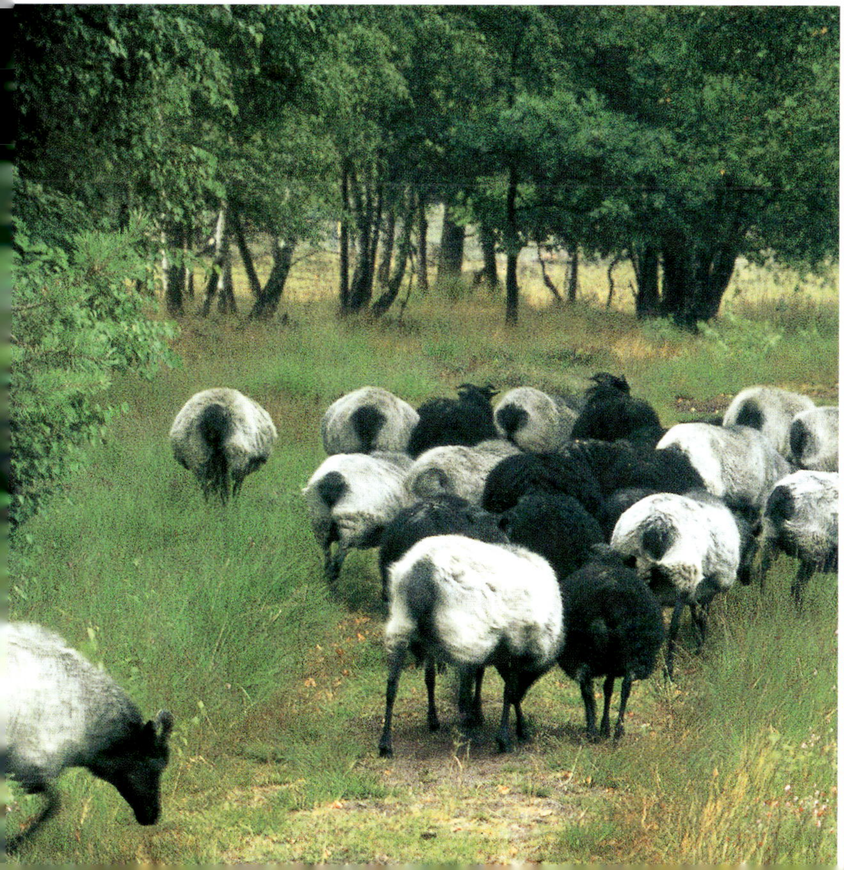
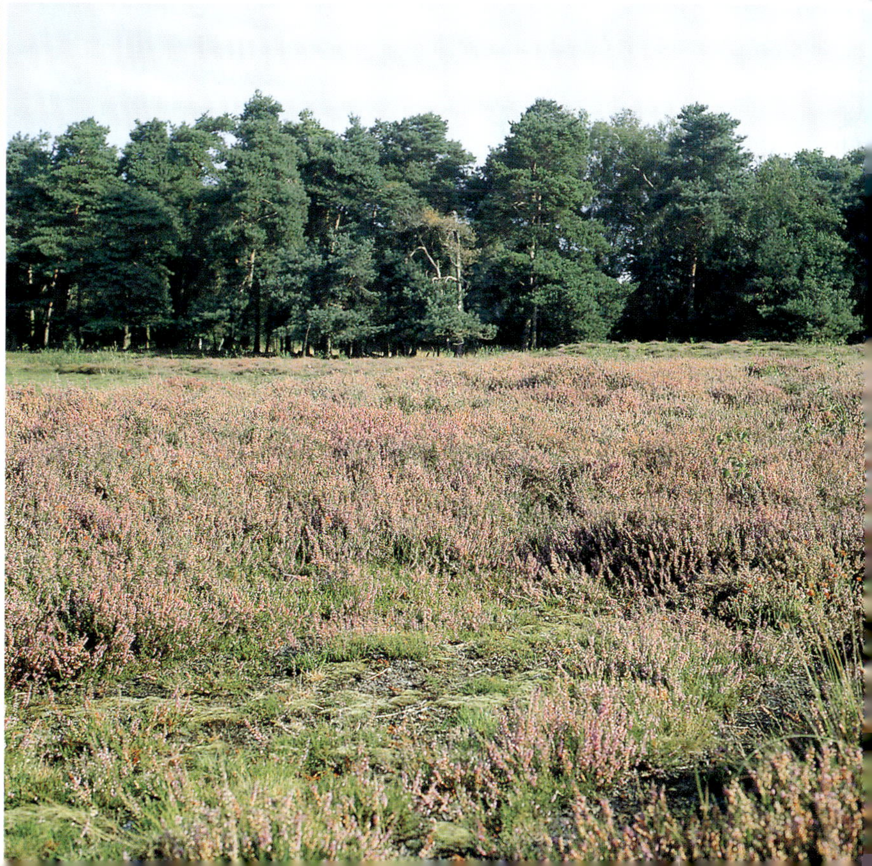

Dokumente und Quellen –
Beiträge zur Geschichte des Naturschutzes und der Landschaftserforschung in Westfalen

Das Naturkundemuseum als Initiator des frühen Naturschutzes in Westfalen

Der Beginn staatlichen Naturschutzes lässt sich auf das Jahr 1898 datieren, als im Preußischen Abgeordneten Haus erstmals der Schutz der Natur- und Nationalparke nach dem Vorbild Nordamerikas gefordert wurden. 1904 publizierte Hugo Conwentz, der spätere Begründer der „Staatlichen Stelle für Naturdenkmalpflege in Preußen", eine Denkschrift in der er erstmals festlegte, was ein „Naturdenkmal" sei. Naturdenkmäler sollten wie Bau- und Kunstdenkmäler inventarisiert, gesichert und bekannt gemacht werden. 1907 begannen sog. „Komitees für Naturdenkmalpflege" auf Provinzial-, Bezirks- und Kreisebene ihre Arbeit. In der Provinz Westfalen teilten sich der Oberpräsident und der Landeshauptmann des Provinzialverbandes den Vorsitz, während die Geschäftsführung bei einem Vertreter der Universität sowie dem Leiter des Provinzialmuseums für Naturkunde lag. Zunächst kaufte man mehrere Naturdenkmäler bzw. stellte Geld zu ihrer Erhaltung zur Verfügung. Ziel war es, die „Naturschönheiten zu erhalten sowie Anziehungspunkte für den Fremdenverkehr und für das Wandern zu sichern". Der frühe Naturschutz in Westfalen wurde also wie der Heimatschutz insgesamt mit ästhetischen, wirtschaftlichen und volkspädagogischen Zielen motiviert. Ab 1926 war das Naturkundemuseum immer stärker mit Naturschutzaufgaben betraut, was dazu führte, dass Westfalen bis 1933 dank der Aktivitäten des Direktors des Museums und gleichzeitigen Staatlichen Kommissars für Naturdenkmalpflege in Westfalen Hermann Reichling zu den führenden Provinzen Preußens auf dem Gebiet des Naturschutzes gehörte. In den Folgejahren schrieb der Staat den Naturschutz mit dem Reichsnaturschutzgesetz gesetzlich fest und erweiterte ihn von einzelnen Naturdenkmälern auf ganze Gebiete, die damit gleichsam zu einem „lebendigen Museum" gemacht wurden. Das Naturkundemuseum in Münster organisierte noch über viele Jahre die Naturschutzarbeit in Westfalen und leistete einen Beitrag zur naturwissenschaftlichen Forschung. Ob der Schwerpunkt der Arbeit auf der wissenschaftlichen Forschung lag oder ob die Naturschutzarbeit im Vordergrund stand, hing von der Schwerpunktsetzung der Arbeit der jeweiligen Museumsleitung ab. Für die Etablierung des Naturschutzes als einer Interessensorganisation für die Gestaltung der westfälischen Landschaft hatte die Arbeit des Museums aber in jedem Fall eine wichtige Grundlage geliefert (vgl. auch DITT 1992)

Das erste Naturkundemuseum in Münster am alten Zoogelände

Naturkundliche Landeserforschung

Die wissenschaftlichen Mitarbeiter/innen des Naturkundemuseums sind auch heute noch direkt und indirekt an der naturkundlichen Landeserforschung von Westfalen-Lippe beteiligt. Entweder sind sie selbst wissenschaftlich aktiv im Freiland oder in den wissenschaftlichen Sammlungen des Museums tätig, oder sie initiieren und koordinieren wissenschaftliche Untersuchungen im Naturraum Westfalen und begleiten diese bis hin zur Publikation. Sie beraten auswärtige Wissenschaftler bei entsprechenden naturkundlichen Fragestellungen zu Westfalen-Lippe oder sind Leiter von Projektgruppen, deren Mitglieder sich haupt- oder ehrenamtlich mit naturkundlichen Fragestellungen in der Region beschäftigen.

Hinweisschild zu einem Naturschutzgebiet

Die bedeutendste naturwissenschaftliche Vereinigung in Westfalen-Lippe ist die Arbeitsgemeinschaft für biologisch-ökologische Landeserforschung e.V. (ABÖL), die sich 1975/1976 formierte. Die Forschungsarbeit der Arbeitsgemeinschaft konzentriert sich vornehmlich auf Westfalen, das Rheinland und benachbarte Gebiete. Die ABÖL besteht z. Zt. aus ca. 85 Wissenschaftlern. Es sind aktive Wissenschaftler, zu deren Forschungsschwerpunkt der Naturraum Westfalen-Lippe gehört. Derzeit existieren 13 Projektgruppen, deren Mitglieder neben der wissenschaftlichen Bibliothek des Museums auch die wissenschaftlichen Sammlungen nutzen und diese mit aktuellem Material ergänzen. Gleichzeitig werden die Schriftenreihen des Museums intensiv als Publikationsorgan genutzt.

Literaturverzeichnis

ANT, H. (1967): Die Geschichte der Zoologie in Westfalen. Abh. Landesmus. Naturk. Münster 29: 44 – 64

ALEXA, R. (1970): Der Waschbär, ein Neubürger in Westfalen. Naturkunde in Westfalen 6: 113 – 121

ALTUM, B. (1867): Die Säugetiere des Münsterlandes. Münster 151 S.

BAYRISCHE AKADEMIE DER WISSENSCHAFTEN (Hrsg.) (2000), Entwicklung der Umwelt seit der letzten Eiszeit, Rundgespräche der Kommission für Ökologie, Bd. 18, München, 166 S.

BEHRE, K.-E. (2000): Der Mensch öffnet die Wälder – Zur Entstehung der Heiden und anderer Offenlandschaften. In: Bay. Akademie der Wissenschaften (Hrsg.), Rundgespräche der Kommission für Ökologie – Entwicklung der Umwelt seit der letzten Eiszeit, Bd. 18, S. 103 - 116

BENSE, A. R. (2000): Altes Storchenland an Weser, Bastau und Dümmer – Weißstörche im Kreis Minden-Lübbecke gestern und heute. Minden 215 S.

BERGER, M. (1984): Waschbär (*Procyon lotor* (L.)). In: R. Schröpfer et. al. (Hrsg.) (1984), Die Säugetiere Westfalens, Abh.. Westf. Museum für Naturkunde 46 (4): 278 - 282

BERGER, M. (1984): Fischotter – *Lutra lutra* (L.). In: R. Schröpfer et. al. (Hrsg.) (1984), Die Säugetiere Westfalens, Abh. Westf. Museum für Naturkunde 46 (4): 320 – 323

BEUTLER, A. (1992): Großtierfauna Mitteleuropas und ihr Einfluß auf die Landschaft. Landschaftsökologie Weihenstephan Heft 6: 49 – 69

BRIRUP-LINDEMANN, A. (1922): Westfalenkost und Norddeutsche Küche – Ein Buch für Küche und Haus. Warendorf, 550 S.

BRANDT, T. & SEEBASS, C. (1994): Die Schleiereule – Ökologie eines heimlichen Kulturfolgers. Wiesbaden, 152 S.

BÖCKER, R, GEBHARDT, H., KONOLD, W. & SCHMIDT-FISCHER (1998) (Hrsg.): Gebietsfremde Pflanzenarten. 2. Aufl., Landsberg, 215 S.

BÖHLMANN, D. (2001): Wälder in der Vergangenheit: Teil II: Die Eiszeiten und ihre Auswirkungen auf das Vegetationsbild, insbesondere den Gehölzen. Mitt. Dtsch Dendrol. Ges. 86: 219 – 229

BOYE, P. (1996): Ist der Feldhase in Deutschland gefährdet? Natur und Landschaft 71 (4): 167 – 174

BUB, H. (1969): Vogelfang und Vogelberingung. Teil IV: Fang mit Vogelherden, Zugnetzen, Raketen und Kanonennetzen. Neue Brehm Bücherei Nr. 409, Wittenberg, 207 S.

BUNZEL-DRÜKE, M. (1997): Großherbivore und Naturlandschaft. Schriftenreihe f. Landschaftspflege und Naturschutz, Heft 54, S. 109 – 128. BfN, Bonn-Bad Godesberg

BUNZEL-DRÜKE, M. (1997): Klima oder Übernutzung – Wodurch starben Großtiere am Ende des Eiszeitalters aus? In: B. Gerken & C. Meyer (Hrsg.), Natur und Kulturlandschaft, Heft 2, 152 – 193, Höxter

BUNZEL-DRÜKE, M., DRÜKE, J. & VIERHAUS, H. (1995): Wald, Mensch und Megafauna: Gedanken zur holozänen Naturlandschaft in Westfalen. LÖBF-Mitteilungen 4/95: 43 – 51

BURGGRAAFF, P. (2000): Fachgutachten zur Kulturlandschaftspflege in Nordrhein-Westfalen. Siedlung und Landschaft in Westfalen, Bd. 27: 1 – 291

BURGGRAAFF, P. & KLEEFELD, K.-D. (1998): Historische Kulturlandschaft und Kulturlandschaftselemente. Angewandte Landschaftsökologie, Heft 20, Bundesamt für Naturschutz, Bonn-Bad Godesberg, 318 S.

BURRICHTER, E. (1973): Die potentielle natürliche Vegetation in der westfälischen Bucht. Reihe Siedlung u. Landschaft in Westfalen, Bd. 8, 58 S., Münster

CRESCENTIIS, P. DE (1583): New Feldt und Ackerbaw. Franckfurt am Mayn (zit. in Ueckermann, 1994)

DAHM-AHRENS, H. (1995): Boden und Bodennutzung. In: GLA (Hrsg.), Geologie im Münsterland, S. 106 – 117

DAVIDIS, H. (1845): Zuverlässige und selbstgeprüfte Rezepte der gewöhnlichen und feinen Küche. Osnabrück, 344 S.

DITT, K. (1992): Natur wird Kulturgut. Das Provinzialmuseum für Naturkunde in Münster 1892 – 1945. Beiheft der Abh. Westf. Museum f. Naturkunde 54: 5 – 50

DITT, K., GUDERMANN, R. & RÜSSE, N. (2001) (Hrsg.): Agrarmodernisierung und ökologische Folgen – Westfalen vom 18. bis 20. Jahrhundert. Forschungen zur Regionalgeschichte, Bd. 40, Paderborn

DOSE, H. (1998): Die regionale Küche und ihre Kochbücher. In: G. Framke (Hrsg. „Man nehme… – Literatur für Küche und Haus aus dem Deutschen Kochbuchmuseum. Verlag für Regionalgeschichte, Bielefeld 1998, S. 241 – 267

ENGELHARDT, W. (1997): Das Ende der Artenvielfalt: Aussterben und Ausrottung von Tieren. Darmstadt, 130 S.

FÉAUR DE LACROIR, K. (1913): Geschichte der hohen Jagd im Sauerlande. W. Crüwell, Dortmund.

FELDMANN, R. (1977): Bestandsveränderungen in der Tierwelt Westfalens. Natur- und Landschaftskunde Westfalen, 13 (2): 43 – 52

FELDMANN, R. (1981) (Hrsg.): Die Amphibien und Reptilien Westfalens. Abh. Landesmus. Naturk. Münster 43 (4): 161 S.

FELDMANN, R. (1984): Luchs (*Lynx lynx* L.). In: Schröpfer et al. (Hrsg.), Die Säugetiere Westfalens, Abh. Westf. Mus. Naturkunde 46 (4): S. 326 – 327

FELDMANN, R. (1988): Neubürger in der Wirbeltierfauna Westfalens. Natur- und Landschaftskunde 24, S. 79 – 86.

FILLING, K.R. (2000): Vogelfang in der Gemeinde Halver. In: Heimatbund Märkischer Kreis & Stadt Halver (Hrsg.), Beiträge zur Heimat und Landeskunde, S. 148 – 149, Halver

FINKE, W. (1995): Ur- und Frühgeschichte. In: GLA (Hrsg.), Geologie im Münsterland, S. 96 – 105

FRAMKE, G (1998) (Hrsg.): „Man nehme… – Literatur für Küche und Haus aus dem Deutschen Kochbuchmuseum, Verlag für Regionalgeschichte, Bielefeld 1998, 397 S.

GARUU, W.E. (1964): Das Mammut. Wittenberg, Neue Brehm-Bücherei, Heft 331

GEBHARDT, H., KINZELBACH, R. & SCHMIDT-FISCHER (Hrsg.) (1998): Gebietsfremde Tierarten. 2. Aufl., Landsberg, 314 S.

GEOLOGISCHES LANDESAMT NRW (GLA) (1995) (Hrsg.): Geologie im Münsterland. Krefeld, 195 S.

GIBBS, R. (1981): Ein Mammut wird geboren. Der Präparator 27, S. 53 – 57

GIESECKE, G. (1994): Untersuchungen zu Raumnutzung, Lokomotionsmuster und Nahrungssuche des Igels (*Erinaceus europaeus L.*). Dissertation Univ. Osnabrück, Aachen, 145 S.

GERKEN, B. & MEYER, C. (Hrsg.) (1996): Wo lebten Pflanzen und Tiere in der Naturlandschaft und in der frühen Kulturlandschaft Europas? Tagungsband 22./23.3.1995 in Neuhaus im Solling. Natur- und Kulturlandschaft, Heft 1, Höxter, 205 S.

GERKEN, B. & MEYER, C. (Hrsg.) (1997): Vom Waldinnensaum zur Hecke – Geschichte, Situation und Perspektiven eines Natur-Lebensraum-Gefüges. Tagungsband 31.1 – 1.2.1996 in Neuhaus im Solling. Natur- und Kulturlandschaft, Heft 2, Höxter, 262 S.

GÖDDE, M., SCHWÖPPE, W. & TERLUTTER, H. (1993): Feuchtwiesenschutz im westlichen Münsterland. Vreden, Biologische Station Zwillbrock 147 S.

GRÜBBERT, T. (1957): Otterjäger Ewald und Wilhelm Schmidt. Der Märker 6 (11): 438 – 441

GÜNTHER, H.-J. (1973): Karpfen aus Dülmen. Natur- und Landschaftskunde aus Westfalen, Heft 2: 42 – 46

HAUBOLD, S. (1970): Die Bisamratte und ihre Ausbreitung in Westfalen. Naturk. Westf. 6: 28 – 31

HEINRICH, A. (1983): Die Eiszeiten: Darstellung eines erdgeschichtlichen Zeitalters in westfälischen Museen. Unterricht in Westfälischen Museen, Heft 13, LWL, Münster, 67 S.

HENDRICKS, A. (1992): Geschichte des Westfälischen Museums für Naturkunde. Beiheft der Abh. Westf. Museum f. Naturkunde 54: 51 – 99

HOEFS, M. (1982): Die Muffelwildvorkommen im Lande Nordrhein-Westfalen. Z. Jagdwiss. 28 (1): 31 – 48 und 28 (2): 88 – 107

HÖPER, H.-J. (1997): Über das Mammut in Westfalen. Coral Research Bulletin 5: 51 – 63

HOFFMANN, R. C. (1995): Environmental Change and the Culture of Common Crap in Medieval Europe. Guelph Ichthyology Reviews 3: 57 – 85

HOLDHAUS, K. (1954): Die Spuren der Eiszeit in der Tierwelt Europas. Abh. der Zoolog. Ges. in Wien, Bd. 18: 493 S.

HÖPNER, T. (1996): Die Ems - der kleine Tieflandstrom. In: J. Lozan & H. Kausch, (Hrsg.): Warnsignale aus Flüssen und Ästuaren. Berlin, S. 52 – 59

KAMPMANN, H. (1972): Der Waschbär in Deutschland. Diss. Univer. Göttingen

KNAUER, N. (1993): Ökologie und Landwirtschaft: Situation, Konflikte, Lösungen. Stuttgart, 280 S.

KOCH, W. (1961): Die Jagd in Vergangenheit und Gegenwart. Kosmos-Bibliothek, Bd. 230, 80 S. Stuttgart

KÖNIG, H. (1984): Mufflon – *Ovis ammon (L.)*. In: R. Schröpfer et. al. (Hrsg.) (1984), Die Säugetiere Westfalens, Abh. Westf. Museum für Naturkunde 46 (4): 360 – 371

KÖNIG, H. (1984): Rothirsch – *Cervus elaphus* (L.) In: R. Schröpfer et. al. (Hrsg.) (1984), Die Säugetiere Westfalens, Abh.. Westf. Museum für Naturkunde 46 (4): 334 – 340

KOENEN, F. (1956): Der Feldhase. Wittenberg, Neue Brehm-Bücherei, Nr. 169, 80 S.

KOENIGSWALD, W. von (Hrsg.) (1991): Exoten in der Großsäuger-Fauna des letzten Interglazials von Mitteleuropa. Eiszeit und Gegenwart, 41, S. 70 – 84.

KÖSTER, B. (1989): Das Warendorfer Emstal gestern und heute. Quellen und Forschungen zur Geschichte des Kreises Warendorf, Bd. 20, Warendorf, 184 S.

KLOSTERMANN, J. (1999): Das Klima im Eiszeitalter. Stuttgart:

KREMER, L. & SODMANN, T. (Hrsg.) (1986): Flurnamenforschung im Westmünsterland – Eine Zwischenbilanz. Schriftenreihe des Kreises Borken, Bd. 8, Borken, 153 S.

KÜSTER, H. (1995): Geschichte der Landschaft in Mitteleuropa: Von der Eiszeit bis zur Gegenwart. München, 424 S.

KÜSTER, H. J. (2000): Waldentwicklung in Süddeutschland. In: Rundgespräche der Kommission für Ökologie, Bd. 18, Entwicklung der Umwelt seit der letzten Eiszeit, S. 91 – 100, München

LANDSCHAFTSVERBAND RHEINLAND (2000) (Hrsg.): LVR (Hrsg.), Obstwiesen in Kultur und Landschaft, Tagungsband Nr. 10, Köln, 194 S.

LAMPEN, A. (2000): Fischerei und Fischhandel im Mittelalter. Wirtschafts- und sozialgeschichtliche Untersuchungen nach urkundlichen Quellen des 6. bis 14. Jahrhunderts im Gebiet des Deutschen Reiches. Diss. GH/Univ. Kassel, 1997, In: Historische Studien Bd. 461, Husum, 288 S.

LANDOIS, H. (1883) (Hrsg.): Westfalens Tierleben in Wort und Bild. Bd. 1, Säugetiere, Paderborn.

LANG, G. (1994): Quartäre Vegetationsgeschichte Europas. Methoden und Ergebnisse. Fischer, Jena. 462 S.

LISTER, A. & BAHN, P. (1997): Mammuts: die Riesen der Eiszeit. Sigmaringen, 168 S.

LOZAN, J. (Hrsg.) (1996): Warnsignale aus Flüssen und Ästuaren. Berlin, 389 S.

LÜBCKE, W. & FURRER, R. (1985): Die Wacholderdrossel. Neue Brehm Bücherei, Nr. 565, Wittenberg, 198 S.

LÜNING, J. (2000): Steinzeitliche Bauern in Deutschland – Die Landwirtschaft im Neolithikum. Universitätsforschungen zur prähistorischen Archäologie, Bd. 58, 285 S., Bonn

MEISTER, M. (1993): Mammuts: Eine Legende taut auf. In Geo 1/1993: 114 – 143

MANIA. D. (1998): Die ersten Menschen in Europa. Stuttgart, 101 S.

MAY, T. (1993): Beeinflußten Großsäuger die Waldvegetation der pleistozänen Warmzeiten Mitteleuropas? Ein Diskussionsbeitrag. In: Natur und Museum, 123 (6): 157 – 170.

MOHR, E. (1952): Der Stör. Neue Brehm Bücherei 84. Leipzig, 65 S.

MÜLLER-KROEHLING, S. & SCHMIDT, O. (1999): Große Pflanzenfresser als Parkgestalter? AFZ/Der Wald Heft 11: 556 – 557

NIEDERSÄCHSISCHES LANDESAMT FÜR ÖKOLOGIE (Hrsg.) (1996): Beiträge zur Situation des Fischotters in Niedersachsen. Informationsdienst Naturschutz Niedersachsen, 16 (1): 1 – 62, Hannover

NOWAK, B. (1997): Landschaft als kulturelles Phänomen. Mitteilungen aus der NNA 1/97: S. 6 – 10

Literaturverzeichnis

NOWAK, G. (1986): Flurnamen als Straßennamen: Ihr Ursprung – ihre Deutung. Eine Studie über Orts- und Flurnamen im Bochumer Süden und Südosten. Bochum, 103 S.

OTTO, H. (1910): Der Krammetsvogel. Seine Jagd mit besonderer Berücksichtigung des Vogelherdes. Neudamm, zitiert in BUB (1969)

PEITZMEIER, J. (1974): Der Stand der Wacholderdrossel-Ausbreitung in Westfalen im Jahr 1973. Natur und Heimat 34: 118 – 120

POTT, R. (1987): Entwicklung von Hecken in der Kulturlandschaft Nordwestdeutschlands. Verhandlungen d. Ges. f. Ökologie 17: 667 – 670

POTT, R. (1989): Historische und aktuelle Formen der Bewirtschaftung von Hecken in Nordwestdeutschland. Forstwissensch. Centralblatt 102: 305 – 361

POTT, R. (1997): Von der Urlandschaft zur Kulturlandschaft – Entwicklung und Gestaltung mitteleuropäischer Kulturlandschaften durch den Menschen. In: Verhandlungen der Gesellschaft für Ökologie, 27: 5 – 26.

POTT, R. (2000): Die Entwicklung der europäischen Buchenwälder in der Nacheiszeit. In: Bay. Akademie der Wissenschaften (Hrsg.), Rundgespräche der Kommission für Ökologie – Entwicklung der Umwelt seit der letzten Eiszeit, Bd. 18: 49 – 75

POTT, R. & HÜPPE, J. (1991): Die Hudelandschaften Nordwestdeutschlands. Abh. Westf. Museum f. Naturkunde 53 (1/2): 313 S.

POTT, R. & SPEIER, M. (1998): Der Krieg als landschaftsverändernder Faktor. In: MURL (Hrsg.), Wald, Krieg und Frieden – Westfälische Wälder im Zeitalter des Dreißigjährigen Krieges und des Westfälischen Friedens. Düsseldorf, S. 50 – 59

POTT-DÖRFER, B. & ZACHARIAS, D. (1998): Zur Bedeutung wildlebender herbivorer Großsäugetiere für mitteleuropäische Waldlandschaften. In: Informationsdienst d. Naturschutz Nieders., 18/6: 175 – 177

PREYWISCH, K. (1991): Werden die Nieheimer Flechthecken das nächste Jahrtausend erleben? In: Jahrbuch Kreis Höxter, S. 89 – 95

REHAGE, H.-O. & VIERHAUS, H. (1984): Dachs – *Meles meles* (L.). In: R. Schröpfer et. Al. (Hrsg.) (1984), Die Säugetiere Westfalens, Abh.. Westf. Museum für Naturkunde 46 (4): 313 – 319

REIF, A. & SCHMUTZ, T. (2001): Planting and maintaining hedges in Europe. IDF, Paris, 126 S.

REINHARDT, L. (1908): Der Mensch zur Eiszeit in Europa und seine Kulturentwicklung bis zum Ende der Steinzeit. 2. Auflage, München, 921 S.

REMMERT, H. & ZELL, A. (1984): Tiere der Urzeit: Ausgestorben oder ausgerottet? In: Bild der Wissenschaft, 9/1994, S. 41 – 51

ROUSI, A. (1965): Observations on the cytology and variation of European and Asiatic populations of *Hippophae rhamnoides*. Ann. Bot. Fenn. 2: 1 – 18

RUNGE, F. (1967): Geschichte der Botanischen Erforschung Westfalens. Abh. Landesmus. Naturk. Münster 29: 27 – 43

SALMANN, P. (2001): Westfälische Köstlichkeiten. Warendorf, 736 S.

SCHANDRI, M. (1866): Regensburger Kochbuch. 1. Auflage, Regensburg, Verlag A. Coppenrath, 377 S., Nachdruck: München Carl Gerber Verlag 1984

SCHANDRI, M. (1900): Marie Schandri's berühmtes Regensburger Kochbuch. 1932 Kochrezepte. 39. Auflage, Regensburg, Verlag A. Coppenrath & H. Pawelek, 878 S.

SCHARNOFSKE, P. & BERGER, M. (1986): Wandel in der Tierwelt Westfalens: Aussterben und Gefährdung; Einwanderung und Zunahme von Wirbeltieren.

SCHREIBER, K.-F. (2000): Überlegungen zum Einfluß der Großwildfauna auf die Landschaft im Holozän. In: Bay. Akademie der Wissenschaften (Hrsg.), Rundgespräche der Kommission für Ökologie – Entwicklung der Umwelt seit der letzten Eiszeit, Bd. 18, S. 77 – 89

SCHRÖPFER, R., FELDMANN, R. & VIERHAUS, H. (1984): Die Säugetiere Westfalens. Abh. Westf. Museum für Naturkunde 46 (4): 393 S.

SCHRÖPFER, R. (1984): Feldhase – *Lepus europaeus* (Pallas, 1778). In: R. Schröpfer et. al. (Hrsg.) (1984), Die Säugetiere Westfalens, Abh. Westf. Museum für Naturkunde 46 (4): 144 –150

SCHWERZ, J. N. v. (1836): Beschreibung der Landwirtschaft in Westfalen. Faksimiledruck Münster-Hiltrup, 436 S.

SELLHORST, S. (1976): Gute alte Zeit – Ländliche Erinnerungen aus Westfalen. Münster 108 S.

SIEGFRIED, P. (1983): Fossilien Westfalens: Eiszeitliche Säugetiere. Münster. Forsch. Geol. Paläont., Bd. 60

SPANJER, G. (1935): Die Flora der Emslandschaft in der Umgebung von Gimbte in Westfalen. In: Abhandlungen aus dem Westfälischen Provinzial-Museum für Naturkunde, 6 (4): 3 – 56

SPEIER, M. (1997): Die Entstehung und Entwicklung gehölzdominierter Ökosysteme in Mitteleuropa. Natur- und Kulturlandschaft, Heft 2: 56 – 69, Höxter

SPEETZEN, E. (1990): Die Entwicklung der Flußsysteme in der Westfälischen Bucht (NW-Deutschland) während des Känozoikums. Geologie und Paläontologie in Westfalen, 16: 7 – 25

STARKMANN, T. (1991): Neue und alte Hecken im Münsterland. Beiträge zur Landespflege, Heft 2, Münster, LWL, 126 S.

STARKMANN, T. (1998): Westfalen Quer – Landschaftserlebnisse auf zwei Rädern zwischen den Niederlanden und der Weser, LWL, Bielefeld, 148 S.

STARKMANN, T. & TENBERGEN, B. (1996): Entwicklung und Effizienz von landschaftspflegerischen Maßnahmen in alten Flurbereinigungslandschaften. – Aktuelle Situation und ökologische Optimierung. Beiträge zur Landespflege, Heft 12, Münster, 86 S.

STARKMANN, T. & TENBERGEN, B. (1996): Von unseren guten alten Hecken – Natur aus Menschenhand. Jahrbuch Westfalen 1997, Hrsg. Westfälischer Heimatbund, Aschendorff, Münster, S. 59 – 88

STODIEK, U. & PAULSEN, H. (1996): „*Mit dem Pfeil, dem Bogen...*" Technik der steinzeitlichen Jagd. Archäologische Mitteilungen aus Nordwestdeutschland, Beiheft 16, Oldenburg, 69 S.

STRUCK, S. & MEYER, H. (1998): Die Ernährung des Igels. Grundlangen und Praxis. Hannover, 96 S.

TENBERGEN, B. (1995): Feldscheunen und Weideställe im Münsterland – Der unbemerkte Verlust von typischen Elementen bäuerlicher Kulturlandschaft. Beiträge zur Landespflege, Heft 10, S. 34 – 49

TENBERGEN, B. & STARKMANN, T. (1995): Ökologie, Verbreitung und kulturhistorische Bedeutung von gepflanzten Gehölzen in Westfalen-Lippe. Beispiele der Pflanztätigkeit des WALB von 1948 bis 1994. In: Kulturlandschaftspflege in Nordrhein-Westfalen, WALB (Hrsg.), Beiträge zur Landespflege, Heft 10, S. 81 – 122

TENBERGEN, B. (1996): Anlage und Pflege von Hecken – Mit Beispielen aus Westfalen-Lippe. In: Praxis der Naturwissenschaften - Biologie 45 (6): 17 – 19

TENBERGEN, B. & STARKMANN, T. (1997): Gepflanzte Hecken in alten Flurbereinigungslandschaften im Münsterland – Umfang, Effizienz und eine Einschätzung ihrer Bedeutung für die Vogelwelt. In: Natur- und Kulturlandschaft, Heft 2, Höxter, S. 215 – 221

TENBERGEN, B. (1997): Landwehren und Stadthagen – Entstehung, Entwicklung und aktuelle Bedeutung in Westfalen-Lippe. Mitteilungen zur Heimatpflege in Westfalen 10 (4): S. 1 – 11

TENBERGEN, B. (1998): Der unbemerkte Verlust von typischen Elementen bäuerlicher Kulturlandschaft dargestellt am Beispiel von Feldscheunen und Weideställen im Münsterland. Mitteilungen aus der NNA 3/98: 67 – 75

TENBERGEN, B. (1999): Historische Kulturlandschaften sind Erbe und Verpflichtung zugleich. In: Jahrbuch des Kreis Steinfurt 2000, Bd. 13: 92 – 104

TENBERGEN, B. (2001): „Der Wald des kleinen Mannes" – Entstehung, Wandel und zukünftige Bedeutung heckenreicher Kulturlandschaften in Europa. Mitteilungen zur Heimatpflege in Westfalen 14 (1): 1 – 12

TENBERGEN, B. (2001): Landschaftsverschönerung, Erosionsschutz und Kulturlandschaftspflege – Beiträge von Landespflegern und Landschaftsökologen zur Umweltvorsorge im ländlichen Raum. In: K. Ditt, R. Gudermann & N. Rüße (2001) (Hrsg.), Agrarmodernisierung und ökologische Folgen – Westfalen vom 18. bis 20. Jahrhundert. Forschungen zur Regionalgeschichte, Bd. 40, S. 529 – 554, Paderborn

TENBERGEN, B., MILDE, B., WIESEMANN, H.-D., STARKMANN, T. NEULING, W., PUNDT, H. & BARRE, M. (2001): Der Funktionswandel von Hecken, Feldgehölzen, Obstwiesen und Baumreihen in der Kulturlandschaft – Mit Beiträgen zur Geschichte, Durchführung und Effizienz der Pflanzgutförderung in Westfalen-Lippe (1948 bis 2000). Beiträge zur Landschafts- und Baukultur, Heft 1, 156 S., Münster

TERBERGER, T. (1997): Die Siedlungsbefunde des Magdalénien-Fundplatzes Gönnersdorf. Diss. Univ. Köln, 392 S.

THENIUS, E. (1962): Die Großsäugetiere des Pleistozäns von Mitteleuropa. Zeitschrift für Säugetierkunde, 27: 65 – 83.

THENIUS, E. (1961): Über die Bedeutung der Palökologie für die Anthropologie und Urgeschichte. 2. Österr. Symposium Wartenstein, S. 80 – 103

THOME, K, N. (1998): Einführung in das Quartär: Das Zeitalter der Gletscher. Berlin, Heidelberg, 287 S.

TODE, A. (1954): Mammutjäger vor 100.000 Jahren – Natur und Mensch in Nordwestdeutschland zur letzten Eiszeit. Braunschweig 120 S.

TOEPFER, V. (1963): Tierwelt des Eiszeitalters. Leipzig, 198 S.

TURNER, C. (1975): Der Einfluß großer Mammalier auf die interglaziale Vegetation. Quartärpaläontologie, 1/1975: 13 – 19.

UECKERMANN, E. (1979): Jagd und Jagdgeschichte Nordrhein-Westfalen. Köln

UECKERMANN, E. (1994): Kulturgut Jagd – Ein Führer durch die Jagdgeschichte Nordrhein-Westfalens und zu jagdhistorischen Stätten. Münster-Hiltrup, 132 S.

VAN SOEST, J. L. (1952): Zwei Unterarten von *Hippophae rhamnoides L.* Flor.-Soziol. Arb.-Gem. N.F. 3, S. 88

VEIL, S. (1978): Alt- und Mittelsteinzeitliche Fundplätze des Rheinlandes. Führer des Rheinischen Landesmuseums Bonn. Herausgegeben im Auftrag des Landschaftsverbandes Rheinland. Nr. 81.

VIERHAUS, H. (1984): Steinmarder – *Matres foina.* In: R. Schöpfer et. al. (Hrsg.) (1984), Die Säugetiere Westfalens, Abh. Westf. Museum für Naturkunde 46 (4): 286 – 294

VOIGT, T. (1995): Haus und Hygieneschädlinge. 2. Auflage, PZ-Schriftenreihe, Bd. 3, Frankfurt, 128 S.

WARD, P. D. (1998): Ausgerottet oder ausgestorben: Warum die Mammuts die Eiszeit nicht überleben konnten. Birkhäuser, Basel, 263 S.

WEINZIERL, H. (1973): Projekt Biber: Wiederbürgerung von Tieren. Kosmos Bibliothek, Bd. 279, Stuttgart, 63 S.

WITT, H. (1980): Beiträge zur Biologie des Mufflons. Diss. Univ. Kiel, 133 S.

WOELM, E. (1984): Wildschwein – *Sus scrofa* (L.). In: R. Schröpfer et. al. (Hrsg.) (1984), Die Säugetiere Westfalens, Abh. Westf. Museum für Naturkunde 46 (4): 328 – 334

WULLE, S. (1999): 50 Jahre DFG-Sondersammelgebiet Pharmazie: Bilsenkraut und Bibergeil. Zur Entwicklung des Arzneischatzes. Universitätsbibliothek Braunschweig. (Veröffentlichungen der Universität Braunschweig, Bd. 13)

ZELLER, H. & HAAS, J. N. (1995): War Mitteleuropa eine halboffene Weidelandschaft oder geschlossen von Wäldern bedeckt? Schweizerische Zeitschrift für Forstwesen, 146 (5): 321 – 354.

ZIEGLER, R. (1994): Das Mammut (*Mammuthus primigenius* BLUMENBACH) von Siegsdorf bei Traunstein (Bayern) und seine Begleitfauna. Münchener Geowiss. Abh. (A) 26: 49 – 80

ZACHER, F. (1903): Krammetsvogelfang in Westfalen. Dtsch Jäger 25, Nr. 52

Bildnachweis

Bildnachweis:

Bildarchiv des Westfälischen Museums für Naturkunde (LWL) und Frau Gerda Thomas (WMfN): S. 11, 18, 19, 27, 28 (o.), 33, 39, 43, 45, 46, 47, 49, 53, 59, 69, 73, 79, 83, 85, 87, 91, 93, 95, 97, 99, 105, 107, 109, 125, 127, 135, 136, 137, 138, 139

Westfälisches Landesmedienzentrum (LWL): S. 25, 26, 28 (u.), 29, 30, 77, 107, 109, 110 (u.), 113, 133

Geographische Kommission für Westfalen (LWL): S. 8, 15

Bildarchiv der Volkskundliche Kommission für Westfalen (LWL): S. 70

Westfälisches Museum für Archäologie (LWL) / Amt für Bodendenkmalpflege: S. 107

Westfälisches Schieferbergbau- und Heimatmuseum Holthausen: S. 51

Geologischer Dienst Nordrhein-Westfalen (GLA): S. 17

Landesmuseum Natur und Mensch, Oldenburg: S. 23

Heimatverein und Heimatmuseum Halver: S. 71

Heimatverein Nieheim: S. 81

Theo Israel, Münster: S. 121

Thomas Muer, Telgte: S. 129

Dr. Bernd Tenbergen: S. 21, 32, 53, 55, 57, 61, 75, 89, 90, 101, 106, 108, 110 (o. m.), 111, 115, 117, 119, 131, 137 (o.)

Heinz-Otto Rehage, Münster: S. 65

Dr. Magret Bunzel-Drüke, Bad Sassendorf: S. 31

Dr. Martin Woike, LÖBF, Recklinghausen: S. 103

Prof. Dr. Hans Jörg Küster, Universität Hannover: S. 13

Weiterhin danken wir

dem Westfälischen Heimatbund in Münster,
dem Verlag Aschendorff in Münster,
der Geographischen Kommission für Westfalen,
dem Westfälischen Landesmedienzentrum, Bildarchiv,
der Volkskundliche Kommission für Westfalen,
der Koordinationsstelle Umweltschutz,
dem Westfälischen Amt für Landschafts- und Baukultur,
dem Institut für Regionalgeschichte,
dem Deutschen Kochbuchmuseum in Dortmund,
sowie Frau Hanna Dose, Bad Oeynhausen,
Herrn Thomas Starkmann, Greven,
Graf Plettenberg, Lippetal,
Herrn Ulrich Pieper, Nieheim,
Herr Peter Burggraaff, Kelberg,
Herrn Wolfgang Rettig, Münster,
für die Bereitstellung und die Abdruckgenehmigung von Originalquellen im Begleitbuch und in der Ausstellung.

Die Hintergrundbilder wurden eigens für die Ausstellung erstellt oder wurden von folgenden Personen und Institutionen zur Verfügung gestellt:

Prof. Dr. Dietbert Thannheiser, Universität Hamburg: Hintergrundbild für das Mammut

Dr. Peter Schwarze, Biologische Station Kreis Steinfurt, Tecklenburg: Hintergrundbild Feuchtwiesen

Westfälisches Landesmedienzentrum: Schrägluftbild vom Wiehengebirge sowie die meisten Bilder in der DVD-Produktion „Flug über Westfälische Landschaften"

Die Grafiken erstellte Frau Hoinka-Nölting, Dülmen